TRAITÉ

DES

MAGASINS GÉNÉRAUX

CORBEIL, TYP. ET STÉR. DE CRÉTÉ.

TRAITÉ

DES

MAGASINS GÉNÉRAUX

(DOCKS)

ET

DES VENTES PUBLIQUES DE MARCHANDISES EN GROS

PAR

N. DAMASCHINO

Avocat, Docteur en droit.

AVEC UNE INTRODUCTION PAR MAURICE BLOCK.

PARIS

GUILLAUMIN ET Cie, LIBRAIRES,

Éditeurs du Journal des Économistes, de la Collection des principaux Économistes,
du Dictionnaire de l'Économie politique,
du Dictionnaire universel du Commerce et de la Navigation, etc.

RUE RICHELIEU, 14.

1860

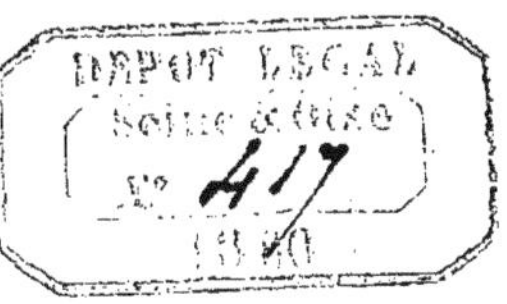

INTRODUCTION [1].

L'institution des magasins généraux récemment introduite en France, et les facilités données en 1858 à la
vente aux enchères des marchandises en gros, ont pour
but, personne ne l'ignore, de développer le crédit commercial. Le crédit étant un agent puissant de production,
sa généralisation doit avoir l'effet d'augmenter directement ou indirectement le bien-être de toutes les classes
de la société.

Pour faire ressortir avec plus d'évidence comment les
magasins généraux peuvent produire ces bienfaits, il est
nécessaire d'examiner ici la nature et l'action du crédit
en général.

On dit habituellement : « Le crédit repose sur la confiance, » ou : « le crédit, c'est la confiance même. » Ces
définitions sont inexactes, parce qu'elles ne s'appliquent

---

[1] Ce travail a été lu à l'Académie des sciences morales et poli-
tiques, à sa séance du 31 mars 1860.

qu'à une partie du crédit. Le crédit est une avance, un prêt, qui peut être fait dans des circonstances très-différentes et sans analogie entre elles. Il en résulte qu'on peut très-légitimement parler de plusieurs espèces de crédits. Les traités d'économie politique divisent, en effet, le crédit en personnel et réel. Mais comme cette division est susceptible de laisser, dans certains cas, quelques doutes dans l'esprit, par exemple, sur le point de savoir, si le crédit réel ne comprend que le prêt sur gage immobilier, ou s'il embrasse aussi les avances sur nantissement de marchandises, nous avons cru devoir l'abandonner. Sans nous attacher à une division quelconque, nous nous bornerons donc à mentionner successivement les diverses formes sous lesquelles le crédit se présente, en recherchant pour chacune d'elles, si elle repose ou non sur la confiance.

Il y a, d'abord, le crédit hypothécaire. Ici, le prêteur s'assure un gage immobilier d'une valeur ordinairement supérieure au montant du prêt (1). Il est inutile de dire que la confiance n'a aucune part dans cette transaction.

Vient, ensuite, le prêt sur nantissement ou sur consignation de marchandises. Dans cette opération non plus

______

(1) Le *Crédit foncier de France* ne peut prêter que la moitié de la valeur de l'immeuble. (Décret-loi du 28 février 1852, art. 7.)

nous ne pouvons discerner la moindre trace de confiance en l'emprunteur.

La banque de France, placée en tête de nos institutions de crédit et comptant parmi les plus puissants et les plus honorables établissements de cette nature en Europe, fait, d'après le *Dictionnaire de l'administration française* (1), les opérations suivantes : Escompte ; — Effets au comptant ; — Comptes courants ; — Dépôts volontaires ; — Avances sur effets publics ; — Avances sur lingots et monnaies ; — Billets à ordre. Passons en revue ces diverses opérations, en les classant, autant que possible, d'après le degré de confiance qu'elles supposent de la part de la Banque.

Nous constaterons d'abord que la confiance est complétement étrangère aux avances faites par la Banque sur lingots et monnaies.

Il en est de même des dépôts volontaires faits à la Banque de titres ou effets de toute nature, dans la seule intention de profiter de la sécurité qu'inspirent ses caves si solides et si bien surveillées.

Les billets à ordre délivrés par la Banque sur ses suc-

(1) Paris, Berger-Levrault, 1856. L'article *Banque de France* de ce Dictionnaire a été lu et approuvé par MM. d'Argout, alors gouverneur, et Gautier, sous-gouverneur de la Banque. Les citations qui suivent dans le texte sont empruntées à notre Dictionnaire.

cursales et *vice-versâ* (il est interdit en principe aux succursales de tirer l'une sur l'autre) sont toujours couverts par une valeur en caisse ou en portefeuille.

Les comptes courants, entourés de formalités restrictives, mais tutélaires, rendent des services aux personnes qui en jouissent, mais sans aucun danger pour la Banque.

Nous en dirons autant des avances sur effets publics (*rente*, loi du 17 mai 1834; *actions et obligations de chemins de fer*, décret du 3 mars 1852 ; *obligations de la ville de Paris*, décret du 28 mars 1852). Comme les valeurs dont il s'agit sont toutes soumises aux variations des cours de la Bourse, la Banque ne pouvait avancer aux emprunteurs une somme égale au montant de la valeur au cours, sans s'exposer au danger d'avoir dans les mains, au lendemain peut-être de l'avance, un GAGE qui ne représenterait plus le montant du prêt. C'est pourquoi elle se réserve une marge contre cette éventualité. La fixation de cette marge appartient au conseil général (de la Banque) : elle varie suivant les circonstances et la nature des titres, sans pouvoir être, pour la rente, au-dessous de 20 p. 100. » Cette citation peut se passer de commentaire.

Les effets au comptant, dont il est question dans l'énumération ci-dessus des opérations de la Banque, ap-

partiennent aux personnes admises au compte courant,
et la Banque se borne à les recouvrer sans frais.

Nous arrivons à l'escompte. « L'escompte est, d'ordinaire, la principale opération des banques... La banque
de France n'escompte que des effets de commerce à ordre, à trois mois d'échéance, et revêtus d'au moins trois
signatures *notoirement solvables...* » Ce n'est que dans
cette dernière opération que nous discernons une trace
assez légère de confiance *commerciale*. Nous avons souli-
gné ce mot parce que, si la banque n'a pas beaucoup de
confiance dans le public, en revanche, le public en a
souvent beaucoup, et avec raison, dans la Banque. Mais
alors, ce n'est pas une confiance commerciale, c'est-à-
dire, une avance, un prêt, un crédit, qu'on lui accorde;
on la considère plutôt comme un établissement public
dans le genre de la Caisse des dépôts et consignations,
avec quelques formalités de moins.

Dans ce qui précède, il n'y a de notre part aucune intention de critique. Nous croyons que c'est avec raison
que la banque de France opère avec une grande prudence, et cette prudence, quelquefois qualifiée d'exces-
sive, est même une des causes pour lesquelles elle rend
de si grands services. Nous tenions seulement à constater
les faits dans toute leur réalité.

Au reste, l'absence de confiance n'implique nullement, lors d'une transaction, l'absence de profit ou d'avantage pour les deux parties intéressées. L'avance conserve généralement son utilité pour l'emprunteur, lors même que le prêteur demande un gage hypothécaire.

Jusqu'ici, le dicton qui fait dériver le crédit de la confiance ne s'est donc pas encore trouvé justifié.

Toutefois, on irait beaucoup trop loin en niant tout à fait l'intervention de la confiance dans le crédit : elle y joue seulement un rôle secondaire.

Distinguons. Les éléments dont se compose la confiance commerciale sont : la foi en l'*honnêteté* et la foi en la *solvabilité* de la personne qui demande le crédit. La foi en l'honnêteté seule n'engage qu'un ami — et pas toujours — à faire le prêt, mais JAMAIS le commerçant. Les prêts ou avances basés sur un sentiment d'amitié, étranger à tout calcul d'intérêt, ne sont pas du domaine économique ; nous ne les mentionnons que pour mémoire.

Le crédit à découvert, accordé rarement par le banquier, l'agent par excellence du crédit, mais assez souvent par le commerçant, est basé uniquement sur la foi en la solvabilité de la personne qui le demande. Cette solvabilité peut se manifester aux yeux du prêteur de mille manières différentes. On peut croire une personne en possession d'une fortune suffisante pour rembourser le prêt; on peut aussi la croire en état de gagner la somme due, par son intelligence, par son industrie, par son travail. Dans ce dernier cas, la foi en l'honnêteté de l'individu intervient, quoique — nous le répétons — d'une manière secondaire. Le commerçant n'aurait pas prêté, s'il n'avait pas compté sur le remboursement. Il manquerait même à la légitime prudence commerciale en se fiant trop au hasard dans ce calcul.

Ainsi, il est évident que, dans un grand nombre de cas, la confiance est complétement étrangère à l'acte de crédit ; que, dans d'autres, c'est la foi en la solvabilité seule, ou combinée à divers degrés avec la foi en l'honnêteté du demandeur, qui fait accorder le crédit.

C'est à tort qu'on considérerait ces distinctions comme oiseuses. Toute chose, toute idée est représentée par un mot. Si l'on en donne une définition inexacte, on établit une erreur qui peut devenir le point de départ de toute une série de fautes, d'insuccès, de désastres. Est-ce que la définition erronée de la *richesse* n'a pas produit le système mercantile avec ses règlements, ses restrictions, ses préjugés? Et pourquoi chercher si loin les exemples. N'est-ce pas la définition courante du crédit qui est la cause première, la cause immédiate souvent de tant d'utopies écloses depuis des siècles, utopies qui voient dans la circulation d'un papier reposant sur la confiance, c'est-à-dire, sur des illusions, une vraie panacée sociale?

Or, le crédit, sous toutes ses formes, rend des services si nombreux et si importants, que la plus légère erreur sur son compte peut avoir des effets fâcheux et d'autant plus nuisibles, qu'on ne sait pas les ramener à leur véritable cause. Il est, sans doute, superflu de faire ici une démonstration complète des avantages du crédit, aussi nous bornerons-nous à rappeler les paroles de l'un des maîtres de la science économique :

« Le crédit, dit J. B. Say, procure à celui qui manque de capitaux, la disposition des capitaux de celui qui ne veut pas, ou qui ne peut pas les faire travailler par lui-même. Il empêche les valeurs capitales de demeurer oisives. Si un fabricant de drap ne vendait pas ses draps à crédit au marchand de drap, l'étoffe attendrait dans la manufacture. La confiance accordée au marchand met plus vite ces étoffes entre les mains du consommateur. Si un droguiste ne vendait pas à crédit au teinturier, si le teinturier, en vertu de cette facilité, ne teignait pas à crédit pour le fabricant d'étoffes, celui-ci, faute d'avances, serait peut-être forcé de suspendre sa fabrication, jusqu'à ce que les premiers produits fussent écoulés, d'où il résulterait que la portion de son capital qui est en marchandises à moitié manufacturées, en métiers, en ateliers, etc., chômerait en tout ou en partie. Ce crédit empêche les pertes de temps d'avoir lieu ; mais vous voyez qu'il consiste, dans ce cas-ci, en une avance de drogues qui sont matérielles, jusqu'au moment où elles seront matériellement payées. *Il n'y a donc pas là dedans multiplication de capitaux ; il n'y a qu'un emploi plus constant de ceux qui existent* (1). »

Donc, le crédit ne multiplie pas les capitaux, c'est-à-dire, il n'en crée pas ; il procure seulement l'emploi plus constant, plus rapide, plus général de ceux qui existent. Dans la pratique l'effet est le même ; l'emploi plus constant d'un capital, la suppression de tout chômage dans son fonctionnement, dans son travail, équivaut à sa multiplication. Par conséquent, pour généraliser les bienfaits du crédit, il faut tendre à diminuer le chômage des capitaux. On se serait approché bien plus tôt de ce but, si l'on n'avait pas attribué le crédit trop exclusivement à la confiance. Et telle est l'influence des mots, que malgré les faits, la confiance, c'est-à-dire le crédit, était pour nous synonyme de foi en l'honnêteté. Mais dans la lutte entre les mots et les faits, les mots, qu'on

(1) J. B. Say, *Cours d'économie politique*, t. I, p. 135.

nous permette cette comparaison, sont les pots de terre. Aussi les rares institutions de crédit basé sur la probité seule qu'on est parvenu à fonder, n'ont exercé qu'une influence insensible sur les affaires, et se sont presque toutes éteintes, après une existence éphémère (1).

Si l'idéal du crédit est la confiance universelle, ou de tous en tous, cet idéal paraît aussi peu réalisable que la paix perpétuelle. Mais s'il est vrai que le meilleur moyen

(1) Parmi les rares institutions de cette nature qui paraissent avoir quelques chances de succès, c'est-à-dire de durée, il faut citer les *Banques d'avances* (*Vorschuss-Banken*), associations ayant pour but de faire de petites avances aux artisans, et dont la première a été fondée à Delitzsch, en Allemagne, par M. Schulze. La Banque de Delitzsch commença ses opérations en 1850 avec environ 100 membres, et, en 1859, elle en comptait près de 400 dans cette localité, qui n'a en tout que 5000 habitants. Toutes les industries qu'on rencontre dans une petite ville y étaient représentées. Cette association a pu, en 1857, avec un fonds de roulement de 9,784 thalers (36,690 fr.), faire des avances dont le montant total s'est élevé à 30,958 thalers (116,092 fr.).

Quelques *Creditvereine* (associations de crédit) pour les artisans ayant déjà existé dès 1845, et les esprits se trouvant ainsi préparés, les efforts de M. Schulze (de Delitzsch), pour répandre cette institution, n'ont pas été dépensés en vain, puisque, dès 1858, on comptait déjà, en Allemagne, environ 120 associations de crédit, possédant un capital de 3,750,000 fr., et faisant des affaires pour le triple de cette somme. 25,000 personnes s'étaient fait inscrire comme membres des associations. L'année dernière, sur la convocation de M. Schulze (de Delitzsch) 45 associations ont répondu à l'appel et ont envoyé des délégués à un congrès qui s'est tenu à Weimar. Ces délégués ont

de conserver la paix, c'est d'être préparé pour la guerre, il est encore plus vrai que le meilleur moyen d'obtenir du crédit, c'est de pouvoir se passer de confiance.

La science économique enseigne que l'intérêt d'un capital se compose de deux éléments : 1° du loyer de l'argent; 2° de l'assurance contre la perte. Lorsqu'il n'y a qu'une faible chance de perte, l'intérêt est bas, parce que l'élément qui constitue l'assurance est presque imperceptible. Mais plus il y a de risque, c'est-à-dire, plus la confiance intervient, plus la prime d'assurance est forte. Voilà comment s'explique le taux exorbitant de l'intérêt demandé par les prêteurs à la petite semaine, par les usuriers.

adopté un certain nombre de principes communs, et ont créé un bureau central chargé de servir de lien aux associations, et de leur imprimer une direction uniforme. Parmi les villes représentées à ce congrès on remarque Berlin (2 associations), Dresde, Leipzig, Carlsruhe, Darmstadt, Chemnitz, Glogau, Wittemberg, Leibach, et plusieurs villes moyennes et petites. La plus petite localité qui possède un *Vorschussverein* est Ichterhausen, avec 950 habitants; cette association, fondée en 1858, compta, dès l'origine, 59 membres, et fit pour 1880 thalers (7,050 fr.) d'avances dans l'année même de sa fondation.

Il est trop tôt maintenant pour porter un jugement définitif sur l'institution des *Vorschussverein*; mais il importe d'en suivre la marche; nous aimons à dire les progrès, afin de la naturaliser chez nous, si réellement elle réalise les espérances que son début a fait concevoir.

La confiance exerce aussi une influence incontestable sur le crédit public, notamment sur le taux de la rente et des emprunts. Il est même souvent possible de distinguer ici la foi du public en la solvabilité, de sa foi en l'honnêteté du Gouvernement. Néanmoins, les faits de cette nature demandent à être interprétés avec beaucoup de réserve, car l'abondance ou la rareté des capitaux disponibles, les facilités plus ou moins grandes offertes aux placements industriels, concourent avec la confiance à fixer le taux des émissions de rente.

C'est précisément la difficulté qu'on éprouve d'analyser les faits économiques si complexes, et de remonter à la cause de chacun de leurs éléments, qui porte le négociant ou le fabricant à hésiter avant d'accorder un crédit. La confiance purement personnelle étant un sentiment vague, instinctif, peu propre à être raisonné, le négociant, après avoir douté, se conformera souvent au proverbe et s'abstiendra. Au contraire, si la confiance reposait sur un fait, un objet, le négociant n'aurait plus aucun motif de refuser le crédit.

En conséquence, pour étendre l'action du crédit, qui consiste, nous le répétons, à rendre plus constant l'empire des capitaux existants, il importe d'en faciliter la constatation; en d'autres termes, de rendre plus notoire,

plus certaine, la solvabilité des possesseurs de ces capitaux.

Les magasins généraux, ou plutôt les *warrants* qu'ils
délivrent, nous semblent susceptibles de rendre ce service
à la France.

Ce n'est pas là une utopie. Il s'agit seulement d'établir chez nous, avec prudence, avec tous les ménage-
ments nécessaires, nous l'accordons, une organisation qui
fonctionne admirablement et depuis bien des années dans
un pays voisin.

Toutefois, le système commercial dont le *warrant* est
l'expression n'a été fondé en Angleterre, ni en un seul
jour, ni d'une seule pièce. Sa formation ne doit pas être
attribuée aux entrepôts de douane qui sont d'une date
assez récente (1803) dans ce pays comme en France.
Dès 1664, il est vrai, Colbert fit établir dans plusieurs
villes de France des magasins nommés entrepôts. Mais
ces établissements n'avaient pas pour but, comme
les entrepôts ouverts au commencement de ce siècle, de
permettre au commerce de n'acquitter les droits qu'après
la vente de la marchandise : ils étaient destinés à faciliter
l'exportation et non l'importation. Les marchandises, une
fois déposées dans ces magasins publics, devaient être
exportées dans un délai déterminé ; elles n'y payaient

b

aucun droit, mais elles ne pouvaient être vendues dans l'intérieur du royaume, sous peine de confiscation et d'une forte amende.

Ces entrepôts ont été fermés en 1688. En 1733 le ministre anglais Walpole reprit l'idée en la modifiant. Il proposa de soumettre le vin et le tabac, denrées chargées de lourdes taxes, à un entrepôt obligatoire ; mais cette obligation devait être compensée par la faculté d'ajourner le payement des droits jusqu'à la mise en consommation, et par l'exemption complète en cas de réexportation. Ce projet fut retiré devant la menace d'une émeute. Plus tard, en 1750, Dean Tucker écrivit en vain en faveur des entrepôts. Adam Smith lui-même ne fut pas plus heureux. Mais un résultat que les esprits les plus distingués n'ont pu obtenir par la force de leurs arguments, a été produit par une circonstance qu'on est en droit d'appeler fortuite.

Ce sont les nombreux vols (1) commis sur les navires chargés de denrées coloniales, stationnant dans la Ta-

---

(1) On a évalué à 150,000 liv. st. la perte annuelle qui en résultait pour le commerce, et à 50,580 liv. la perte au préjudice du trésor.

Dans un ouvrage de M. Colwell, intitulé : *The ways and means of payemnet*, etc., que nous venons de recevoir, nous trouvons, p. 345, parmi les premiers projets de Banque soumis au peuple anglais (1665), l'idée d'un magasin général.

mise, qui ont fait naître l'idée de construire les premiers docks de Londres, c'est-à-dire, des bassins à flot entourés de magasins spacieux et solidés. C'est ainsi qu'une compagnie s'est fondée en 1799 pour la construction du *West-India dock*, qui fut livré au commerce en août 1802. Cette compagnie obtint du parlement le privilége de recevoir tous les navires arrivant des Indes occidentales ou y allant, et d'emmagasiner toutes les marchandises d'importation de cette provenance. Les avantages considérables qui résultèrent de cette fondation, et qu'on a évalués à 18 p. 100 sur les manutentions, le magasinage et les déchets inévitables dans l'ancien mode de déchargement, ne tardèrent pas à devenir évidentes. On se hâta donc de les multiplier. On construisit successivement le *London dock* (1805), l'*East-India dock*, le *Commercial dock*, le *Surrey dock*, le *Catherine dock* (1829) et en dernier lieu le *Victoria dock* (1855). Des établissements semblables ont été créés dans d'autres villes du Royaume-Uni.

Quelle que soit l'utilité des bassins à flot et à niveau constant, c'est surtout comme magasins publics que les docks de Londres ont rendu d'immenses services au commerce. Responsables des navires et des marchandises qu'elles admettent, les compagnies ont dû établir un système régulier d'enregistrement, se charger de toute main-d'œuvre dans l'intérieur des magasins, et même de toute agence auprès de l'administration des douanes. La régularité du payement des droits, la sécurité offerte par une enceinte bien close et surveillée avec soin, la précision avec laquelle fonctionne une organisation bien entendue, n'ont pas tardé à procurer aux docks les priviléges d'un entrepôt de douane, c'est-à-dire, la faculté de n'acquitter les droits qu'à la sortie des marchandises.

Les magasins publics ont dispensé les négociants de Londres d'avoir des magasins particuliers, et ont ainsi diminué considérablement leurs frais généraux ; ils ont, de plus, multiplié l'intervention du crédit, sans qu'en réalité on ait eu pour cela à généraliser l'usage de cette chose vague et indéfinissable qu'on nomme confiance. Voici comment.

On sait qu'à Londres le numéraire et même les effets de commerce n'interviennent que fort peu dans les transactions. Chaque négociant dépose chez son banquier, qu'on nomme aussi *caissier*, soit directement, soit par l'intermédiaire d'un courtier, toutes les valeurs, espèces, lingots, effets de commerce ou publics qu'il encaisse. Dans le plus grand nombre de cas, lorsqu'il a un payement à faire, il donne un *cheque* (mandat à vue) sur son caissier ; ses débiteurs se libèrent envers lui de la même manière. Les banquiers se chargent du recouvrement, sur leurs confrères, des mandats qui leur sont apportés par leurs clients, et effectuent aussi les payements de ces derniers. Généralement, comme tous les jours chaque banquier reçoit des mandats sur plusieurs autres, il suffit, pour opérer ces recouvrements et ces payements, de compenser les créances et de porter plusieurs sommes d'un compte à un autre. Il existe même à Londres un établissement fondé en 1775, où un certain nombre de maisons de banque entretiennent chacune un commis à demeure, et y envoient tous les jours les *cheques* qu'elles reçoivent, afin que les virements puissent être opérés et les différences soldées sans délai. Cet établissement, connu sous le nom de *Clearing house* (bureau de compensations ou de virements) n'admet actuellement qu'une trentaine de banquiers, pour la plupart descendants ou successeurs des fondateurs, et en exclut, par jalousie de métier, dit-on, beaucoup de nouvelles maisons très-solvables. Néanmoins, les virements opérés dans le *Clearing house* ont atteint, en 1857, 1,900,000,000 de l. st. (47 milliards de francs) et il ne faut, pour le solde de cette somme, qu'environ 7 p. 100 de son montant. Il n'a même fallu que 5 p. 100 aux *Clearing houses* de New-York et de Philadelphie.

Le crédit ou compte courant ouvert à un négociant est en rapport avec le montant des valeurs qu'il a déposées chez le banquier. *L'idée de virement est exclusive de tout découvert* (1). Il est donc important pour le commerçant d'avoir en dépôt chez son *caissier* la plus grande somme de valeurs possible. Or, la fortune d'un négociant, sur laquelle repose en grande partie sa solvabilité et par conséquent la confiance qu'il inspire, consiste principalement en marchandises en magasins ou en entrepôt. Selon la nature de son commerce, ces marchandises peuvent immobiliser le capital pendant un temps, et rendre ainsi le négociant momentanément moins solvable. En effet, une marchandise qu'on ne peut pas convertir facilement et sans délai en numéraire, possède une bien moindre puissance, tant comme garantie que

(1) On confond assez généralement les fonctions du capitaliste avec celles du banquier. C'est le capitaliste seul qui fait une avance à découvert, c'est-à-dire, qui consent à *commanditer une entreprise.* Le banquier escompte, fait des avances sur dépôt, et opère des virements, soit directement dans ses livres, soit au moyen de lettres de change tirées sur une autre ville ou un pays éloigné. Car la lettre de change n'est, pour ainsi dire, qu'un instrument de virement au loin. La confusion que nous venons de signaler provient de ce que souvent la même personne est en même temps capitaliste et banquier.

comme capital. Un fabricant de machines travaillant pour un filateur aimera mieux entendre parler de numéraire déposé chez le banquier que de coton, emmagasiné au Havre ou à Liverpool. Eh bien, en Angleterre on est parvenu à rendre ce coton équivalent à des espèces. Le moyen est de la plus grande simplicité. Le propriétaire du coton se borne, à cet effet, à déposer chez son courtier ou chez son banquier la reconnaissance, le récépissé, en anglais le *warrant*, délivré par l'administration du magasin public dans lequel la marchandise est déposée. L'endossement du *warrant* opère le transfert de la marchandise, qui peut être, au besoin, vendue aux enchères publiques sans formalités et sans délai. Le banquier *ne risque donc rien* en augmentant le compte courant du négociant en proportion de la valeur approximative de la marchandise représentée par le *warrant*.

Les magasins publics, d'ailleurs, ne diminuent en rien, pour le négociant, les chances de vente. S'il n'a pas la marchandise sous la main, il a, ce qui vaut mieux à certains égards, ce qui du moins est plus commode, 1° un récépissé authentique (warrant), indiquant la nature, le poids, l'origine, etc., de la denrée ; 2° des échantillons pris sans son intervention, par l'administration du magasin et en présence du courtier, au moment de la

réception de la marchandise. La vente s'opère sur échantillon, et au moyen du transfert du *warrant*, si la totalité de la marchandise est vendue. Au besoin, un *warrant*
peut être échangé contre plusieurs titres relatifs chacun
à une partie de la quantité primitive (1).

Les six grands docks de Londres ne sont pas les seuls
magasins publics qui délivrent des *warrants* négociables.
Londres possède encore cinq *legal quays* qui sont de véritables docks dont la Tamise représente le bassin ; ils
tirent leur nom de la faculté d'entrepôt qui leur a été accordée. On compte, en outre, quatre-vingt-sept *sufferance
wharves*, ou quais de tolérance, dont les priviléges sont

---

(1) Voici, sur la vente aux enchères, un extrait de la *Lettre au sujet
de la question du magasinage* publiée par M. Lebaudy. Le mécanisme
des warrants se trouve exposé dans cette lettre avec beaucoup de
clarté.

«Avant d'effectuer la vente, si elle doit avoir lieu aux enchères
publiques, le warrant est envoyé aux docks, pour être échangé contre
un certain nombre d'autres au nom de la personne qui réclame l'échange. Le nombre est déterminé par la quantité de lots préparés
pour la vente. Ces nouveaux titres, appelés warrants de vente (*sale
warrants*), sont accompagnés d'un nombre égal d'autres titres qui
portent le nom de *weight note* (note de poids), lesquels ne sont que la
copie des premiers.

«La vente opérée, le *weight note* correspondant à chaque lot est
remis à l'acheteur, auquel, moyennant le payement d'un à-compte
fixé à l'avance et variant de 10 à 20 p. 100, suivant la nature des marchandises, il donne pour prendre livraison un délai que l'on stipule

fixés par l'administration des douanes. Il existe encore des caves dites *bonded vaults*, qui, moyennant le dépôt d'une somme assez importante, ou sur la caution de deux notables de la cité, responsables des droits en cas d'infraction au tarif d'entrée, sont autorisées par la douane à recevoir en entrepôt des liquides pour la consommation ou la réexportation. Enfin, en dehors de ces diverses catégories d'établissement plus ou moins en rapport avec les douanes, plus de cinquante magasins publics sont réservés aux marchandises franches de droits, ou dont les droits ont été payés ; et les *warrants* délivrés par ces magasins sont également négociables.

Il n'est pas possible de déterminer la valeur totale des marchandises vendues annuellement en Angleterre au moyen des warrants. On l'a évaluée approximative-

sur le titre. Ce délai varie de 30 à 90 jours. Durant cette période, l'acheteur est autorisé à faire acte de propriété et à revendre sa marchandise ; mais il ne peut en prendre ou en effectuer la livraison, avant d'avoir retiré le warrant des mains du vendeur primitif, autrement dit, avant d'avoir complété le payement ou remis un règlement à la satisfaction de celui-ci. »

M. Lebaudy ajoute : « Est-il besoin de faire ressortir les facilités et la sécurité qu'apporte aux transactions commerciales cette manière de les réaliser ? »

Ces facilités et cette sécurité sont incontestables, mais elles constituent encore un mode de crédit dans lequel la confiance n'intervient pas.

ment pour les docks de Londres à 1 milliard 590 millions de francs ; pour les *legal quays* à 250 millions ; pour les *sufferance wharves* à 63 millions ; pour les *bonded vaults* et pour les simples magasins publics non privilégiés, la somme de 100 millions paraît certainement une évaluation très-modérée.

Londres n'est pas la seule ville, ni le Royaume-Unis le seul pays où l'on ait introduit, où l'on apprécie les magasins publics ou *généraux*. C'est qu'il est de toute évidence que ces établissements contribuent à augmenter la consommation en diminuant le prix des denrées, qu'ils étendent la puissance financière du négociant en abrégeant le chômage de ses capitaux. Les services qu'ils rendent sont, d'ailleurs, reconnus en France, où l'on fait maintenant des efforts pour les multiplier. Malheureusement, leur première introduction chez nous a eu lieu dans des circonstances fâcheuses, dont les effets sur l'opinion n'ont pas encore complétement cessé de se faire sentir.

On sait que les magasins généraux ont été institués par un décret du Gouvernement provisoire daté du 21 mars 1848. Ces magasins devaient être placés sous la surveillance du Gouvernement et recevoir en dépôt des marchandises de toute nature, dépôt constaté par la délivrance d'un récépissé transmissible par endossement. En vertu de ce décret, le Ministre des finances constitua les magasins généraux de Paris, en affectant les bâtiments de l'entrepôt réel des douanes au dépôt des marchandises nationales aussi bien qu'étrangères. Dans les départements, environ soixante magasins ont été ouverts, mais un certain nombre ont dû être fermés, leurs opérations ne présentant pas un degré suffisant d'activité pour qu'il ait paru utile de les conserver.

Établis dans un temps de crise, les magasins généraux, dont personne n'a contesté les services momentanés, ont été considérés comme un expédient applicable seulement à une époque de commotion et de défiance générale. La crise passée, il est resté une prévention qui, jointe aux formalités gênantes dont on entourait les opérations, en a empêché le développement; c'est pourquoi, dans la législation antérieure à la loi de 1858, les prêts sur warrants n'ont jamais dépassé cinq millions et demi par an à Paris, et comme on ne prêtait ordinairement que 66 p. 100 de la valeur de la marchandise, c'était un *gage* de 7 à 8 millions qu'on opérait.

Nous venons d'écrire le mot qui a été fatal à l'institution. On l'a, en effet, assez généralement envisagée comme une espèce de *mont-de-piété* prêtant sur gage.

Or, emprunter sur gage c'est, pour un commerçant, se déconsidérer, c'est nuire à son crédit, puisque c'est constater une solvabilité insuffisante. Et comme, sous l'ancienne législation, cet emprunt ne pouvait se faire qu'avec une certaine publicité, on ne faisait usage des avances sur warrants, que dans les cas extrêmes. Huit millions ne représentent certainement qu'une fraction insignifiante du commerce parisien (1).

D'un autre côté, si l'on avait une grande répugnance à *emprunter* sur marchandises, on n'était non plus toujours disposé à *prêter* sur un gage d'une liquidation difficile. Car, si après 1848 il n'était plus exact de dire que la vente publique en gros des marchandises neuves est soumise à des « formalités tellement fiscales et tellement compliquées » que ces ventes n'ont lieu que « dans de rares circonstances » (2), on pouvait soutenir que la législation qui les concernait laissait encore à désirer.

----

(1) Il est juste de dire aussi qu'une grande partie des marchandises spéciales à Paris ne se prêtent pas à l'emploi des magasins généraux. Jusqu'à présent, la vente aux enchères publiques, *«tout en laissant aux faits leur élasticité,»* reconnaît implicitement que ce système ne s'applique pas encore à toutes les marchandises indistinctement. Toutefois la liste en est déjà assez longue, et embrasse, relativement à la consommation de Paris, des valeurs qui se comptent par centaines de millions.

(2) Rapport présenté au Corps législatif par M. Ancel.

Heureusement, les deux lois de 1848 que M. Damaschino s'est chargé d'exposer et de commenter dans ce livre, font disparaître les obstacles légaux qui s'opposaient à l'introduction, dans les habitudes du commerce, *de la vente sur warrant*. Car c'est ainsi, et non comme *emprunt sur marchandise* que nous voudrions désigner l'opération. L'avenir de cette utile institution est tout entier dans l'abandon de l'idée d'emprunt et dans l'adoption de l'usage de vendre sur warrant et sur échantillon authentique.

Il serait, de plus, à désirer que les warrants fussent généralement déposés chez le banquier du négociant, qui augmenterait le compte courant de ce dernier pour une somme proportionnelle. L'usage des mandats sur banquier, et de virement de compte, devrait également se généraliser.

Est-ce le manque de confiance qui l'empêche ?

Il est évident qu'aucune confiance n'est nécessaire avec l'emploi intelligent des deux titres délivrés sous les noms de *récépissé* et de *warrant*, et qui ressemblent à certains égards aux *sale warrant* et *weight note*. (V. page XIV en note.) Ces titres, s'ils ne réalisent pas le crédit idéal, réalisent du moins le crédit positif et bien *réel*, ce mot pris dans ses acceptions diverses.

En résumé, les magasins généraux, avec leur complément, la vente publique en gros, peuvent rendre les services suivants :

1 °Servir au besoin d'entrepôt de douane. Les avantages variés que procure la faculté d'ajourner le payement des droits sont connus.

2° Diminuer les frais généraux du commerce, en dispensant le négociant d'avoir, même pour les marchandises indigènes ou nationalisées par le payement des droits, des magasins particuliers et un personnel spécial pour les manutentions.

3° Faciliter la circulation des marchandises par la vente sur échantillon authentique, ou au moyen du transfert des titres qui constatent le dépôt du magasin public.

4° Augmenter le crédit du négociant auprès de son banquier, sans nuire à sa considération ; le crédit n'étant pas donné sous forme de prêt, mais de compte courant.

5° Multiplier l'usage des comptes courants, et en conséquence des virements, mode de payement connu depuis des siècles comme le plus avantageux au commerce.

6° Enfin permettre aux marchandises emmagasinées et autrefois immobilisées de travailler comme capital, et d'augmenter ainsi la production, et par conséquent la consommation, c'est-à-dire le bien-être général.

Maurice BLOCK.

PLAN DE L'OUVRAGE.

Cet ouvrage a pour objet trois parties de notre législation :
1° Les entrepôts ;
2° Les magasins généraux ;
3° Les ventes en gros des marchandises neuves.

Nous avons réuni ces trois matières, parce qu'elles sont intimement liées entre elles.

Les ventes en gros de marchandises neuves sont en quelque sorte inséparables des magasins généraux : deux lois du 28 mai 1858 ont été faites simultanément sur ces deux sujets ; un seul décret du 12 mars 1859 les a réglés.

Les entrepôts ont de nombreux rapports avec les magasins généraux. Il n'était donc pas possible de les laisser de côté. Mais comme les deux autres parties de notre ouvrage en forment l'objet principal, nous nous sommes contenté, en ce qui concerne les entrepôts, d'exposer brièvement les principes de la législation.

D'ailleurs, presque tous les livres écrits sur les douanes et sur le droit commercial traitent des entrepôts. Au contraire, les magasins généraux et les ventes en gros sur marchandises neuves sont beaucoup moins connus. Aucun ouvrage n'a été composé sur la législation des magasins généraux, qui est tout à fait nouvelle; ceux qui ont été faits sur les ventes en gros de marchandises neuves sont antérieurs à la dernière loi du 28 mai 1858.

Nous avons divisé notre volume en quatre livres :

Le premier est relatif aux entrepôts ;

Le second traite des magasins généraux ;

Le troisième renferme les ventes en gros de marchandises neuves ;

Le quatrième contient les documents de la législation sur les matières des livres II et III.

Nous ne nous sommes pas dissimulé les difficultés de notre travail. Les docks sont de création nouvelle en France ; le législateur n'a posé que des règles générales : il a laissé à la doctrine et à la pratique le soin de compléter son œuvre. Nous avons tâché de nous renseigner auprès des hommes les plus compétents; nous nous sommes adressé aux administrations. Malgré nos efforts et ces secours, il est possible que des lacunes et des erreurs nous soient signalées. Mais nous comptons, pour remplir les premières et pour corriger les autres, sur les lumières qui nous seront fournies peut-être par de nouveaux règlements et sur les conseils de tous ceux qui voudront bien s'occuper de notre ouvrage.

LIVRE PREMIER

DES ENTREPOTS.

CHAPITRE PREMIER.

DES ENTREPOTS EN GÉNÉRAL.

Sommaire.

1. Notions sur les anciens *ports francs*. Quel était leur inconvénient.

2. Colbert créa les entrepôts. En quoi consista son système. Ordonnances de 1664 et de 1684.

3. Le système de Colbert était incomplet ; mais tel qu'il était, il valait mieux que l'état de choses antérieur : on doit regretter qu'une ordonnance de 1688 l'ait supprimé.

4. La loi du 8 floréal an XI rétablit les entrepôts. Deux vices de cette loi.

5. Réclamations du commerce. Les lois des 9 et 27 février 1832 ont accordé les changements demandés.

6. Définition des entrepôts actuels.

7. Distinction des diverses espèces d'entrepôts.

1. Le régime des entrepôts, dû à Colbert, trouve son origine dans les anciens *ports francs*. Autrefois, certaines villes maritimes, telles que Marseille, Bayonne, Dunkerque, jouissaient, pour les marchandises, du privilége d'exterritorialité, de façon que les objets venant de l'étranger y étaient reçus,

consommés, transportés à l'étranger sans payer de droits. Les ports francs étaient considérés, par rapport à la douane, comme villes neutres.

Cette franchise accordée à toute une cité était utile au commerce général du pays; mais elle était nuisible à l'écoulement des objets produits par le port franc, puisque toute marchandise qui en sortait, pour passer dans la consommation, était regardée comme étrangère et payait les mêmes droits qu'elle aurait payés si elle avait été importée du dehors.

2. Cet inconvénient ne pouvait cesser qu'en restreignant la franchise à certains magasins destinés à recevoir les marchandises importées. Colbert eut le mérite de le comprendre : il créa les entrepôts. Deux ordonnances de 1664 et de 1684 instituèrent et réglementèrent les entrepôts dans onze villes : la Rochelle, Ingrande, Rouen, le Havre, Dieppe, Calais, Abbeville, Amiens, Guise, Troyes et Saint-Jean de Laune. Ces ordonnances prohibèrent la création d'autres entrepôts dans les rayons de huit lieues de la ville de Paris et de quatre lieues des frontières, sous peine de confiscation et d'une amende de 300 livres.

Les marchandises déposées dans les entrepôts furent exemptées par ces deux actes législatifs des droits d'entrée et de sortie, à condition qu'on les exportât, dans les six mois de leur introduction en France, par les mêmes endroits par où on les avait fait entrer. De plus, ces deux ordonnances exigèrent, pour la réception des marchandises dans ces lieux publics, des lettres de voiture ou des connaissements contenant la mention des lieux où elles seraient ensuite transportées. Enfin, la vente de ces objets dans l'intérieur du territoire fut défendue sous peine de confiscation et de 500 livres d'amende.

3. On voit par l'analyse de ces dispositions que le système

de Colbert était incomplet. Ce ministre n'avait eu en vue que les marchandises qui étaient importées pour être plus tard exportées; il avait négligé les objets importés pour la consommation de la France, objets qui durent acquitter les droits dès leur entrée sur le sol français. Toutefois, quoique bien insuffisante, une telle organisation constituait un véritable progrès. Aussi doit-on regretter qu'une ordonnance de 1688 l'ait supprimée sauf pour les provenances de l'Inde, de la Guinée et des îles d'Amérique.

4. La loi du 8 floréal an XI, relative aux douanes, rétablit les entrepôts et en étendit l'application aux objets importés pour la consommation intérieure. Mais, dans la crainte erronée de détourner le commerce de la mer, cette loi ne permit le rétablissement des entrepôts que dans les ports de mer et non dans les autres villes, excepté Lyon et Strasbourg.

La loi de l'an XI avait encore un autre défaut : elle défendait le dépôt dans les entrepôts des objets prohibés à l'entrée, pour enlever à l'exportation de nos produits analogues la possibilité d'une concurrence.

5. Les négociants réclamèrent fortement contre ces deux vices de la loi, qui créait un monopole au profit des villes maritimes et mettait des entraves trop grandes au commerce. Le gouvernement finit par s'en émouvoir; les lois des 9 et 27 février 1832, votées après une discussion vive et approfondie, apportèrent à l'institution des entrepôts les changements demandés. L'expérience a donné raison aux dispositions nouvelles : la statistique a démontré que le commerce extérieur s'est considérablement accru en France et que l'importance des ports de mer a augmenté.

6. Dans notre législation actuelle, les entrepôts sont des magasins dans lesquels les commerçants déposent les mar-

chandises qu'ils se proposent d'exporter de nouveau, de mettre en transit ou de ne livrer que plus tard à la consommation. Les entrepositaires ne supportent qu'un droit d'entrepôt ou d'emmagasinage. Ils n'ont à payer les droits d'entrée que lorsqu'ils livrent leurs marchandises à la consommation.

7. On distingue les entrepôts en deux grandes catégories : les *entrepôts réels* et les *entrepôts fictifs*, que nous allons examiner en premier lieu. Nous nous occuperons ensuite des *entrepôts réels dans les villes de l'intérieur et des frontières*, des *entrepôts du prohibé* et de certains *entrepôts spéciaux*.

CHAPITRE II.

DES ENTREPOTS RÉELS.

27. Tarif suivant lequel ce paiement a lieu.

28. Les entrepositaires qui veulent retirer leurs marchandises de l'entrepôt doivent faire une déclaration à la douane.

29. La douane délivre alors un permis de sortie.

30. Ensuite, elle opère une vérification.

31. Privilége de la douane. Son étendue. Jurisprudence.

8. Les *entrepôts réels* sont des magasins publics placés sous la surveillance de la douane et des commerçants. Ils sont fermés à deux clefs : l'une reste entre les mains d'un agent de la douane, appelé *contrôleur aux entrepôts*, qui veille à la garde et à la fermeture de ces magasins ; l'autre est gardée par un délégué du commerce, qui fournit et entretient les entrepôts. (L. 8 flor. an XI, art. 26.) Les marchandises ne peuvent donc pas sortir de ces lieux publics sans la permission de ces deux sortes d'agents.

9. Les entrepôts ne peuvent s'établir que par un décret de l'Empereur.

Les villes auxquelles l'entrepôt est accordé, n'en jouissent qu'à la charge de fournir sur le port des magasins convenables, sûrs et réunis en un seul corps de bâtiment. Le plan du local doit être présenté au gouvernement, qui, après avoir fait examiner s'il est propre à sa destination, l'y affecte, s'il y a lieu, par un arrêté spécial. (L. 8 flor., art. 25.)

10. Cependant, après que cette loi fut rendue, on reconnut qu'il fallait prendre des mesures spéciales pour certains objets qu'à raison de leur nature il était urgent de séparer des autres. En conséquence, une ordonnance du 9 janvier 1818 disposa, dans son article 1er, que les viandes et poissons salés, les huiles de poissons et suifs bruts seraient placés dans des lieux uniquement affectés à ce genre de marchandises, soit au moyen d'une division et d'une distribution nouvelle des bâtiments acceptés en exécution des articles 25 et 26 de la loi du 8 floréal an XI,

soit en laissant au commerce l'option de fournir un local séparé, offrant les sûretés requises par la loi.

C'est conformément à ces règles qu'on a construit un grand nombre d'entrepôts, parmi lesquels les plus importants sont ceux de Marseille, de Bayonne, de Bordeaux, du Havre, de Rouen, de Cette, de Toulon, de Lorient, de Dunkerque, de Cherbourg, de Dieppe, de Caen, de Calais, de Rochefort, de Saint-Malo, etc.

11. Celui qui veut déposer des marchandises dans un entrepôt doit en faire à la douane une déclaration sur papier libre, détaillée, signée de lui ou de ses représentants, contenant la qualité, le poids, la mesure ou le nombre des objets qui doivent les droits au poids, à la mesure ou au nombre, et la valeur de ceux qui les doivent d'après cette dernière base. Cette déclaration doit en outre indiquer, en marge, les marques et numéros des ballots, caisses, tonneaux, futailles. Telles sont les règles prescrites par une circulaire du 23 août 1821, qui a appliqué aux marchandises déposées dans les entrepôts l'article 9, titre II, du décret des 6-22 août 1791, concernant l'exécution du tarif des droits d'entrée et de sortie.

12. L'article 16 de la loi sur les douanes, du 17 juillet 1822, a défendu de présenter comme unité, dans la déclaration, plusieurs ballots ou autres colis fermés, réunis de quelque manière que ce soit, à peine de confiscation et d'une amende de 100 francs, conformément à l'article 20 du titre II du décret du 22 août 1791. Les entrepositaires devront veiller avec le plus grand soin à ce que leur déclaration soit faite d'une manière convenable, car la confiscation dont il vient d'être parlé n'est pas appliquée par l'administration aux seuls ballots qui excèdent l'unité, mais à tous ceux que contient le colis multi-

ple. Une décision administrative du 23 juillet 1839 l'a jugé expressément.

13: Les agents de la douane peuvent se rapporter à la déclaration en ce qui touche le poids, le nombre et la mesure. Mais ordinairement, ils procèdent à une vérification partielle des marchandises ; si leur visite amène la découverte d'un excédant, cet excédant est assujetti au double droit. Toutefois, cette peine n'est pas encourue si l'excédant n'est que du vingtième, pour les métaux, et du dixième, pour les autres objets ; dans ce cas, l'excédant et les quantités déclarées n'acquittent ensemble que le simple droit. (D. 22 août 1791, tit. II, art. 17 et 18.)

14. Après la déclaration et la vérification, les marchandises sont, au moment de leur entrée dans les magasins, inscrites sur un registre appelé *sommier* ou *compte ouvert*, qui indique leurs qualité, quantité, espèce, provenance, et valeur si celle-ci sert de base à la fixation des droits. Le registre doit, en outre, contenir la mention du pavillon du navire importateur. (Circ. 15 fév. 1822 et 23 mai 1826.)

15. La douane est responsable de la perte et de l'avarie des marchandises qui arrivent par la faute ou par le fait de ses agents. La jurisprudence n'hésite pas à appliquer les articles 1382 et 1383 du Code Napoléon. (Chambre des Req. de la Cour de Cass., 12 mai 1830, VASSAL.)

Mais la douane est-elle responsable dans tous les cas, même lorsque l'on ne prouve pas contre elle la faute ou le fait de ses agents ? Sur cette question, les tribunaux font une distinction qui nous paraît fort sage. Ils décident que, lorsque la douane n'a que l'une des deux clefs du magasin, elle ne peut pas être passible de dommages-intérêts, si l'entrepositaire ne prouve pas que la perte totale ou partielle de ses marchandises est arrivée par la faute ou par le fait des préposés de la douane, parce que, l'autre clef étant dans les mains du commerce, la douane n'a pas les objets sous sa garde exclusive. Toutes les fois, au contraire, que les marchandises sont sous la seule surveillance de la douane, parce qu'elles sont placées sous sa *seule* clef (ce qui arrive pour les marchandises prohibées placées dans le magasin spécial de prohibé), la jurisprudence rend cette administration responsable des dommages éprouvés par leur propriétaire. (Rej. 13 juin 1831, Douane C. Gaboriaud.)

16. Dans le cas où la douane n'est pas passible de dommages et intérêts, peut-elle se retourner contre l'entrepositaire et lui dire : Il y a dans les marchandises un déficit qui me porte un préjudice; c'est vous qui en êtes cause; vous devez me payer l'amende, qui est la peine de l'importation frauduleuse?

Sans nul doute, la douane n'est pas recevable à intenter une telle action. L'entrepositaire ne peut pas répondre d'un cas fortuit dont il est le premier à souffrir. La doctrine est d'accord avec la jurisprudence. (V. Trolley, *Traité de la hiérarchie admin.*, n° 964; Dalloz, *Rép.*, v° Douane, n° 471 ; Cass. crim., 24 niv. et 5 vent. an XI, Bouchard et Debette.)

Mais il y a controverse sur le point de savoir à la charge de qui incombera la preuve, lorsque le déficit pourra donner lieu légalement à des dommages-intérêts. Le propriétaire devra-t-il, pour n'être pas condamné, établir que le déficit a eu lieu sans son fait ni sa faute? ou, au contraire, sera-ce à la douane, quand elle voudra obtenir des dommages-intérêts, à prouver le fait ou la faute de l'entrepositaire?

M. Dalloz (*loc. cit.*, n° 472) pense que la preuve est à la charge du propriétaire. Il se fonde sur ce que l'entrepôt est pour le commerce une faveur qui ne doit pas tourner contre les intérêts du fisc. Cette doctrine est consacrée par un arrêt de la chambre criminelle de la Cour de Cass. du 14 pluviôse an IX.

M. Trolley estime au contraire que la preuve doit être faite par le fisc. C'est aussi en ce sens qu'a été prononcé un jugement de Bordeaux, du 30 déc. 1828, rendu en appel et confirmé par un arrêt de rejet de la Cour de Cassation, en date du 22 mars 1831. (DOUANE *C.* GAUTHIER.) On peut dire en faveur de cette solution qu'en principe la preuve incombe au demandeur ; que la bonne foi et l'innocence doivent toujours être présumées : que, dès lors, c'est à la douane à prouver que l'entrepositaire s'est mis par son fait ou par sa faute dans la situation de payer l'amende.

17. L'entrepositaire a le droit de céder les marchandises déposées dans l'entrepôt. Mais s'il veut n'être pas toujours tenu envers la douane, il est nécessaire qu'il lui fasse connaître son cessionnaire, que la cession soit inscrite sur les registres de l'entrepôt, que le cessionnaire s'engage à sa place envers la régie et *que celle-ci l'accepte à la place du cédant*. Cela a été réglé ainsi par une circulaire du 9 août 1791 que les tribunaux appliquent toujours. (V. Cass., 2 mai 1809, TROMPLER, et 9 mars 1835, ZIZINIA.)

La douane est donc maîtresse d'accepter ou de refuser l'engagement du nouvel acquéreur. Or, elle ne l'accepte que si ce dernier est domicilié au lieu où est situé l'entrepôt et si le transport est rendu définitif par l'apposition d'une nouvelle marque sur les objets ou par un autre signe aussi certain. (Circ. 1ᵉʳ mars 1832.)

On verra toutefois plus loin, au n° 154, que ces formalités ont été simplifiées, pour les magasins généraux, par une circulaire de M. le directeur général des douanes, du 31 mars 1859.

18. L'entrepositaire peut changer ses marchandises d'entrepôt, sans être tenu de payer les droits. Celui qui veut ainsi opérer une *mutation d'entrepôt* doit faire une déclaration, contenant les mêmes énonciations que la déclaration qu'il a faite pour faire déposer ses marchandises dans le magasin. Elle doit, de plus, indiquer le nouvel entrepôt dans lequel l'entrepositaire désire que ces objets soient transportés. Par cette même déclaration le négociant s'engage à effectuer le dépôt aux conditions premières. (Circ. 21 janv. 1819.)

19. Après cette déclaration, les préposés visitent les marchandises, pour constater s'il n'y a point de déficit autre que le déchet qui leur est naturel ; car le déficit est soumis aux droits suivant les règles exposées ci-dessus.

20. Le transport s'opère avec un acquit-à-caution indiquant la voie par laquelle se fera la mutation, le numéro et la date de l'inscription des marchandises sur le sommier, le pavillon du navire importateur, et le pays d'où venait ce navire. Un extrait de l'acquit, envoyé au receveur du lieu où est situé le nouvel entrepôt, l'empêche d'être trompé par de fausses expéditions. (Circ. 6 mars 1824 et 19 janv. 1829.)

21. Les négociants doivent effectuer le transport par des navires français ; les navires espagnols leur sont seuls assimilés. Du reste, il n'y a pas de condition de tonnage.

22. Quand les marchandises sont arrivées au bureau de la destination, la douane a le droit de les peser de nouveau et d'examiner si elles sont *identiquement* de la qualité, de l'espèce et de la provenance indiquées dans l'acquit-à-caution.

Si le poids offre un excédant, les préposés examinent le plombage. Est-il intact et placé sur tous les côtés, l'excédant est réintégré dans l'entrepôt et le consignataire s'engage par écrit à se soumettre à ce que décidera la douane. (Déc. adm. 30 oct. 1826.)

Le plombage, au contraire, n'est-il pas intact et régulier, le propriétaire est considéré comme ayant fait une importation frauduleuse. Toute personne convaincue d'avoir fait une importation ou une exportation frauduleuse, ou d'avoir profité d'un entrepôt pour opérer des soustractions, substitutions ou versements à l'intérieur, peut être privée, par un arrêté du gouvernement, de la faculté d'entrepôt. (L. 8 flor. an XI, art. 83, et L. 27 fév. 1832, art. 8.) La fraude est de plus punie de confiscation et d'amende. (D. 22 août 1791, tit. II, art. 21.)

Si les marchandises avaient subi des avaries pendant leur transport du premier entrepôt au second, leur propriétaire obtiendrait une réduction de droits proportionnelle à leur dépréciation. (Argum. tiré de la loi du 22 avril 1818, art. 51, et de la Circ. 22 déc. 1832.)

23. Les marchandises ne peuvent pas rester indéfiniment dans l'entrepôt ; il pourrait en résulter un encombrement aussi nuisible aux intérêts du commerce qu'à ceux du Trésor. Il a donc fallu déterminer un maximum de durée légale. Ce maximum a été fixé à trois ans par l'article 14 de la loi du 17 mai 1826, pour les entrepôts qui réunissent les conditions voulues par l'article 25 de la loi du 8 floréal an XI. Le maximum n'est que d'une année pour les autres magasins.

24. Si, à l'expiration des délais fixés, l'entrepositaire ou son représentant ne satisfait pas à l'obligation d'acquitter les droits ou de réexporter, les droits sont liquidés d'office ; et si l'un ou l'autre ne les acquitte pas dans le mois de la sommation qui est faite à son domicile, lorsqu'il est présent, ou à celui du maire, lorsqu'il est absent, les marchandises sont vendues d'après les règles contenues aux articles 617, 618 et 624 du Code de procédure civile. Le produit de la vente, déduction faite de

tous droits et de tous frais de magasinage ou autres, est versé à la Caisse des dépôts et consignations, pour être remis au propriétaire, si celui-ci le réclame dans l'année, à partir du jour de la vente ; à défaut de réclamation dans ce délai, il est définitivement acquis au Trésor (L. 17 mai 1826, art. 14; Circ. 6 sept. 1827.) Les marchandises ainsi vendues peuvent être réintégrées dans l'entrepôt au nom de l'adjudicataire.

25. Cependant les délais que nous venons d'indiquer ne sont pas de rigueur. L'entrepositaire peut adresser au directeur une demande motivée tendant à obtenir une prolongation de délai. La douane examine les motifs et consent, s'il y a lieu, à la prolongation. On doit ajouter que l'article 3 de la loi du 27 février 1832 défend de prolonger le délai pour des mutations d'un entrepôt sur un autre.

La prolongation accordée produit un effet remarquable : elle a pour conséquence d'interdire la réexportation des marchandises ; à l'expiration du nouveau délai, celles-ci devront être livrées à la consommation et acquitter les droits. (Circ. 15 oct. 1818.)

Si l'administration refuse la prolongation demandée, l'expiration du délai légal ne date que du jour où sa décision est remise au pétitionnaire. Cette date est importante pour l'acquit des droits ; car ils sont perçus suivant le tarif applicable au moment où finit le délai.

26. Les marchandises déposées dans les entrepôts jouissent de la franchise des droits, jusqu'au moment où les négociants désirent les livrer à la consommation. Si leurs propriétaires veulent les réexporter, elles sont exemptées des droits. Mais il faut que la réexportation ait lieu avant l'expiration du délai légal.

27. Le tarif suivant lequel les droits doivent être payés

est celui qui est en vigueur au moment où l'entrepositaire fait sa déclaration de sortie. Cette règle, posée par une circulaire du 19 juillet 1825, est toujours appliquée par les tribunaux. Une seule exception a été créée par l'article 31 de l'ordonnance du 10 septembre 1817, en faveur des marchandises importées à Marseille et provenant du Levant, de la Barbarie et des autres pays situés sur la Méditerranée, pour les cas où il y aurait lieu de payer une surtaxe. Cette exception a été établie pour encourager les importations de ces pays.

28. Les négociants qui veulent retirer leurs marchandises des entrepôts, soit pour les réexporter, soit pour les livrer à la consommation intérieure, doivent faire à la douane une déclaration de sortie renfermant les énonciations de la déclaration d'entrée. Ils doivent, de plus, indiquer la destination des marchandises et, s'il y a lieu, le nom et le pavillon du navire à bord duquel elles seront chargées et le nom du capitaine. Toutefois, cette déclaration peut différer de celle d'entrée, si ces marchandises doivent payer les droits *ad valorem* et si la taxe a changé. (Circ. 1ᵉʳ mars 1832.)

Les négociants feront bien d'apporter la plus scrupuleuse sincérité dans leur déclaration, parce qu'ils pourraient être passibles des peines qui frappent les importations frauduleuses.

29. La déclaration faite, signée et inscrite sur les registres de la douane, le receveur délivre un permis de sortie.

30. Au moment de la sortie, les préposés procèdent à la vérification des marchandises, comme lors de leur entrée ou de la mutation d'entrepôt, afin de s'assurer si elles sont *identiquement* les mêmes que celles qui sont entrées et s'il n'y a pas de déficit. Cette visite est surtout nécessaire pour les objets qui doivent être réexportés. Les déficits acquittent

les droits avant la sortie des colis. Si cependant il était reconnu que ces déficits provenaient d'un déchet naturel, les marchandises seraient *pesées de nouveau en totalité* et l'administration accorderait une réduction de droits.

31. La douane est garantie du paiement des droits par un privilége sur tous les meubles du consignataire et, par conséquent, sur les marchandises déposées dans l'entrepôt. Les droits de la régie sont préférés à toutes autres créances, à l'exception des frais de justice et de ce qui est dû pour les six derniers mois de loyer, et sauf aussi la revendication dûment formée par les propriétaires des marchandises qui sont encore sous balle et sous corde.

Ce privilége a fait l'objet de nombreuses discussions; mais la jurisprudence l'a admis aux termes de l'article 22, titre XIII, du décret du 22 août 1791 et de l'article 4, titre VI, de la loi du 4 germinal an II, qu'elle considère comme étant toujours en vigueur. (Cass. 14 mai 1816, Syndic Charost; 3 déc. 1822, Evette, etc.) Il a même été jugé que le privilége de la douane sur les marchandises déposées dans un entrepôt pouvait être exercé par cette administration, non-seulement pour l'acquit des droits dus par ces objets, mais pour tout ce qui lui était dû par leur consignataire. (Rouen, 7 juin 1817, Martin.)

Il faut enfin se rappeler que l'entrepositaire qui a cédé sa propriété n'en est pas moins toujours tenu envers la régie, s'il n'a pas donné à cette administration une preuve certaine du transfert, et si elle n'a pas accepté l'engagement du cessionnaire. Tant que ces conditions n'ont pas été remplies, la douane peut poursuivre sur les marchandises le paiement de ce qui lui est dû par leur consignataire. (Voir n° 17.)

CHAPITRE III.

DES ENTREPOTS FICTIFS.

32. Par opposition à l'entrepôt réel, qui a lieu dans des magasins publics, l'*entrepôt fictif* a lieu dans les magasins des destinataires des marchandises.

Cet entrepôt pouvait donner naissance à des fraudes de la part des entrepositaires, puisque les marchandises sont en leur possession. Il a donc fallu que le législateur établît certaines règles spéciales que nous allons étudier, en faisant remarquer que toutes celles que nous avons exposées dans le chapitre précèdent reçoivent leur application ici, lorsqu'il n'y est pas dérogé par les règles qui seront indiquées ci-après.

33. L'entrepôt fictif n'est concédé qu'aux villes d'entrepôt réel.

34. Les marchandises prohibées ne peuvent pas être mises en entrepôt fictif. Les seuls objets qui peuvent y être reçus sont les suivants :

1° Les denrées coloniales françaises importées régulièrement par des navires français et jouissant d'une modération de droits, savoir : les sucres, bonbons, confitures, sirops, rhums, tafias, mélasses, miels, casses confites, cafés, cacaos, cotons, girofles et bois de teinture de toutes les colonies ; les liqueurs de la Martinique, les muscades et macis du Sénégal et de la Guyane française ; les cassia lignea, cannelles, colles de poisson, gousses tinctoriales, piments, poivres, potasses et rocou de la Guyane française, les grandes peaux brutes et sèches, cires brunes, dents d'éléphants, gommes pures, salsepareilles et follicules de séné du Sénégal ; (L. 7 déc. 1815 et 17 mai 1826.)

2° Les objets qui occasionneraient de l'encombrement dans les entrepôts réels, savoir : les ardoises, marbres bruts, meules à moudre et autres marchandises énumérées au tarif de l'ordonnance du 3 septembre 1844 ; les laines étrangères non filées ni teintes, les cotons et laines étrangers ; (Ord. 9 janv. 1818, art. 2 et 4 à 11 ; Déc. adm. 7 nov. 1834.)

3° Les houilles. (Circ. 24 juill. 1836.)-

Il ne peut être reçu en entrepôt fictif, ni par suite en être réexporté que des objets parfaitement conservés et francs de toute avarie. (L. 27 juill. 1822, art. 12 ; Ord. 9 janv. 1818, art. 10, pour les cotons.)

35. Les négociants qui veulent mettre des marchandises en entrepôt fictif, sont tenus de déclarer aux bureaux de la

douane, avant la mise en entrepôt, les magasins où ils renfermeront leurs marchandises et de faire leur soumission de les représenter en mêmes quantité et qualité, chaque fois qu'ils en seront requis.

Il leur est défendu de les changer de magasin sans une déclaration préalable indiquant le nouveau local, et sans un permis spécial de la douane, à peine de payer immédiatement les droits, en cas de mutation non autorisée, et à peine de payer le double droit, en cas de soustraction, indépendamment d'une amende qui peut s'élever au double de la valeur de la marchandise soustraite. (L. 8 flor., an XI, art. 15; Circ. 8 sept. 1815.)

Toutefois, l'administration, qui a le droit d'être indulgente et qui l'est toujours, quand elle ne soupçonne pas une pensée de fraude, ne voit pas une soustraction dans la simple mutation opérée d'un magasin dans un seul autre magasin, quand les objets sont représentés intégralement et identiquement aux préposés; elle n'y voit qu'un déplacement illégal qu'elle frappe tout au plus de la déchéance de l'entrepôt. Il en est tout autrement, lorsque les objets sont transférés dans plusieurs magasins et ne sont pas représentés intégralement; la régie voit, avec raison, dans ces faits, une soustraction qui doit être punie conformément aux dispositions de la loi de l'an XI. (Déc. admin. 14 avril 1837; Circ. 4 janv. 1835.) L'application de ces principes a été faite dans deux arrêts de la Cour de Cassation du 29 janvier 1834, Frois, et du 9 mars 1835, Zizinia.

36. La déclaration doit être accompagnée d'une soumission *cautionnée* de réexporter les marchandises ou de payer les droits au moment de leur sortie pour la consommation. (L. 8 flor. an XI, art. 14.) Cette soumission dispense la douane de rechercher la solvabilité du destina-

taire. Tout ce qu'elle exige, c'est une caution solvable.
(Déc. admin. 23 oct. 1839.)

37. Les propriétaires ou consignataires devront placer les marchandises dans des magasins sûrs et convenables. Si elles ont susceptibles de coulage, les magasins doivent être fermés à deux clefs dont l'une reste entre les mains de la douane. (Ord. 9 janv. 1818, art. 2; L. 7 déc. 1815, art. 2.)

38. Au moment de l'entrée en entrepôt, la régie peut prélever des échantillons qu'elle conserve sous son cachet et sous celui de l'entrepositaire. (Circ. 23 vendém. an 11.)

39. Il est défendu de procéder à des déballages, remaniements et divisions des colis sans la présence des préposés. (Ord. 9 janv. 1818, art. 6; Déc. adm. 26 mai 1841.)

En outre, tous les trois mois au moins, la régie fait des recensements dans les entrepôts fictifs. (Circ. 24 therm. an X.)

Toutes ces mesures ont pour objet de prévenir les fraudes et de s'assurer de l'identité des marchandises entreposées.

40. L'article 14 de la loi du 8 floréal an XI fixe à une année, au plus, la durée de l'entrepôt fictif. Cependant la douane peut prolonger ce délai, comme pour l'entrepôt réel. Au surplus, les négociants ont un moyen de changer leur délai d'une année en celui de trois ans : c'est de demander que les objets qu'ils ont mis en entrepôt fictif soient admis dans l'entrepôt réel ; cette faculté ne leur est pas refusée, quand le local le permet.

41. L'entrepositaire et la caution sont responsables du paiement des droits d'une manière absolue. Les déficits en sont passibles, quelle que soit leur nature. Une seule exception a été faite pour les sucres qui ont été entreposés d'après la

tare légale; on défalque la portion de la tare qui leur est applicable. (Déc. adm. 1ᵉʳ fév. et 17 sept. 1838.) S'il s'élève des difficultés pour l'application des droits, relativement à l'espèce, à l'origine ou à la qualité des produits, trois commissaires experts, placés près du Ministère de l'agriculture et du commerce, ont mission de statuer sur ces doutes; le Ministre doit leur adjoindre, pour chaque affaire et selon sa nature, au moins deux négociants ou fabricants, lesquels ont voix consultative. (L. 27 juill. 1822, art. 19 (1).)

42. Les droits doivent être payés à l'expiration du délai légal ou de sa prolongation, avant la sortie des marchandises. S'ils ne sont pas acquittés, comme la sortie frauduleuse est plus facile pour les entrepôts fictifs que pour les entrepôts réels, on doit agir avec vigueur contre l'entrepositaire et sa caution : aussi les poursuites ont-elles lieu, sans aucun retard, par voie de contrainte. (Circ. 14 mars 1821, 23 janv. 1824.)

---

(1) D'après cet article, les experts étaient placés près du Ministère de l'intérieur, parce qu'il n'y avait pas de Ministère de l'agriculture et du commerce. Lorsque ce dernier Département fut séparé de celui de l'Intérieur, toutes les affaires commerciales lui furent attribuées; les experts furent donc naturellement placés près du nouveau Ministère.

CHAPITRE IV.

DES ENTREPOTS RÉELS DANS LES VILLES DE L'INTÉRIEUR ET DES FRONTIÈRES.

Sommaire.

43. Des entrepôts réels peuvent être établis par un décret du chef de l'État dans toutes les villes qui le demandent, pourvu qu'elles remplissent les conditions qui suivent.

44. Pour obtenir l'établissement d'un entrepôt, les villes doivent y affecter préalablement un bâtiment spécial, isolé et distribué intérieurement de manière à ce qu'on y puisse classer séparément les marchandises d'origines diverses. Ce bâtiment doit offrir la distribution convenable pour l'établissement des corps de garde des préposés des douanes, ainsi que des logements et bureaux réservés à l'agent du commerce et à celui des douanes, agents dépositaires chacun d'une clef de l'entrepôt, le premier pour la conservation et la garde de la marchandise, le second pour la garantie des droits du Trésor. Les édifices doivent être agréés par le Gouvernement. (L. 27 fév. 1832, art. 9.)

45. Les villes qui demandent l'établissement d'un entrepôt, doivent aussi pourvoir à la dépense spéciale nécessitée par le service de cet entrepôt, tant pour les bâtiments que pour les salaires des employés chargés des écritures et de la garde, et généralement pour tous les frais occasionnés par ces magasins, sauf ceux de perception et de surveillance, qui sont aujourd'hui à la charge de l'État. (L. 1832, art. 10, modifiée en partie par la loi du 10 août 1839, art. 11.)

46. Ces villes jouissent des droits de magasinage dans l'entrepôt, conformément aux tarifs concertés avec les Chambres de Commerce et approuvés par le Gouvernement. Elles peuvent aussi faire concession temporaire de ces droits, avec concurrence et publicité, à des adjudicataires qui se chargent de la dépense du local, de la construction et de l'entretien des bâtiments, ainsi que de toutes les autres charges de l'entrepôt. Le commerce, représenté par la Chambre de Commerce du lieu, peut, sur le refus du Conseil Municipal, se charger de remplir les mêmes obligations, au moyen d'une association d'actionnaires constituée en société anonyme. (L. 27 fév. 1832, art. 10.)

47. Les villes qui ont rempli les conditions qui viennent d'être indiquées sont : Metz, Strasbourg, Mulhouse, Paris, Orléans, Toulouse, Nîmes, Avignon, Saint-Étienne et Lyon.

48. Ces entrepôts peuvent recevoir toutes les marchandises non prohibées admissibles au transit, qui y sont expédiées, soit des villes d'entrepôt réel où elles ont été débarquées, soit des bureaux frontières ouverts au transit. (L. 27 fév. 1732, art. 2.)

Ils peuvent aussi, depuis une loi du 26 juin 1835, recevoir les objets prohibés à l'entrée et admissibles au transit avec faculté, pendant la durée légale de l'entrepôt, de les réexpédier en transit, soit par mer, soit par les frontières de terre ou de les réexpédier sur les autres entrepôts désignés par les règlements.

L'entrepôt de Paris, étant créé pour ne recevoir que des marchandises étrangères, ne peut pas admettre les marchandises françaises qui, n'ayant pas pu être vendues au dehors, ont été réimportées en France. Ces objets doivent être dirigés sur les douanes. (Circ. 6 juin 1838.)

49. Les marchandises dirigées sur les entrepôts des villes de l'intérieur et des frontières doivent être expédiées de la même manière, sous les mêmes conditions et sous les mêmes peines, en cas d'infractions, que celles qui sont déterminées par les lois relatives aux entrepôts réels. Toutes les dispositions relatives aux entrepôts maritimes, à l'entrée des marchandises entreposées, à leur sortie, à la police intérieure des magasins, dispositions que nous avons exposées au chapitre II, sont applicables aux entrepôts dont nous venons de nous occuper. (L. 27 fév. 1832, art. 4.)

CHAPITRE V.

DES ENTREPOTS DU PROHIBÉ.

50. Toutes les villes d'entrepôt réel n'ont pas un entrepôt de marchandises prohibées, parce que celui-ci demande une surveillance plus grande que l'entrepôt réel. La loi du 9 février 1832 n'avait autorisé la création de pareils entrepôts que dans les ports de Marseille, Bayonne, Bordeaux, Nantes, le Havre et Dunkerque. Depuis, plusieurs autres ont pu être institués, grâce aux moyens de précaution que l'administration a réussi à trouver contre les fraudes.

51. Pour qu'un entrepôt du prohibé soit autorisé, il faut que le commerce ait fait préalablement disposer, à la satisfaction du Gouvernement, dans le bâtiment de l'entrepôt réel qui se trouve sous la garde des préposés, et non ailleurs, des magasins spéciaux, absolument isolés de ceux où se trouvent les marchandises passibles de droits, fermés à deux clefs, dont l'une reste entre les mains du délégué du commerce et l'autre entre celles du receveur des douanes. Mais le Gouver-

nement peut exiger successivement, dans les ports où l'entrepôt des objets prohibés acquiert assez d'importance pour rendre nécessaire un service spécial, que cet entrepôt soit établi dans un local séparé, n'ayant d'ouverture que sur les quais et offrant toutes les dispositions de sûreté que déterminent les ordonnances et les décrets. (L. 9 févr. 1832, art. 17.)

52. Un tonnage déterminé est exigé pour les navires qui apportent dans les ports les marchandises prohibées. Ces navires doivent être en principe de cent tonneaux, au moins. Il y a cependant des villes pour lesquelles les lois permettent un tonnage moindre. (L. 9 févr. 1832, art. 18.)

53. L'article 20 de la même loi défend de diviser les colis qui renferment des marchandises prohibées. Mais la douane permet la division, quand les colis contiennent des objets de destination différente; lorsque, par exemple, à côté de marchandises prohibées, il y en a d'autres qui sont sujettes au tarif. (Déc. admin. 4 sept. 1829 ; Circ. 28 sept. 1839.)

54. Pour faciliter la vente du prohibé, on permet aux entrepositaires de prendre des échantillons des objets entreposés. Les échantillons ne doivent jamais consister dans une pièce entière ; ils ne doivent être que des fragments. Si ces objets ont de la valeur, il faut que le consignataire s'engage, sous caution, à les réintégrer dans l'entrepôt et à les réexporter à l'expiration du délai légal d'entrepôt, sous peine de payer le quadruple de leur valeur. Afin de les reconnaître, la douane y appose un plomb, ou la marque d'une estampille à la rouille, quand l'étoffe peut en garder l'empreinte. (Déc. admin. 9 avril 1834 ; Circ. 16 avril 1834.)

55. Toutes les autres règles des entrepôts réels des marchandises non prohibées, qui ne sont pas contraires à celles que nous venons de voir, s'appliquent aux entrepôts du prohibé. (Voir chap. II.)

CHAPITRE VI.

DES ENTREPOTS SPÉCIAUX.

Sommaire.

56. Les entrepôts de Marseille, Lyon, Strasbourg, Saint-Martin, Basse-Indre et de divers ports de la Manche sont soumis à des règles spéciales, en ce qui concerne soit la nature des magasins, soit l'espèce des marchandises qui y sont admises.

57. De tout temps, le port de *Marseille* a donné lieu à des dispositions particulières, à raison de l'importance de son commerce avec le Levant. Aujourd'hui encore, cette ville jouit d'une faveur qui consiste en ce que toutes les marchandises étrangères qui y sont importées, peuvent être mises en entrepôt réel *ou fictif, pendant le délai légal de trois ans.* (Ord. 10 sept. 1817, art. 4, et L. 17 mai 1826, art. 14.) Une ordonnance du 20 juillet 1835 accordait à ce port un autre privilége relatif à la mouture des blés *tendres* étrangers ; mais cette ordonnance a été abrogée par un décret du 14 janvier 1850.

58. L'entrepôt réel de *Lyon* admet : 1° les denrées coloniales françaises ou étrangères et toutes les marchandises étrangères non prohibées et non fabriquées qui sont tirées des ports d'entrepôt réel ; 2° les soies grèges et moulinées du Piémont et de l'Italie importées par les bureaux de Pont-de-Beauvoisin, Châtillon-de-Michaille et Saint-Laurent-du-Var. (Ord. 11 juin 1816, art. 1er ; L. 9 fév. 1832, art. 28 ; Déc. min. 21 oct. 1817 et 6 sept. 1822.)

A cet effet, ces objets doivent être déclarés, vérifiés et plombés au port d'arrivée, puis expédiés par un acquit-à-caution, qui en assure le transport et le déchargement à l'entrepôt de Lyon, sous différentes conditions résultant de l'application combinée de l'article 32 de la loi du 30 avril 1806 et des articles 6 à 9 de la loi du 17 décembre 1814. (Ord. 11 juin 1816, art. 1er.)

Le terme de l'entrepôt est : 1° pour les soies, de dix-huit mois, à compter de la date de leur réception dans l'entrepôt ; 2° pour les autres marchandises, de huit mois, à dater de l'acquit-à-caution avec lequel ils sont dirigés sur cet entrepôt.

Tous ces objets peuvent être retirés de l'entrepôt de Lyon, soit pour être mis en consommation dans l'intérieur, en acquittant les droits, soit pour être réexportés. Les endroits par lesquels la réexportation doit avoir lieu sont fixés ainsi : 1° Pour les denrées coloniales et autres marchandises, les bureaux de Strasbourg, Saint-Louis, Verrières-de-Joux, Châtillon-de-Michaille, Seyssel et Pont-de-Beauvoisin ; 2° pour les soies, les bureaux de Strasbourg, Saint-Louis, Verrières-de-Joux, Châtillon-de-Michaille, Halluin, les ports du Havre, Calais, Boulogne et Dunkerque. (Ord. 11 juin 1816, art. 3 ; Déc. admin. 14 août 1821 et 16 août 1822.)

59. L'entrepôt de *Strasbourg* reçoit les marchandises

étrangères qui suivent : 1° les marchandises non prohibées admissibles au transit (L. 2 juill. 1836, art. 14); 2° les marchandises non prohibées exclues du transit, lorsqu'elles sont importées par le pont du Rhin (L. 8 flor. an XI, art. 40); 3° lorsqu'elles arrivent par le Rhin et la rivière d'Ill, les marchandises désignées au tableau 3 annexé à la loi du 9 février 1832, qui ne sont pas comprises dans notre 1° (L. 2 juill. 1836, art. 14); 4° les marchandises prohibées admissibles au transit. (Ord. 18 mai 1843.)

Les articles 40 et 41 de la loi du 8 floréal an XI contenaient d'autres dispositions spéciales à cet entrepôt. Mais les articles 27, 28, 29 et 30 de la loi du 28 avril 1816 les ont modifiées et ont soumis Strasbourg, en ce qui concerne ces règles, au droit général. Il est donc inutile d'en parler.

L'article 29 de la loi du 9 février 1832 a également étendu à trois ans le terme légal de cet entrepôt, qui n'était que de six mois, d'après l'article 43 de la loi du 8 floréal an XI.

Les marchandises admises dans l'entrepôt de Strasbourg peuvent en être retirées, soit pour être expédiées en transit, conformément aux lois générales (sauf le sucre raffiné et le tabac fabriqué, qui doivent toujours sortir par le Rhin ou par le canal aboutissant à Huningue); soit pour la consommation intérieure, si elles sont admissibles par les frontières de terre, ou si, étant comprises dans l'article 22 de la loi du 28 avril 1816, elles sont arrivées d'un port français où elles auraient pu acquitter les droits d'entrée. (L. 2 juill. 1836, art. 15.)

Les embarcations françaises seules peuvent transporter directement, de la Wantzenau à Huningue, les marchandises admissibles à l'entrepôt de Strasbourg, pourvu, si elles proviennent des pays d'outre-mer ou des contrées riveraines du Rhin, au-dessous de Mayence, qu'elles aient été chargées dans ce dernier port ou en aval. Cependant les embarcations Néer-

landaises peuvent opérer le même transport, jusqu'à Huningue, par le canal du Rhône au Rhin. (L. 2 juill. 1836, art. 16 ;
Convention du 31 mars 1831, art. 8 du protocole ; Déc. admin.
3 oct. 1835.) Les embarcations peuvent, si elles ont des
magasins à parois solides et entièrement séparés, des chambres et autres endroits accessibles aux gens de l'équipage,
n'être assujetties qu'au plombage des écoutilles, dont la
douane, d'ailleurs, assure la fermeture par tous les moyens
qu'elle juge nécessaires, y compris l'escorte des préposés
qu'elle peut mettre à bord. L'article 17 de la loi de 1836, qui
contient cette disposition, ajoute qu'elle est commune à tous
les bâtiments chargés qui entrent dans l'Ill par la Wantzenau,
pour arriver à l'entrepôt de Strasbourg, ou qui chargent en
réexportation, à cet entrepôt.

60. L'entrepôt de *Saint-Martin* (île de Ré) reçoit toutes
les marchandises non prohibées, à l'exception des denrées coloniales et autres objets énumérés dans l'article 22 de la loi
du 28 avril 1816.

Le terme légal de cet entrepôt n'est que de six mois. (Déc.
admin. 5 sept. 1821.)

61. La ville de *Basse-Indre* a un entrepôt qui n'admet que
les houilles (Déc. admin. 20 mars 1838.)

62. Les ports de *Gravelines, Calais, Boulogne, Dieppe,
Fécamp, Cherbourg, Saint-Malo, Morlaix et Roscoff* ont des
entrepôts spéciaux, qui reçoivent les eaux-de-vie de grains,
dites genièvres, venant de l'étranger, les raisins de Corinthe et
le thé, à la charge de réexportation dans l'année de l'arrivée.
(L. 23 sept. 1791, art. 1 et 4 ; L. 21 avril 1818, art. 29.)

L'article 2 de la loi du 23 septembre 1791 a permis d'établir dans ces ports, aux frais du commerce, et dans les lieux convenus avec la régie, des dépôts où les tafias des colonies françaises, reçus en entrepôts, peuvent être convertis en rhum, en exemption des droits, à la charge également de les réexporter dans l'année.

Enfin les ports de Dunkerque, Gravelines, Boulogne, Calais et Cherbourg reçoivent les foulards croisés des Indes et les crêpes de Chine. (Déc. admin. 16 avril, 13 oct., 2 déc. 1818 et 6 juin 1821.)

LIVRE II

DES MAGASINS GÉNÉRAUX

OU DOCKS.

CHAPITRE PRÉLIMINAIRE.

Sommaire.

63. Création des magasins généraux par le décret du 21 mars 1848.

64. Ce décret a été complété par un arrêté du Gouvernement Provisoire, en date du 26 mars 1848, confirmé par un décret du 23 août 1848.

65. Le commerce a suivi l'impulsion du Gouvernement; plusieurs magasins généraux ou docks ont été établis.

66. Services que les magasins généraux ont rendus au moment de la Révolution. Ces services auraient pu être bien plus importants, si la législation avait été meilleure.

67. Premier reproche adressé à cette législation : l'unité du titre remis aux déposants.

68. Second reproche : la nécessité de la transcription des actes de transfert sur les registres des magasins.

69. Troisième reproche : l'exigence d'une expertise pour déterminer la valeur des marchandises.

70. Quatrième reproche : le double recours exercé par le prêteur non payé, à son choix, soit contre l'emprunteur et les endosseurs, soit contre la marchandise.

71. Cinquième reproche : l'exigence d'une ordonnance du Président du Tribunal de Commerce pour la vente de la marchandise, en cas de non-paiement du prêteur à l'échéance.

72. Sixième reproche : le privilége général de la douane.

73. Septième reproche : les établissements de crédit n'étaient pas ouverts utilement aux déposants.

74. Restriction apportée aux entrepôts par une décision du Ministre des finances, en date du 12 juillet 1855.

75. Réflexions sur les causes de la non-réussite des magasins généraux avant la loi du 28 mai 1858.

76. Une loi nouvelle était nécessaire. La loi du 28 mai 1858 a abrogé la législation de 1848 ; mais elle a maintenu ce que cette législation avait de bon.

63. Les magasins généraux ont été créés en France en 1848, en même temps que les comptoirs d'escompte, pour parer à la crise industrielle, commerciale et financière, suite inévitable de toute révolution.

La chute d'un grand nombre de maisons de banque avait privé les négociants et les industriels des moyens de se procurer l'argent nécessaire à leur commerce. Le Gouvernement Provisoire comprit que si l'on ne remplaçait pas promptement ces établissements de crédit, le commerce et l'industrie souffriraient des pertes irréparables ; sur la proposition de M. Garnier-Pagès, il créa des comptoirs d'escompte à Paris et dans tous les grands centres agricoles, industriels et commerciaux.

D'un autre côté, les citoyens qui avaient quelques capitaux les gardaient précieusement et restreignaient leurs dépenses au strict nécessaire : les marchandises s'accumulaient dans les magasins. Le Gouvernement Provisoire voulut les rendre, non à la consommation — cela ne dépendait pas de lui —, mais à la circulation. Un décret du 21 mars 1848 ordonna l'établissement, à Paris et dans les départements, de magasins généraux dans lesquels les négociants et les industriels pussent déposer les matières premières, les marchandises, les objets fabriqués qui leur appartenaient. D'après l'article 3 du décret, les propriétaires de ces objets devaient recevoir, en échange de leur dépôt, un *récépissé* constatant leur propriété et transmissible par voie d'endossement. Extraite d'un registre à souche, cette reconnaissance était revêtue du timbre de la République et de celui du magasin général.

64. Un arrêté du Ministre des finances, en date du 26 mars 1848, confirmé par un décret du 23 août 1848, vint compléter les dispositions du décret du 21 mars.

D'après cet arrêté, le récépissé devait contenir : 1° la date du dépôt; 2° le nom et le domicile du déposant; 3° l'espèce et la quantité, tare déduite, de la marchandise ; 4° la valeur vénale des marchandises estimées, au cours du jour du dépôt, par des experts choisis par la Chambre du Commerce, le Conseil Municipal ou la Chambre Consultative des arts et manufactures et assistés d'un courtier de commerce ou d'un commissaire priseur. (Art. 4 et 5.)

Toute personne qui voulait prêter sur des marchandises déposées, était saisie du privilége de nantissement par le transfert du récépissé à son ordre et par la mention de ce transfert sur le registre des magasins avec indication de la somme prêtée. (Art. 7.)

Enfin, pour faciliter la circulation de la marchandise par le récépissé qui la représentait, l'article 8 autorisait les comptoirs d'escompte à admettre le récépissé comme seconde signature, quand on le leur offrait joint à un billet à ordre, et l'article 9 permettait à la Banque de France et aux Banques départementales de le recevoir comme troisième signature. (Voir aussi D. 26-27 mars 1848, qui contient la même disposition que l'article 9.)

65. Le commerce ne demanda pas mieux que de suivre l'impulsion qui lui était donnée par le Gouvernement Provi-

soire. Soixante magasins généraux furent ouverts en France. Un décret du 17 septembre 1852 autorisa MM. Cusin, Legendre et Duchesne de Vère à établir à Paris des magasins généraux, sur les terrains qui leur appartenaient près de la place de l'Europe ; ils acquirent aussi l'entrepôt réel des douanes de la compagnie qui en avait obtenu la concession du Gouvernement. Un autre décret du 17 juin 1854 concéda à la ville du Havre l'établissement et l'exploitation d'un dock-entrepôt. Un troisième décret du 23 octobre 1856 donna ce même droit à la ville de Marseille.

66. L'idée de créer en France des magasins généraux était grande et belle. Cette institution n'était pas seulement desti-née à rendre des services importants dans les temps de crise ; elle devait exercer l'influence la plus utile sur le commerce et l'industrie de notre pays. Mobiliser la marchandise ; la rendre immédiatement réalisable ; en faciliter la circulation, au point de l'assimiler au papier ; permettre au commerçant, à l'industriel, à l'ouvrier d'emprunter facilement sur elle et donner toutes garanties au prêteur ; fournir à tous de vastes magasins bien gardés, bien surveillés ; diminuer considérable-ment les frais d'emmagasinage et de garde ; dispenser, pen-dant la durée du dépôt, de payer les droits de douane et d'octroi : tels sont les bienfaits que pouvaient procurer les docks ; tels sont ceux qu'ils procurent à l'Angleterre et à la Hollande, qui leur doivent presque toute la prospérité dont elles jouissent. La France est déjà une des plus grandes na-tions par son commerce et par son industrie ; si elle possédait des docks bien organisés, ses affaires s'en ressentiraient d'une manière très-avantageuse.

Malheureusement, la création du Gouvernement Provisoire a été incomplète. Soit qu'il ait craint de trop innover, soit

qu'il n'ait pas bien étudié l'institution dont il a voulu doter
la France, il a entouré les magasins généraux de telles entraves que leur réussite a été impossible. A la suite des réclamations des Chambres de Commerce, des établissements de
crédit et des administrateurs des docks, le Gouvernement a
remis sérieusement à l'étude l'institution des magasins généraux. Avant d'exposer l'organisation qui leur a été donnée
par la loi de 1858, nous examinerons brièvement les reproches
qui ont été faits par le commerce au système établi en 1848.
Cet examen ne présente pas seulement un intérêt historique ;
il sert à éclairer les lois qui régissent actuellement les docks.

67. La législation de 1848 a créé, au profit des déposants,
un seul titre, le *récépissé*. Aux termes de l'article 3 du décret
du 21 mars, les récépissés extraits de registres à souche
transfèrent la propriété des objets déposés et sont transmissibles par voie d'endossement. D'un autre côté, l'article 7 de
l'arrêté du 26 mars porte que « toute personne qui voudra
« prêter sur des marchandises déposées, sera valablement
« saisie du privilége de *nantissement* par le transfert du
« récépissé à son ordre. »

Ainsi, un titre unique doit servir pour deux opérations :
la transmission de propriété et le nantissement. Or, comment fera le consignataire, quand il voudra effectuer successivement les deux opérations? Sans doute, s'il commence
par vendre, il n'aura plus ni le besoin ni le droit d'emprunter sur les marchandises ; il endossera son récépissé au
nom de l'acquéreur, et tout sera fini. Mais, s'il débute par
emprunter sur ses marchandises, pour une partie plus ou
moins grande de leur valeur, pourra-t-il les vendre ensuite?
Cette question a beaucoup d'intérêt pour lui, car celui qui
prête sur nantissement ne donne jamais une somme équi-

valente à la valeur totale du gage. Eh bien! cette vente ne sera pas possible. En effet, le consignataire a déjà transféré le récépissé à l'ordre du prêteur qui le gardera; le consignataire ne peut donc plus l'endosser au profit de son acquéreur.

Voilà le premier reproche adressé à la législation de 1848.

68. L'article 7 de l'arrêté a été justement critiqué par les hommes pratiques à un autre point de vue. Il exige, dans le cas d'endossement pour transmission de la propriété des marchandises, l'inscription du transfert sur le registre du dock. Cette inscription avait, sans doute, paru aux auteurs de l'arrêté présenter cette utilité, qu'elle aurait fait connaître la vente au public et aurait empêché le consignataire de commettre des fraudes. Mais elle avait deux inconvénients fort graves : elle divulguait aux concurrents du consignataire le secret de ses opérations; elle gênait la libre circulation du récépissé, qui était soumis à la mention sur les registres pour tout endossement.

69. Un troisième vice était signalé dans les articles 4 et 5 de l'arrêté du 26 mars 1848. Ces articles ordonnaient que le récépissé portât la mention de la valeur *vénale* de la marchandise, constatée au jour du dépôt par une expertise.

L'expertise avait pour conséquence d'initier les tiers dans le secret des affaires des déposants. Elle entraînait des frais et retardait la délivrance du récépissé, qui était subordonnée à l'expertise. Enfin, elle ne prouvait rien, parce que la valeur de la marchandise varie d'un jour à l'autre. Le commerce en a donc demandé la suppression.

70. D'après l'article 11 de l'arrêté, à défaut de paiement

à l'échéance, le cessionnaire porteur du récépissé pouvait exercer son recours, à son choix, soit contre les emprunteurs et les endosseurs, soit sur la marchandise déposée.

Pourquoi ce double recours? ont dit les négociants. Pourquoi exiger que le récépissé soit accompagné d'un billet à ordre, pour que la Banque le reçoive? Le prêteur n'est-il pas assez garanti par la marchandise, sans qu'il actionne les emprunteurs et les endosseurs? Quel est le négociant qui consentira à déposer des marchandises dans une telle situation, si en perdant la disposition de ces objets, il ne dégage pas son crédit?

71. Ce même article 11 disposait qu'en cas de non-paiement à l'échéance, la vente de ces marchandises aux enchères serait ordonnée par le Président du Tribunal de Commerce, sur la production de l'acte de protêt.

Mais l'article 9 du décret du 24 mars 1848 autorisait les sous-comptoirs à faire procéder à la vente publique des marchandises, huit jours après une simple mise en demeure, sans qu'il fût besoin d'aucune autorisation judiciaire ; et cette même faculté était accordée aux comptoirs nationaux d'escompte par l'article 2 du décret du 23 août 1848.

Les Chambres de Commerce demandèrent que l'on étendît cette dernière disposition à tout prêteur et que l'autorisation du Président ne fût plus exigée. Elles donnèrent pour motifs : 1° que l'autorisation entraînait des frais et des lenteurs préjudiciables au commerce; 2° que le prêteur, n'étant pas sûr de l'obtenir, refusait son argent. La nécessité de l'autorisation du juge éloignait donc les négociants des magasins généraux.

72. Le commerce réclama un sixième changement. Nous

avons vu dans notre Livre Ier, *Des Entrepôts*, que la douane avait un privilége général sur les meubles des redevables. Or, les commerçants sollicitèrent la restriction du privilége aux seules marchandises qui n'avaient pas acquitté les droits, en s'appuyant sur cette raison, que l'on trouverait difficilement à emprunter sur des marchandises, tant que le prêteur aurait à craindre la perte de son gage, par l'effet de l'exercice du privilége de la douane. Ce vœu des Chambres de Commerce était d'autant plus juste que la douane n'avait réellement aucun intérêt à conserver son privilége général : à moins de supposer que les lois fiscales sont impitoyablement dures, la valeur des marchandises doit toujours dépasser les droits de la douane.

73. Enfin, les Chambres de Commerce demandèrent au Gouvernement que les établissements de crédit fussent ouverts utilement aux déposants, afin que ceux-ci pussent aisément trouver à emprunter sur leurs marchandises.

74. Cependant une décision du Ministre des finances, en date du 12 juillet 1855, introduisit une autre restriction. Jusqu'en 1848, les entrepôts réels étaient destinés à admettre les marchandises étrangères qui n'avaient pas acquitté les droits de douane. En 1848, les Conseils municipaux et les Chambres de Commerce demandèrent au Ministre des finances et obtinrent de lui l'admission, dans les entrepôts réels, des marchandises nationales ou nationalisées, en vue de l'application du régime des warrants. En 1855, le Département des finances pensa que cette mesure n'avait plus de raison d'être, parce que la crise qui l'avait nécessitée avait cessé; la décision du 12 juillet défendit, en conséquence, à l'avenir de recevoir dans les entrepôts réels d'autres objets que

les marchandises étrangères qui n'avaient pas payé les droits.

75. Telles sont, dans l'ordre juridique, les principales causes de la non-réussite des docks en France. Des motifs d'un autre ordre ont encore contribué à ce résultat fâcheux. Sans doute, il est rare qu'une institution nouvelle prospère dès le premier moment de sa fondation : il faut que les esprits aient le temps de s'y habituer, d'en comprendre l'utilité et le mécanisme; on apporte rarement ses capitaux dans une affaire dont on ne saisit pas la portée, dont on ignore les chances de succès. Mais, précisément parce qu'il existait des difficultés nées de la nature des choses, le législateur de 1848 devait se garder encore davantage de commettre les fautes que nous avons signalées.

Ce législateur avait pourtant devant lui l'exemple de l'Angleterre à laquelle il avait emprunté l'idée des docks. On a pu voir dans l'Introduction comment les docks fonctionnent en Angleterre. Toutes les mesures y sont prises pour favoriser la mobilisation des marchandises et pour en faciliter la vente. Le warrant y change librement de mains et jouit auprès des banquiers d'une faveur égale à la monnaie courante ; ce qui est bien juste, puisqu'il représente des valeurs réelles. Nous concevons que les auteurs du décret du 21 mars 1848 n'aient pas pu transporter en France le système anglais dans son intégralité, puisque nos mœurs et nos usages commerciaux diffèrent de ceux de nos voisins. Mais, sans introduire chez nous cette liberté absolue qui a été accordée en Angleterre aux magasins généraux, on aurait pu, tout au moins, éviter les défauts qui existaient dans la législation de 1848.

76. Une loi nouvelle était donc nécessaire pour que les

marchandises pussent être engagées et vendues sans déplacement, avec la même facilité et avec aussi peu de frais qu'un billet de commerce. Après plusieurs années d'études, la loi du 28 mai 1858 et le décret du 12 mars 1859 sont enfin venus donner satisfaction au commerce. L'article 15 de la loi de 1858 a abrogé le décret du 21 mars et l'arrêté du 26 mars 1848.

Il ne faudrait pas croire cependant qu'aucune des dispositions de ces deux derniers actes législatifs n'ait été conservée dans la législation actuelle. Le projet de loi délibéré par le Conseil d'Etat, dans ses séances des 20 et 22 mars 1858, n'abrogeait pas le décret du 21 mars 1848 ; l'article 1er de ce projet renvoyait même à ce décret. Mais la Commission du Corps législatif, chargée d'examiner le projet de loi, a pensé avec raison que, la loi de 1858 ne devant conserver que quelques dispositions du décret, il valait mieux reproduire ces dispositions en entier et abroger le décret. Une partie des règles du décret du 21 mars se retrouve donc dans la loi du 28 mai 1858.

CHAPITRE PREMIER.

DE L'ÉTABLISSEMENT DES MAGASINS GÉNÉRAUX ET DES DROITS ET OBLIGATIONS DE CEUX QUI LES EXPLOITENT.

Sommaire.

77. La loi du 28 mai 1858 et le décret du 11 mars 1859 contiennent fort peu de dispositions sur les matières traitées dans notre chapitre. Le législateur a voulu laisser à la pratique et à la jurisprudence le soin de compléter son œuvre.

SECTION I. — Conditions et formes d'établissement des magasins généraux.

78. Les magasins généraux sont surveillés par le Gouvernement. Son autorisation est nécessaire pour leur ouverture.

79. Cette autorisation ne constitue pas un monopole. Ses motifs.

80. Formes de la demande d'autorisation.

81. Cette demande est soumise par l'administration à diverses autorités. Ce que doivent contenir les avis de ces autorités.

82. Un cautionnement peut être exigé.

83. Dans quels cas on doit consulter le Ministre des finances.

84. L'autorisation est accordée par décret impérial rendu le Conseil d'État entendu.

85. Par qui l'autorisation peut être demandée.

86. Le décret du 21 octobre 1856, qui a accordé la concession d'un dock à la ville de Marseille, a stipulé qu'après 99 ans, l'entrepôt ferait retour au Gouvernement, qui aurait aussi la faculté de racheter la concession, moyennant certaines conditions.

SECTION II. — Droits et devoirs de ceux qui exploitent des magasins généraux.

87. Marchandises que peuvent admettre les magasins généraux.

88. Ceux qui les exploitent peuvent être autorisés à ouvrir des salles pour la vente publique des marchandises en gros.

89. Différents droits accordés aux exploitants par le décret du 12 mars 1859.

90. Les exploitants peuvent-ils être *autorisés* à prêter sur warrants? Cette question importante et difficile n'est pas encore résolue. On avait espéré une solution, au moment de l'établissement du magasin général des soies de Lyon.

91. Le Gouvernement peut, dans certains cas, accorder aux magasins généraux la faculté de garantir et d'estimer les marchandises qui y sont déposées.

92. Diverses prohibitions faites aux exploitants pour prévenir des abus.

93. Le décret du 12 mars exige que les exploitants traitent tous les déposants avec une égalité parfaite.

94. La même égalité doit exister dans leurs rapports avec les entrepreneurs de transport. Cependant, ici, des exceptions peuvent être admises.

95. L'égalité doit régner dans la perception des taxes. Publicité du tarif et du règlement des docks.

96. Les exploitants peuvent établir leur tarif comme ils l'entendent; mais ils ne peuvent l'augmenter qu'en se conformant à certaines règles.

97. Les magasins généraux sont soumis aux lois générales de police et de sûreté.

98. Surveillance des douanes pour les docks établis dans des locaux soumis aux régimes de l'entrepôt réel ou fictif. Comment doit-elle être entendue ? Appréciation d'un passage de la circulaire du Ministère des finances, en date du 31 mars 1859.

99. Examen d'un autre passage de cette circulaire relatif à l'ordonnance du 12 juillet 1855.

100. Responsabilité des exploitants. Ils sont de vrais dépositaires.

101. Ils doivent garder fidèlement les choses qui leur sont confiées.

102. Ils sont tenus de la faute *in abstracto*; ils doivent se comporter en bons administrateurs.

103. Ils ne sont pas tenus des cas fortuits ou de la force majeure, dont la preuve doit être faite par eux.

104. Ils doivent restituer identiquement les objets déposés.

105. A qui doivent-ils faire cette restitution, d'après les principes du droit commun ?

106. Suite.

107. Les propriétaires ou exploitants des docks qui veulent céder leurs établissements sont tenus de remplir certaines formalités.

108. Sanction de toutes ces obligations.

77. La loi du 28 mai 1858 s'est à peine occupée des conditions et formes de l'établissement des magasins généraux ; elle a gardé complétement le silence sur les droits et sur les obligations des exploitants. Elle s'est bornée à dire, dans son article 1er, que les magasins généraux recevront les marchandises et les objets fabriqués que les négociants et industriels voudront y déposer ; que ces magasins seront ouverts, les Chambres de Commerce ou les Chambres Consultatives des arts et manufactures entendues, avec l'autorisation du Gouvernement et qu'ils seront placés sous sa surveillance. L'article 14 de cette loi a ajouté qu'un règlement d'administration publique prescrirait les mesures nécessaires à l'exécution de cette loi. Ce règlement, qui est le décret du 12 mars 1859, a été sobre de détails sur ces matières. Il s'est contenté de poser des principes et de faire quelques prohibitions.

Ce laconisme de la loi, cette insuffisance du décret, qui peuvent surprendre dans un pays où l'on est habitué à voir des actes législatifs étendus, souvent minutieux, doivent-ils être attribués à l'indifférence ou à l'imprévoyance du législateur ? Une telle pensée ne peut venir à l'esprit de personne, quand il s'agit d'une loi aussi longuement élaborée. La brièveté des textes nous est expliquée par ce passage du rapport fait au Corps législatif par M. Ancel, au nom de la Commission chargée d'examiner le projet de loi : « Nous « avons pensé, a dit M. Ancel, que la meilleure loi serait celle « qui, se bornant à poser les principes généraux, laisserait « aux faits leur élasticité, aux circonstances leur mobilité, et « que, tracer d'avance un cercle restreint à des institutions de « crédit aussi nouvelles encore parmi nous, ce serait s'expo-

« ser à en arrêter l'essor et peut-être à en paralyser les bien-
« faits. Nous croyons qu'il faut s'en remettre sur beaucoup de
« points aux faits pratiques et à l'expérience, et qué la juris-
« prudence elle-même se créera à plusieurs égards en raison
« des nécessités que le temps et l'usage viendront révéler. »

Ce court extrait du rapport de M. Ancel suffit pour nous
montrer quel est l'esprit de la loi et du décret qui la complète.
Le législateur n'a pas voulu tout prévoir ; s'il n'a pas accordé
aux magasins généraux toute la liberté dont ils jouissent en
Angleterre, il a du moins évité avec soin tout ce qui pourrait entraver leur marche ; il s'est fié à la pratique et à la jurisprudence pour compléter la loi.

SECTION I. — Conditions et formes d'établissement des magasins généraux.

78. D'après la loi de 1858 et le décret de 1859, les magasins généraux sont des établissements privés surveillés
par l'administration. Ils ne peuvent être ouverts qu'avec l'autorisation du Gouvernement, qui doit être donnée par décret
impérial rendu sur l'avis de la Section des travaux publics,
de l'agriculture et du commerce du Conseil d'État. (L. 28 mai
1858, art. 1 ; D. 12 mars 1859, art. 1.)

Quant aux docks qui existaient antérieurement à la loi
nouvelle, ils n'ont pas eu besoin d'obtenir une autorisation
nouvelle ; M. le Ministre de l'agriculture et du commerce
l'a expressément déclaré dans sa circulaire du 12 avril 1859.
L'administration a pensé avec raison que, ces établissements
ayant été créés avec l'agrément du Gouvernement, cette permission devait suffire. Mais il est bien entendu que les magasins anciens doivent, comme les nouveaux, se conformer aux
autres règles tracées par la loi de 1858 et par le décret de 1859.

79. L'autorisation du Gouvernement est exigée dans l'intérêt du commerce et des docks, et nullement pour fonder un monopole au profit de tel ou tel magasin. Les Commissaires du Gouvernement dans l'Exposé des motifs, M. Ancel dans son rapport au Corps Législatif, M. le Ministre de l'agriculture et du commerce dans sa circulaire du 12 avril 1859, ont formellement déclaré que telle était leur pensée. L'administration, qui est disposée à favoriser de toutes ses forces la création des docks, se montre fort libérale dans la concession des autorisations. Ainsi, non-seulement on pourra établir dans la même ville, à côté du magasin général devant recevoir toutes sortes de marchandises, des magasins spéciaux destinés à ne recevoir que quelques espèces d'entre elles ; mais on pourra fonder dans la même localité, si les intérêts de celle-ci l'exigent, plusieurs magasins généraux pour toutes sortes de marchandises et plusieurs magasins spéciaux pour le même genre de marchandises.

80. Pour obtenir cette autorisation, il faut adresser par l'intermédiaire du Préfet une demande au Ministre de l'agriculture, du commerce et des travaux publics. La demande devra contenir la justification d'une solvabilité suffisante, en rapport avec l'importance de l'établissement projeté. Si elle est faite par une société, celle-ci devra produire ses statuts. Si elle émane d'un Conseil municipal ou d'une Chambre de Commerce, ils doivent joindre leurs délibérations avec leurs budgets et expliquer avec quelles ressources ils entendent faire face aux dépenses de création et de gestion de l'établissement projeté.

Les postulants devront aussi indiquer le local qu'ils destinent au magasin, en produire un plan, dire s'il y aura lieu de faire des dépenses d'appropriation et en quoi elles consisteront, s'il s'agit d'un local soumis à l'entrepôt réel, si l'on se propose de se servir du régime de l'entrepôt fictif.

81. La demande une fois faite, le Préfet et la Chambre de Commerce ou la Chambre Consultative des arts et manufactures donnent leur avis. (L. 28 mai 1858 et D. 12 mars 1859, art. 1er). Le premier projet de la loi du 28 mai n'exigeait pas ces formalités; elles ont été demandées par la Commission du Corps législatif. Ces avis sont fort utiles aux magasins et au commerce, car ils éclairent le Gouvernement; s'ils sont favorables, l'autorisation sera plus aisément accordée; s'ils sont défavorables, le Gouvernement en appréciera les motifs, et avisera selon les cas.

Ces avis doivent examiner et vérifier toutes les énonciations de la demande d'autorisation que nous venons d'énumérer. Ils doivent, de plus, exprimer s'il est nécessaire que les postulants donnent un cautionnement, quel doit en être le montant et quelles bases ont servi pour la fixation de ce chiffre. En effet, l'article 2 du décret du 12 mars 1859 dit que « les « exploitants de magasins généraux *peuvent* être soumis, pour « la garantie de leur gestion, à un cautionnement dont le « montant est fixé par l'acte d'autorisation et proportionné, « autant que possible, à la responsabilité qu'ils encourent. »

82. On voit par cet article du décret que le cautionnement ne devra pas être exigé dans tous les cas. L'administration aura égard à la solvabilité et à la moralité des postulants. Si le cautionnement est demandé, il consistera en une somme d'argent ou en valeurs publiques déposées à la Caisse des dépôts et consignations. L'article 2 du décret ne dit pas si le cautionnement pourra être remplacé par la caution d'une ou plusieurs personnes solvables ou par la justification de propriétés immobilières suffisantes. Mais, comme l'article n'oblige

pas l'administration à demander toujours un cautionnement et lui laisse toute faculté d'appréciation, il n'est pas douteux qu'elle ne puisse se contenter des garanties dont nous venons de parler, et qu'elle n'agisse ainsi, toutes les fois qu'elle croira pouvoir le faire sans danger pour le commerce.

83. Lorsque le magasin doit être placé dans un local soumis au régime de l'entrepôt réel, ou lorsqu'il doit recevoir des marchandises en entrepôt fictif, le Ministre des finances doit être consulté pour les intérêts du trésor. Une circulaire du Ministre des finances, en date du 31 mars 1859, apprend aux directeurs des douanes sur quels points devront porter les renseignements qu'ils auront à fournir à l'administration, quand elle s'adressera à eux ; il faudra surtout prendre garde que les *entrepôts* réels ne soient détournés de leur affectation spéciale aux marchandises étrangères n'ayant pas acquitté les droits, et mettre obstacle à ce que des magasins généraux soient constitués pour recevoir des marchandises d'entrepôt fictif, hors de l'enceinte des villes.

84. Les productions que nous venons de voir, jointes à la demande, sont examinées par le Ministre de l'agriculture, du commerce et des travaux publics, qui les envoie ensuite à la section du Conseil d'État correspondant à son département. Cette section examine s'il y a lieu d'accorder l'autorisation et prépare le décret qui est signé par l'Empereur.

85. On a vu plus haut que les magasins généraux sont *des établissements privés* surveillés par l'administration. Cependant, si aucune société privée, aucun particulier ne prennent l'initiative de l'établissement du dock, l'autorisation peut être demandée par la Chambre de Commerce, ou par le

Conseil Municipal, s'ils le jugent utile ; la ville peut ensuite céder ses droits à des particuliers. Déjà, avant la loi du 28 mai 1858, le décret du 17 juin 1854 avait concédé *à la ville* du Havre l'établissement et l'exploitation d'un dock-entrepôt ; et une semblable concession avait été faite *à la ville* de Marseille par le décret du 23 octobre 1856.

86. Dans les deux décrets que nous avons cités au numéro précédent, les concessionnaires des magasins généraux ont été investis du privilége exclusif de l'entrepôt réel, pour être indemnisés des travaux qui leur ont été imposés ; mais le législateur a voulu que l'*entrepôt* revînt à l'État, après un certain nombre d'années. C'est ainsi que l'article 23 du cahier des charges annexé au décret du 23 octobre 1856, qui porte concession d'un dock à la ville de Marseille, après avoir dit que le concessionnaire jouirait des droits de magasinage et de manutention, pendant quatre-vingt-dix-neuf ans, a ajouté qu'à l'expiration de la concession et par le seul fait de cette expiration, le Gouvernement entrerait immédiatement en possession du dock, de ses dépendances et de son matériel et en jouissance de tous ses produits.

Le Gouvernement s'est aussi réservé, dans l'article 24 de ce même décret, un autre droit fort important. Il a stipulé la faculté de racheter la concession du dock entrepôt, à toute époque, après l'expiration des quinze premières années. Pour régler le prix du rachat, on relèvera les produits nets annuels obtenus par le concessionnaire, pendant les sept années qui auront précédé celle où le rachat sera effectué ; on en déduira les produits nets des deux plus faibles années et l'on établira le produit net moyen des cinq autres années. Ce dernier produit formera le montant d'une annuité qui sera due et payée au concessionnaire pendant chacune des années restant à courir sur la durée de la concession. Mais le montant de l'annuité ne doit pas être inférieur au produit net de la dernière des sept années prises pour terme de comparaison. Les intérêts des exploitants ont été, par conséquent, sauvegardés parfaitement par le décret du 23 octobre 1856.

SECTION II. — DROITS ET DEVOIRS DE CEUX QUI EXPLOITENT DES MAGASINS GÉNÉRAUX.

87. Aux termes de l'article 1er de la loi du 28 mai 1858, les magasins généraux reçoivent les matières premières, les marchandises et les objets fabriqués que les négociants et industriels veulent y déposer. Lorsqu'ils sont situés dans un local soumis au régime des entrepôts réels et fictifs, ils peuvent admettre les objets étrangers, en se conformant, bien entendu, aux lois sur les douanes.

La dénomination de magasin *général* n'exclut pas la possibilité de créer des docks spéciaux à une ou plusieurs sortes de marchandises. (D. 12 mars 1859, art. 1er.) C'est ainsi que le magasin général de Lyon, qui a été autorisé par décret du 29 octobre 1859, est spécial aux soies de toute nature et de toute provenance. (V. n° 79.)

88. Les exploitants de magasins généraux peuvent être autorisés par le décret à ouvrir en même temps des salles pour la vente publique des marchandises en gros. Nous verrons, au Livre III, que la vente publique des marchandises en gros est intimement liée à l'établissement des magasins généraux. Aussi le décret du 29 octobre 1859 a-t-il permis à la Société anonyme du magasin général des soies de Lyon d'ouvrir des salles pour la vente publique de ces marchandises.

89. Le décret du 12 mars 1859 a accordé aux exploitants

toutes les facultés et tous les droits qui découlent de leur entreprise, quand cela n'offre aucun danger pour le commerce. L'article 4 leur a permis de se charger : 1.° des opérations et des formalités de douanes et d'octroi, des déclarations de débarquement et d'embarquement, des soumissions et déclarations d'entrée et sortie d'entrepôt, des transferts et mutations ; 2° des règlements de fret et autres entre les capitaines et les consignataires, sous réserve des droits des courtiers et de leur intervention dans la mesure prescrite par les lois ; 3° des opérations de factage, camionnage et gabarage extérieur ; 4° de faire assurer les marchandises dont ils sont détenteurs, au moyen soit de polices collectives, soit de polices spéciales, selon les ordres des parties intéressées.

L'article 4 ajoute, dans son dernier paragraphe, que les exploitants peuvent être *autorisés* à se charger de toutes les opérations ayant pour objet de faciliter les rapports du commerce et de la navigation avec l'établissement. Ce paragraphe montre que l'énumération, que l'article 4 vient de donner, des opérations dont peuvent se charger ceux qui exploitent des magasins généraux, n'est pas le moins du monde limitative *pour le Gouvernement*. Le sens de cet article est que toutes les opérations qu'il mentionne sont permises de plein droit aux docks ; tandis que pour jouir d'autres droits non compris dans les paragraphes 2 à 5, il faut que les docks en obtiennent la concession du Gouvernement.

L'article 4 du décret du 12 mars 1859 prouve une fois de plus que le législateur n'a pas voulu tout prévoir ; il s'est fié à la pratique et à l'expérience pour éclairer l'administration sur les détails de l'institution. Il en résulte, sans doute, que quelques questions sont laissées indécises. Mais cette réserve, dans une matière qui n'est pas encore complétement élucidée, n'est-elle pas préférable à l'aveugle présomption de ceux qui voudraient voir dans la loi un système complétement arrêté ?

90. Cependant, parmi les questions dont la décision est ainsi laissée à l'appréciation de l'administration, il en est une fort importante qui nous paraît demander une solution assez prompte. C'est celle de savoir si les exploitants des magasins généraux peuvent *être autorisés par décret* à prêter sur warrants. On n'a d'ailleurs pas à se demander s'ils peuvent effectuer ces prêts sans autorisation, puisque cette opération n'est pas indiquée parmi celles de l'article 4. La question ainsi posée a été réservée lors du décret du 12 mars et de la circulaire du 12 avril 1859.

L'administration supérieure a consulté là-dessus les Chambres de Commerce dont les avis méritent d'être pris en considération. Presque toutes ces Chambres se sont montrées hostiles aux prêts sur warrants par les magasins généraux. Elles ont motivé leur opinion en disant que la susceptibilité du commerce était éveillée ; que, si l'on accordait à ceux qui tiennent les docks la faculté demandée par eux, il était à craindre qu'ils n'abusassent de leur situation vis-à-vis du consignataire ; qu'ayant les marchandises sous leurs mains, ils pourraient obtenir la préférence sur d'autres prêteurs. Elles ont ajouté qu'en général peu de capitaux étaient nécessaires à la création des magasins généraux ; mais que si l'on permettait aux exploitants de faire des prêts, il leur faudrait des sommes considérables ; qu'enfin ils pourraient se laisser entraîner à employer à cette opération tous leurs capitaux et que les magasins pourraient en souffrir.

Cependant quelques Chambres et plusieurs négociants recommandables ont pensé que la susceptibilité du commerce n'était pas raisonnable ; que si, au premier abord, l'opération dont il s'agit pouvait paraître peu favorable ou même dangereuse, cette mauvaise impression devait disparaître quand on allait au fond des choses. Comment, ont-ils dit, ceux qui exploitent les docks pourraient-ils être préférés à d'autres prêteurs parce qu'ils tiennent l'objet du gage en leur possession ? Est-ce que les marchandises ne sont pas aujourd'hui assez mobilisées par la loi nouvelle pour que les consignataires s'adressent facilement à d'autres capitalistes ou banquiers ? N'est-il pas évident que si d'autres prêteurs leur offrent des conditions meilleures, ils leur donneront la préférence ? D'ailleurs, il ne faut pas se faire illusion : l'institution des magasins généraux est encore peu connue en France ; peu de personnes se hasarderont à prêter sur warrants ; si donc on ne permettait pas aux magasins généraux de le faire, les négociants pourraient bien ne pas tirer de leurs marchandises toute l'utilité espérée par le législateur.

Les partisans des prêts sur warrants effectués par les magasins généraux ont ensuite répondu aux dernières objections. Sans doute, il faudra que les docks aient plus de capitaux pour prêter sur warrants. Mais, puisque l'administration pourra accorder ou refuser l'autorisation de faire ces prêts, suivant qu'elle le jugera convenable, qu'est-ce qui empêche l'administration de ne concéder la permission demandée qu'aux personnes ou aux sociétés ayant des capitaux et une solvabilité suffisante ? Il n'est pas juste de priver d'un bénéfice légitime ceux qui ont de l'argent, parce que d'autres n'en ont pas autant. L'administration pourra encore, lorsqu'elle autorisera les prêts, décider qu'une portion seulement du capital sera affectée à cette opération et que, sous aucun prétexte, les exploitants ne pourront distraire le restant de sa destination ; comme les docks sont sous sa surveillance, elle pourra toujours s'assurer si ses intentions sont fidèlement remplies.

Voilà ce qu'on peut dire, de part et d'autre, sur cette grave question. L'administration a reculé jusqu'à ce jour devant les difficultés qu'elle soulève. Dans ces derniers temps, nous avions espéré une solution à propos du magasin général des soies de Lyon. La société anonyme qui exploite ces magasins avait écrit, dans l'article 17 du Projet de ses statuts, que ses opérations comprendraient, outre la création du magasin général et l'ouverture d'une salle pour la vente publique des marchandises déposées dans ce magasin, 1° les prêts sur warrants ; 2° les avances sur nantissement, même par connaissement avec police d'assurance, d'objets destinés à être déposés dans le magasin général de la société ; 3° la négociation des warrants ; 4° la création et l'émission de ses engagements ou obligations, en représentation et pour le montant des seuls warrants dont on ne voudrait pas opérer la négociation. Mais, lorsque les membres de cette société apprirent qu'aucune décision n'avait pu encore être prise sur les droits qu'ils sollicitaient, ils craignirent de ne pas obtenir assez tôt leur décret d'autorisation et ils retirèrent de leurs statuts cette partie de l'article 17.

91. L'administration ne pouvant pas accorder, sans un examen sérieux, le droit de prêter sur warrants à la Société anonyme du magasin général de soies de Lyon, et désirant favoriser, autant que cela est en son pouvoir, la formation de ces entreprises, a donné à cette société une autre faculté qui mérite d'attirer notre attention. L'article 2 du décret du 29 octobre 1859 a autorisé les propriétaires ou exploitants de ce magasin à estimer et à garantir les marchandises qui y sont déposées, pendant un temps déterminé, qui ne peut excéder quatre-vingt-dix jours, et moyennant une commission de 1 1/2 p. 100 ; cette garantie ne peut dépasser,

en aucun cas, les huit dixièmes de la valeur réelle des marchandises au jour où cette garantie est donnée.

Le droit accordé à la société de Lyon présente une grande utilité pour le consignataire. Lorsque celui-ci voudra négocier son warrant, il l'offrira au prêteur avec la garantie des administrateurs du magasin. Le prêteur n'aura pas besoin d'aller vérifier sur les lieux la qualité de la marchandise : il pourra donner son argent en toute sécurité.

Cette faculté a pu être accordée sans danger au magasin général de Lyon, parce qu'il est spécial aux soies et que la valeur des soies ne subit guère de variation imprévue dans l'espace de trois mois. Mais on comprend que l'administration hésite peut-être à donner la même autorisation pour des docks recevant toutes sortes d'objets, ou même un seul genre de marchandises *susceptibles d'une grande variation*. Une telle opération pourrait dégénérer, dans certains cas, en spéculation hasardeuse et amener la ruine des magasins généraux. L'estimation et la garantie des objets déposés dans les docks ne nous paraissent donc devoir être autorisées, en principe, que pour les marchandises dont la valeur ne peut pas varier beaucoup ; pour les autres objets, le Gouvernement aurait à apprécier.

92. Le décret du 12 mars 1859 a fait un certain nombre de prohibitions qui ont paru nécessaires pour empêcher des abus qui auraient effrayé le commerce. Une première défense a été posée par l'article 4 en ces termes : « Il est interdit aux « exploitants de magasins généraux..... de se livrer *directe-* « *ment* ou *indirectement*, pour leur propre compte ou pour « le compte d'autrui, à aucun commerce ou spéculation ayant « pour objet les marchandises. » On voit par les expressions de cet article et par la circulaire du Ministre de l'agriculture

et du commerce, en date du 12 avril 1859, que le législateur tient beaucoup à cette interdiction : il ne veut pas que les exploitants trouvent des moyens détournés de faire ce qu'il prohibe. Le motif de cette disposition est facile à saisir. Ceux qui exploitent les magasins généraux sont des dépositaires. Si on leur avait permis de spéculer sur les marchandises, soit pour leur propre compte, soit pour celui d'autrui, les objets déposés ne seraient plus en sûreté ; les négociants hésiteraient à confier leurs marchandises aux docks.

93. La plus grande égalité de droits doit exister entre les négociants qui envoient leurs marchandises dans les magasins généraux. Point de faveur pour personne ; telle est la règle posée par l'article 6 du décret du 12 mars 1859. Les administrateurs des magasins généraux doivent les mettre à la disposition de toute personne qui requiert le magasinage *sans préférence* ni *faveur*, pourvu, bien entendu, que les requérants se conforment à la loi du 28 mai 1858.

94. Le législateur a si bien compris combien l'égalité de traitement pour tout le monde est nécessaire au succès des magasins généraux, qu'il a exigé cette égalité dans leurs rapports avec les entreprises de transport. Les exploitants des docks ne peuvent faire avec des entreprises de transport, *directement ou indirectement, sous quelque dénomination ou forme que ce puisse être*, des arrangements qui ne seraient pas stipulés avec toutes les entreprises ayant le même objet. Le règlement des magasins généraux doit assurer cette égalité par des dispositions positives. (D. 12 mars 1859, art. 5.)

Il nous paraît même qu'il est dans les vues du législateur que tous les magasins généraux soient traités de même par les diverses entreprises de transport, de manière que non-seulement chaque magasin général prenne le même arrangement avec tous ces entrepeneurs, mais aussi que chaque entrepreneur traite avec une égalité complète tous les magasins généraux.

Toutefois, la règle de l'article 5 du décret organique ne doit pas être nécessairement exigée dans tous les cas par l'administration supérieure. Ce n'est pas comme pour la prescription de l'article 6, de l'application de laquelle l'administration ne peut pas dispenser. Dans l'article 5, le Gouvernement a une certaine latitude : il peut, par une *autorisation spéciale*, permettre au magasin général de ne pas faire avec les diverses entreprises de transport les mêmes conventions. Mais cette autorisation spéciale sera difficile à obtenir : elle ne devra être accordée que lorsque l'intérêt des magasins généraux et encore plus celui des consignataires demanderont des arrangements spéciaux avec telle ou telle entreprise.

95. L'égalité doit encore exister dans la perception des taxes. Les administrateurs ne pourront pas demander une somme plus considérable à un consignataire qu'à l'autre. Pour assurer cette égalité, le décret du 12 mars 1848 a exigé des exploitants des docks un règlement indiquant leurs opérations et les services qu'ils rendent au public, et un tarif fixant les rétributions dues pour le débarquement et l'embarquement compris sous le nom de manutention, pour le magasinage, pour la visite de la douane, etc., etc.

Ce règlement et ce tarif doivent être imprimés et transmis, avant l'ouverture des magasins, au Préfet et autres corps entendus sur la demande d'autorisation. De plus, ils doivent être et demeurer affichés avec la loi du 28 mai 1858 et le décret du 11 mars 1859, à la principale porte et dans l'endroit le plus apparent de l'établissement. (D. 12 mars 1859, art. 8, 9, 10.)

Toutes ces mesures de publicité sont excellentes : elles rendent toute fraude presque impossible.

96. Le législateur laisse aux magasins généraux le droit d'établir leurs tarifs comme ils l'entendent, pourvu qu'ils se conforment aux prescriptions qui viennent d'être exposées. Il ne craint pas l'exagération des taxes : elle serait contraire aux intérêts de ces établissements. Si quelqu'un d'entre eux commettait l'imprudence d'imposer des rétributions élevées, la concurrence des autres docks l'obligerait à modifier son tarif.

Le décret du 12 mars a même permis aux administrateurs des docks d'apporter au tarif tels changements qu'ils jugeraient utiles. Mais, pour éviter que le public ne fût surpris, il a déclaré que ces changements seraient communiqués, comme le tarif, au Préfet et aux autres corps entendus sur la demande d'autorisation ; qu'ils seraient affichés à la porte principale et dans l'endroit le plus apparent de ces établissements ; qu'enfin, si ces changements avaient pour objet de hausser les taxes, ils ne deviendraient exécutoires que trois mois après la communication et les affiches dont il vient d'être parlé. (D. 12 mars 1859, art. 8, § 2.)

97. Les magasins généraux sont soumis aux lois générales de police concernant les lieux publics affectés au commerce. (D. 12 mars 1859, art. 7.) Ainsi, les commissaires de police peuvent y faire des visites, pour le maintien du bon ordre, la tranquillité et l'observation du règlement; ils peuvent et doivent veiller à ce qu'on ne se serve que des poids et mesures poinçonnés par l'administration, assister les inspecteurs dans l'exercice de leurs fonctions, et obtempérer à leur réqui

sition pour les visites et la rédaction des procès-verbaux, en cas de contravention. (Argument de la loi du 17 juillet 1791 et de l'arrêté du 29 prairial an IX.)

Quoique l'article 7 du décret ne parle que de cette surveillance générale, rien n'empêche d'en créer une spéciale pour les établissements d'une grande importance.

98. L'article 7 du décret du 12 mars 1819 ajoute que cette surveillance a lieu *sans préjudice des droits du service des douanes, lorsque les magasins sont établis dans des locaux placés sous le régime de l'entrepôt réel, ou lorsqu'ils contiennent des marchandises en entrepôt fictif.* Quel est le sens précis de cette disposition? Voici comment il a été expliqué par la circulaire du Ministère des finances, en date du 31 mars 1859, que nous avons déjà eu l'occasion de citer :

« Les termes mêmes de cette réserve, dit cette circulaire, « suffisent pour indiquer que les entrepôts réels où des mar- « chandises seront constituées en dépôt sous récépissés, n'en « demeureront pas moins placés, à l'égard de ces marchan- « dises, sous la *complète* surveillance du service des douanes. « *Dès lors, aucun autre service relevant des autorités lo- « cales ne saurait y donner des ordres qui pourraient être « en opposition avec ceux de l'administration, entraver « l'action de son service ou mettre obstacle à l'accomplisse- « ment de son règlement.* De même, les marchandises d'en- « trepôt fictif déposées sous le régime des récépissés demeure- « ront soumises aux règles qui s'y appliquent, dans les cas « ordinaires, à cette sorte d'entrepôt. »

Nous pensons que M. le Directeur général des douanes, qui est l'auteur et le signataire de cette circulaire, ne s'est pas parfaitement pénétré de l'esprit de l'article 7 du décret du 12 mars 1859, ou que, du moins, ses expressions ont été plus loin que sa pensée. Nous ne croyons pas, en effet, que le législateur se soit proposé de donner aux douanes une surveillance aussi omnipotente que paraît le dire la circulaire du 31 mars. Les magasins généraux sont des établissements que le législateur traite avec faveur, parce qu'ils sont destinés à rendre au commerce des services considérables. Or, les termes de la circulaire pourraient leur créer des embarras, si les employés de la douane se croyaient autorisés par cet acte à exercer sur ces docks une surveillance ombrageuse, gênante et dépassant les vrais besoins de leur service.

Il nous semble qu'il y a lieu de prendre, sur cet objet, des mesures particulières et que, dans tous les cas, cette partie de la circulaire du 31 mars 1859 ne peut être considérée que comme étant d'une application transitoire. Notre opinion est, du reste, fortifiée par les lignes suivantes de la circulaire du 12 avril 1859, postérieure à l'autre et émanant de M. le Ministre de l'agriculture et du commerce, qui s'est occupé tout spécialement des docks, et qui a contre-signé le décret du 12 mars : « *Je dois*, a dit M. le Ministre, *me concerter* « avec le Département des finances, pour ce qui concerne les « locaux placés sous le régime de l'entrepôt réel, ou qui con— « tiennent des marchandises en entrepôt fictif, *et vous rece-* « *vrez ultérieurement les instructions particulières qui* « *pourraient être nécessaires à ce sujet.* » Nous sommes convaincu que ces nouvelles instructions annoncées dans cette circulaire sauront concilier les exigences du service des douanes avec les intérêts des magasins généraux, dont les administrateurs ne peuvent être soupçonnés *à priori* de vouloir faire tort au trésor.

99. L'article 7 du décret du 12 mars 1859 nous fournit l'occasion de faire une autre observation, plus importante encore que la première, sur la circulaire du département des finances du 31 mars 1859. On a vu plus haut, n° 74, qu'une décision

du Ministre des finances, en date du 12 juillet 1855, avait exclu des entrepôts réels les marchandises nationales ou nationalisées. Cette décision doit-elle avoir, depuis la loi du 28 mai 1858, la même portée qu'elle avait auparavant? La circulaire du 31 mars 1859 s'est exprimée sur ce point ainsi qu'il suit :

« Au moment où les magasins généraux furent institués, « en 1848, il s'agissait de pourvoir aux nécessités d'une crise « extraordinaire. Dans l'adoption des mesures prises alors « à la hâte, on s'était attaché, avant tout, à procurer au com- « merce les ressources de crédit dont il avait besoin, par les « moyens les plus prompts, et en faisant céder toute autre « considération. Ainsi, contrairement au principe qui régit « les entrepôts réels, les marchandises nationales, ou nationa- « lisées par le paiement des droits d'entrée avaient été ad- « mises dans ces établissements, en vue du régime des war- « rants ; mais cette disposition avait pour le commerce lui- « même cet inconvénient, que dans la plupart des localités « les entrepôts réels étaient insuffisants pour contenir à la fois « les produits étrangers qui obligatoirement devaient y être « placés, et les produits nationaux qu'on y présentait. Depuis « que les choses sont rentrées dans une situation normale, *des* « *magasins généraux distincts et séparés ont pu être suc-* « *cessivement institués* POUR LES MARCHANDISES *que la loi ne* « *place pas sous la garde permanente et sous la clef de la* « *douane et des contributions indirectes ;* et, en dernier « lieu, par une décision de S. E. le ministre des finances, « en date du 12 juillet 1855, *les entrepôts réels ont été* « *rendus* EXCLUSIVEMENT *à leur destination spéciale.*

« *Il doit continuer d'en être ainsi partout à l'avenir.* »

Il semblerait, d'après cette citation, que, dans la pensée de M. le Directeur général des douanes, les entrepôts réels ne doivent plus recevoir que les marchandises étrangères ou les sucres indigènes qui n'ont pas payé de droits ; qu'au contraire, les magasins généraux ne doivent recevoir que les marchandises nationales ou nationalisées par le paiement des droits. Si l'on prenait ce passage de la circulaire dans ce sens naturel, on commettrait une erreur. Sans doute, depuis la décision ministérielle du 12 juillet 1855, les *entrepôts réels* ne peuvent plus recevoir de marchandises nationales ou nationalisées ; mais il n'est pas exact de penser que les *magasins généraux* ne peuvent donner accès qu'à ces derniers objets, et qu'on ne peut *jamais* y déposer les marchandises étrangères et les sucres indigènes qui n'ont pas acquitté les droits. On a pu voir, en effet, par la loi du 28 mai 1858, par le décret du 12 mars 1859 et par la circulaire même du 31 mars, que les magasins généraux peuvent être placés sous le régime de l'entrepôt réel et fictif, quand ils sont situés dans des locaux soumis à ce régime. Or, il est évident que tous les magasins généraux *qui seront dans cette situation* pourront recevoir non-seulement les marchandises qui ont acquitté les droits ou qui n'ont pas à payer de droits, mais aussi les marchandises étrangères et les sucres indigènes qui n'ont pas encore acquitté les droits ; sauf, pour ces derniers objets, à se conformer aux lois de douane. Ainsi, par exemple, le magasin général du Havre ayant été autorisé, par l'article 2 du décret impérial du 13 novembre 1859, à recevoir des marchandises en entrepôt fictif, a incontestablement le droit de recevoir toutes sortes de marchandises.

Il faut, par conséquent, aujourd'hui, restreindre la décision du Ministre des finances du 12 juillet 1855, aux entrepôts réels et fictifs, dans lesquels les marchandises ne seraient pas constituées en dépôt sous récépissés.

100. Ceux qui exploitent les magasins généraux sont de véritables dépositaires. Aussi l'article 3 du décret du 12 mars 1859 déclare-t-il qu'ils sont responsables de la garde et de la conservation des marchandises qui leur sont confiées. Cette responsabilité est la même que celle qui incombe aux dépositaires en général. Nous n'entrerons pas dans de grands détails sur ces obligations qui pèsent sur eux, parce que cela nous entraînerait hors de notre sujet; mais il est indispensable d'exposer les principes de la matière (1).

101. Les exploitants doivent garder fidèlement les choses qui leur sont confiées. Cette obligation est absolue. Nous n'avons pas à rechercher avec M. Troplong, n° 65, et avec les autres auteurs qui se sont occupés du dépôt, si les exploitants peuvent être affranchis de cette obligation par une convention, ou si tout au moins ils peuvent obtenir par une clause l'interdiction du droit d'actionner en restitution du dépôt. Cette question ne peut pas être posée pour les magasins généraux. En premier lieu, de telles clauses seraient contraires à l'esprit de la législation actuelle sur les docks, et même aux termes de l'article 7 du décret du 12 mars 1859; en second lieu, les déposants étant des commerçants, il est bien certain qu'ils ne voudraient jamais diminuer leurs sûretés par les conventions dont il s'agit, quand même, ce qui n'est pas, ces stipulations ne seraient pas prohibées.

102. De quelle faute seront tenus les exploitants? Quels soins doivent-ils apporter dans la garde de la chose? En règle générale, le dépositaire n'est tenu d'apporter dans la garde de la chose déposée que les soins qu'il apporte dans la garde

____

(1) On peut consulter avec fruit les ouvrages spéciaux de MM. Duvergier et Troplong, et le *Répertoire de jurisprudence* de M. Dalloz, v° DÉPOT-SÉQUESTRE.

des objets qui lui appartiennent. Le déposant ne doit s'en prendre qu'à lui-même, s'il a confié ce qui lui appartenait à un homme peu soigneux. Mais l'article 1928 du Code Napoléon nous dit que ce principe reçoit exception, quand le dépositaire a stipulé un salaire pour la garde du dépôt. On conçoit qu'il soit alors traité avec plus de rigueur, puisque ce dépôt devient pour lui un contrat à titre onéreux semblable au louage ; aussi est-il tenu de la faute *in abstracto* et doit-il dès lors apporter à la garde des choses à lui confiées les soins d'un bon père de famille, d'un bon administrateur. Or, il est clair que c'est cette dernière responsabilité qui pèse sur les propriétaires ou les exploitants des docks, puisqu'ils ne sont pas dépositaires à titre gratuit.

103. Mais les propriétaires ou les exploitants des docks ne sont pas responsables de la perte de la chose arrivée par force majeure ou par cas fortuit, à moins qu'ils n'aient été mis en demeure de restituer la chose. (Code Nap., art. 1929 ; D. 12 mars 1859, art. 3.) La preuve de la force majeure devra être faite par eux ; on leur appliquera le paragraphe 3 de l'article 1302 du Code Napoléon, qui dit que le débiteur est tenu de « prouver le cas fortuit qu'il allègue. » Enfin, les exploitants seront, comme les dépositaires, tenus même de la perte arrivée par force majeure, quand ils se seront rendus coupables d'un défaut de précaution.

104. Les propriétaires et les exploitants des magasins généraux devront restituer identiquement la chose même qui leur a été confiée, et non une chose équivalente. L'article 1932 du Code Napoléon, qui pose cette règle pour les dépositaires, montre qu'on doit l'appliquer sévèrement, puisque le paragraphe 2 ajoute : « Ainsi, le dépôt des sommes monnayées

« doit être rendu dans les mêmes espèces qu'il a été fait, soit
« dans le cas d'augmentation, soit dans le cas de diminution
« de leur valeur. »

Les dépositaires doivent restituer la chose tout entière, à
moins qu'elle n'ait subi une perte et qu'ils ne soient pas
responsables de cette perte. L'article 3 du décret du 12 mars
1859 dit que les propriétaires ou exploitants des magasins
généraux ne sont pas responsables des avaries et déchets naturels qui proviennent de la nature et du conditionnement
des marchandises ou des cas de force majeure. Mais ils doivent, bien entendu, restituer tout ce qui reste de la chose.
Si la chose leur a été enlevée, en tout ou en partie, par force
majeure, et qu'ils aient reçu un prix, ils devront restituer ce
prix ; s'ils n'ont rien reçu, ils devront céder leurs actions
au consignataire. (Argument tiré des art. 1303 et 1935,
C. Nap.)

105. La restitution doit être faite au consignataire, ou à
celui au nom duquel la chose a été déposée, ou bien à celui
qui a été indiqué pour la recevoir. Les administrateurs des
docks n'ont pas à exiger du déposant la preuve de son droit de
propriété. Néanmoins, s'ils découvrent, par un aveu, par une
instance ou par la révélation des parties intéressées, que la
chose a été volée, et quel en est le vrai propriétaire, ils doivent
dénoncer à celui-ci le dépôt, avec sommation de le réclamer
dans un délai déterminé et suffisant. Si celui auquel la dénon-
ciation a été faite, néglige de réclamer les marchandises, les
administrateurs sont valablement déchargés par la tradition
qu'ils en font à celui duquel ils les ont reçues. (Art. 1937 et
1938, C. Nap.)

Dans le cas de vol, si le consignataire s'oppose à ce que
les administrateurs délivrent la chose à celui à qui elle a été

volée, ces derniers doivent mettre en cause le vrai propriétaire, et faire décider la question par le tribunal.

106. Lorsque la personne qui a fait le dépôt est morte, la chose déposée ne peut être rendue qu'à son héritier. S'il y a plusieurs héritiers, elle doit être rendue à chacun d'eux pour leur part et portion, quand elle est susceptible de division; quand la chose est indivisible, les héritiers doivent s'accorder entre eux pour la recevoir. (Art. 1939, C. Nap.) S'ils ne s'accordaient pas, les administrateurs ne seraient tenus et n'auraient droit d'opérer la restitution qu'en vertu d'un jugement, ou tout au moins d'une ordonnance de référé. Les mêmes règles s'appliqueront au cas où le dépôt aura été fait par plusieurs personnes simultanément. (M. Troplong, n° 113; Dalloz, *Répert.*, v° Dépôt–Séquestre, n° 97.)

107. Les propriétaires ou exploitants des magasins généraux ont le droit de céder leur établissement à titre onéreux ou à titre gratuit; mais ils sont tenus, d'après l'article 12 du décret du 12 mars 1859, d'en faire d'avance la déclaration au Ministre de l'agriculture, du commerce et des travaux publics, et de lui faire connaître le nom du concessionnaire. Cette obligation est toute naturelle : elle n'est que la conséquence du droit de surveillance qui appartient à ce Ministre.

108. L'exécution de toutes ces obligations est assurée par une sanction indispensable, la révocation de l'autorisation. Toutefois, cette mesure rigoureuse ne sera prise que lorsque la contravention ou l'abus commis par les propriétaires ou exploitants des docks est de nature à causer un grave préjudice au commerce. L'article 11 du décret du 12 mars

1859 s'en explique formellement. De plus, cette révocation ne doit être prononcée qu'après avoir entendu les parties, et par un décret rendu, comme celui qui avait accordé l'autorisation, sur l'avis de la Section des travaux publics, de l'agriculture et du commerce du Conseil d'État.

CHAPITRE II.

DE LA VALEUR ET DES FORMES
DES RÉCÉPISSÉS ET DES WARRANTS.

Sommaire.

109. Utilité et importance des prêts sur consignation ou sur gage. Critique du préjuge attaché communément à cette dernière expression.

110. Les prêts sur consignation présentent de grandes difficultés pour le jurisconsulte.

111. Définition des *récépissés* et des *warrants*.

112. Le mot *warrant* a remplacé l'expression de *bulletin de gage* contenue dans le Projet de la loi du 28 mai 1858.

113. Droits et devoirs des agents de la douane, en ce qui touche les récépissés et les warrants, d'après la circulaire du 31 mars 1859.

114. La loi veut que les récépissés et les warrants contiennent certaines mentions.

115. Mention des nom, profession et domicile des déposants et de la nature des marchandises.

116. Mention des indications propres à établir l'identité et à déterminer la valeur de la marchandise. La loi ne s'est pas expliquée sur ces indications; mais elle a dit qu'une expertise n'était plus nécessaire.

117. L'indication de la valeur n'est pas prohibée.

118. Vacations des courtiers chargés d'estimer les marchandises.

119. Il est à regretter que le législateur se soit fié à la pratique pour la détermination des indications propres à établir l'identité et à fixer la valeur des marchandises.

120. Suite.

121. Les magasins généraux de Paris, du Havre et de Rouen se sont accordés pour déterminer ces formes.

122. Quelles formes ont-ils données au registre à souche?

123. Quelles formes ont-ils données aux récépissés et aux warrants?

124. Les marchandises déposées peuvent être fractionnées en différents lots.

125. Celui qui a perdu le récépissé ou le warrant peut les remplacer, moyennant certaines formalités.

109. « Si le gage n'a aujourd'hui, dans les rapports civils,
« qu'un mouvement borné, il en est autrement dans les rap-
« ports commerciaux. Le gage y est très-utilement et très-
« fréquemment pratiqué. Il fait la sûreté du commerce de
« commission ; dans les affaires de banque, si les capitaux
« d'une place viennent au secours d'une autre place, c'est
« par les consignations que le crédit sollicité et garanti se
« décide à faire des avances de numéraire qui entretiennent
« la vie commerciale et le mouvement régulier des transac-
« tions. La marchandise, d'ailleurs, réunit les conditions qui
« rendent ce gage facile, commode et sûr. Dans sa rapide et
« vive circulation, elle est presque en même temps vendue,
« expédiée et consignée. Toujours vénale, elle fait plus
« qu'assurer les écus : elle les représente et tient pour ainsi
« dire leur place. Toujours destinée au mouvement, elle ne
« craint pas, dans les liens du gage, une complète et stérile
« inertie. Quoique engagée, elle peut être déplacée, et alors
« même qu'elle est en route, elle attire à elle les capitaux par
« la transmission du connaissement ou de la lettre de voiture.
« Il est donc peu d'affaires dans lesquelles la consignation ne
« soit pas mêlée (1). »

Ce passage de M. Troplong indique clairement combien les prêts sur consignation sont utiles, indispensables au commerce. Que les commerçants chassent de leur esprit cette pensée erronée, trop répandue parmi les personnes étrangères au grand, au vrai mouvement des affaires, qui consiste à dire que les négociants n'ont recours aux prêts sur consi-

______

(1) M. Troplong, *Traité du nantissement*, Préface.

gnation que lorsqu'ils sont dans une situation embarrassée. C'est là un préjugé dont il faut se défaire et que les Anglais, qui s'entendent si bien aux matières commerciales, ont su fouler aux pieds.

A quoi a tenu cette idée préjudiciable au commerce ? A un mot peut-être, au mot *gage*. Les mots jouent souvent un grand rôle chez nous, qui avons hérité de l'esprit vif, mais aussi un peu superficiel, des anciens Athéniens. Plus un peuple est spirituel, plus il attache d'importance au langage. Si un mot bien choisi suffit quelquefois pour faire la fortune d'une entreprise, un terme maladroitement employé peut faire tomber une bonne institution. L'expression de *prêts sur gage*, synonyme de celle de *prêts sur consignation*, a sonné mal à nos oreilles délicates et chatouilleuses : elle a rendu cette opération presque défavorable. Que de personnes s'imaginent que les négociants qui empruntent sur consignation, sont gênés dans leurs affaires! Cela peut arriver, sans doute ; mais ce n'est pas là l'utilité ordinaire de ces emprunts. Habituellement, voici comment les choses se passent : un négociant dont les capitaux sont appliqués à d'autres opérations aperçoit une bonne affaire ; il peut acheter à bon marché des marchandises dont la valeur augmentera dans un temps donné ; il les achète alors, et, pour avoir de l'argent afin de les payer, il emprunte sur elles et les consigne. Il se peut aussi qu'il n'ait pas à les payer comptant et qu'il emprunte, au moyen de cette consignation, pour se livrer à une nouvelle opération. Au bout d'un certain temps, ses capitaux lui reviennent ; il paie son vendeur et son consignataire, aux échéances de leurs créances, et il vend ses marchandises à un prix tel, qu'elles lui rapportent un beau bénéfice. Voilà, assurément, une série d'opérations qui sont loin d'impliquer la gêne.

110. Les prêts sur consignation ont, par conséquent, toujours présenté une grande utilité. Néanmoins, jusqu'à la création et à la réglementation des magasins généraux, la législation offrait sur cette matière de graves difficultés. Les tribunaux étaient fort embarrassés, et les auteurs rarement d'accord sur bien des points essentiels.

La loi et le décret sur les magasins généraux ont tranché presque tous ces doutes pour les prêts sur gage qui portent sur des objets déposés dans ces établissements ; mais les difficultés subsistent quand les marchandises ne sont pas déposées dans les docks. Au fur et à mesure que nous avancerons dans notre travail, nous exposerons ces questions. Nous le ferons brièvement, puisqu'elles n'existent pas pour les magasins généraux, et seulement pour montrer comment elles ont été résolues par la législation dont nous nous occupons.

111. Les magasins généraux ont été institués afin de faciliter la négociation des marchandises par la vente ou par le nantissement. A cet effet, les articles 1 et 2 de la loi du 28 mai 1858 ordonnent aux administrateurs de ces établissements de remettre au propriétaire ou au consignataire des objets déposés un *récépissé* et un *warrant* ou *bulletin de gage*. Le premier de ces titres, qui constate le droit de propriété, est destiné à servir d'*instrument de vente* ou de cession, à donner le droit de disposer des marchandises ; le second, à servir d'*instrument de crédit*, à transférer au prêteur la possession du gage. Nous verrons, dans la Section II, comment ces résultats sont atteints ; pour le moment, il suffit d'indiquer la valeur des deux pièces.

112. Dans le Projet de la loi du 28 mai 1858 présenté au Corps législatif, le second titre était désigné non sous le nom de *warrant*, mais sous la dénomination de *bulletin de gage*.

Cette expression avait fait une mauvaise impression sur le commerce, à cause du préjugé que nous avons signalé plus haut, au n° 109. La Commission du Corps législatif chargée d'examiner la loi craignit les effets de cette susceptibilité. M. Javal, membre de cette Commission, fit alors un amendement, dans lequel il proposa de remplacer la désignation de *bulletin de gage* par le mot *warrant*. La Commission adopta cette proposition ; mais, comme le mot *warrant*, emprunté à l'Angleterre, est, dans ce pays, synonyme de *récépissé*, pour éviter une confusion sur le sens et sur la portée de ce mot, cette Commission crut devoir conserver, à côté du terme de *warrant*, la paraphrase de *bulletin de gage*. Le Conseil d'État et le Corps législatif approuvèrent les conclusions de la Commission.

113. Les récépissés et les warrants sont délivrés et signés par le directeur des docks. En 1848, pour faciliter l'établissement de ces lieux de dépôt, on avait souvent accordé ces fonctions à des agents du Département des finances. La circulaire de M. le Directeur général des douanes, en date du 31 mars 1859, a décidé que ces fonctionnaires ne conserveraient plus cette position auprès des magasins généraux ; en effet, une telle situation cesse d'être compatible avec les fonctions administratives de ces agents, dès l'instant où ces magasins sont devenus des établissements privés, surveillés par l'administration.

« En conséquence, dit cette circulaire, le service des doua-
« nes, pour les marchandises étrangères, et le service des
« contributions indirectes, pour les sucres indigènes non ac-
« quittés, n'auront désormais à prendre aucune part quel-
« conque aux actes des compagnies ou des particuliers exploi-
« tant les magasins généraux. Le service se bornera, à l'égard
« seulement des marchandises déposées dans les entrepôts, à

« certifier sur les récépissés ou warrants, quand la demande lui
« en sera faite, l'existence de ces marchandises en entrepôt.

« Ce certificat même ne devra être donné que pour les
« produits *en entrepôt réel*, qui sont placés sous la clé et
« sous la garde de la douane, à l'exclusion, par conséquent,
« des marchandises placées en entrepôt fictif dans des maga-
« sins dont le commerce seul a la clé.

« Il n'est pas nécessaire d'ajouter que *le certificat ainsi*
« *délivré par le service, pour les marchandises d'entrepôt*
« *réel, n'a de valeur que comme attestation de l'existence*
« *desdites marchandises en magasin au moment même où le*
« *récépissé ou le warrant sera visé.* Il ne peut valoir non
« plus que comme reproduction des indications portées sur
« les sommiers d'entrepôt, *sans que le service ait à procéder*
« *obligatoirement au recensement de la marchandise,* ni à
« rechercher si elle a, pendant son séjour à l'entrepôt, éprouvé
« ou non des déficits ou déchets, par suite de détourne-
« ment, dessiccation, coulage, etc., ou même une détériora-
« tion complète.

« En d'autres termes, *le commerce ne doit pas perdre de*
« *vue que le service des douanes et des contributions indi-*
« *rectes ne détient pas dans l'intérêt des propriétaires les*
« *marchandises placées dans les entrepôts réels; il les garde*
« *seulement en garantie des droits du Trésor,* droits qui, en
« principe, sont dus même sur le déficit. Il appartient dès
« lors à ceux qui acceptent des récépissés ou warrants de s'é-
« difier par eux-mêmes sur la nature, la qualité et la quantité
« réelles des produits dont la propriété leur est transférée,
« ou qui leur sont donnés en nantissement. *A cet égard,*
« *toutes facilités doivent être mises à la disposition du com-*
« *merce.* Dans tous les cas, et comme l'énonce l'article 3 du
« décret réglementaire (du 12 mars 1859), c'est aux proprié-

« taires ou exploitants des magasins généraux à répondre
« seuls, à tous les points de vue qui intéressent les tiers, et
« dans les limites prises par cet article, de la garde et de la
« conservation des marchandises qui leur sont confiées. »

Nous avons reproduit ce passage en entier, pour montrer
aux commerçants ce qu'ils ont le droit de demander aux
agents de la douane, et ce que ces derniers peuvent leur refuser d'après les ordres de leurs supérieurs.

Ajoutons que la même circulaire du 31 mars 1859 déclare plus loin que, en attendant que les magasins généraux
aient pu être constitués sur les bases résultant de la nouvelle
législation, et jusqu'à ce qu'il ait été possible de pourvoir au
remplacement des employés des douanes et des contributions indirectes qui ont été investis de fonctions près de
ces magasins, ces agents conserveront provisoirement ces
fonctions.

114. D'après le paragraphe 3 de l'article 1er de la loi du
28 mai 1858, les récépissés délivrés aux déposants « énoncent
« leurs noms, profession et domicile, ainsi que la nature de la
« marchandise déposée, et les indications propres à en établir
« l'identité et à en déterminer la valeur. » L'article 2 ajoute
que les warrants qui sont annexés aux récépissés contiennent
les mêmes mentions que les récépissés. La loi veut que celui
qui se propose d'acquérir les marchandises ou de les recevoir
en nantissement, puisse trouver dans le récépissé ou dans le
warrant une description qui prévienne toute difficulté sur
l'identité des objets, et que cette description soit suffisante
pour que l'opération se fasse sans vérification des choses déposées. Ce dernier but de la loi est surtout atteint d'une
manière certaine quand les magasins généraux sont autorisés à estimer et à garantir la valeur de la marchandise. On

peut se reporter, à cet égard, à ce que nous avons dit plus haut au n° 91.

115. Examinons en détail les mentions que doivent renfermer les récépissés et les warrants.

L'énonciation des nom, profession et domicile du déposant n'offre aucune difficulté ; elle est nécessaire pour établir le droit de propriété. C'est là la base de tout titre. Il en est de même de la nature de la marchandise : le récépissé et le warrant doivent dire en quoi consistent les objets déposés. Sans ces indications, on ne pourrait pas les reconnaître.

116. Les articles 1 et 2 de la loi du 28 mai exigent ensuite la mention de toutes les indications propres à établir l'identité et à déterminer la valeur de la marchandise. Ici, le législateur nous laisse un peu dans le vague. La première pensée qui naît à l'esprit, à la lecture de ces dispositions, c'est de se demander quelles sont ces indications. La loi reste muette.

Il y a cependant un point sur-lequel aucun doute n'est possible sur la volonté du législateur. On se rappelle que l'arrêté du 26 mars 1848 voulait que le récépissé contînt l'estimation de la valeur vénale des objets déposés, estimation faite, au cours du jour, par des experts choisis par la Chambre du Commerce, par le Conseil Municipal et par la Chambre consultative des arts et manufactures, assistés d'un courtier et d'un commissaire-priseur. (V. n° 64.) Le commerce avait réclamé contre cette exigence de l'arrêté. (V. n° 69.) Le législateur de 1858 a supprimé cette expertise. Cela résulte non-seulement du silence gardé sur cette expertise par les articles 1 et 2 de la loi, mais des termes positifs de l'Exposé des motifs, que l'on peut consulter ci-après, dans notre Livre IV. Quant aux motifs pour lesquels cette suppression a été décrétée, nous les avons déjà indiqués au n° 69 : nous n'y reviendrons donc pas.

117. La loi de 1858 ne s'est pas contentée d'abolir l'expertise: elle a *dispensé* de la mention de la valeur. Cela est encore évident par la rédaction des articles 1 et 2 de la loi, et par le commentaire qui en a été donné dans l'Exposé des motifs. Toutefois, cette indication n'est pas prohibée. Seulement, quand elle existera sur le récépissé et les warrants, elle ne vaudra que comme simple renseignement, sauf aux intéressés à en vérifier la réalité, s'ils le désirent, par l'entremise d'un courtier.

Le service des douanes demeure complétement étranger à cette fixation de la valeur des marchandises, *même alors qu'elles sont placées sous sa main dans les entrepôts, comme à toutes les autres opérations relatives à la délivrance des récépissés ou warrants.* (Circul. de **M.** le Directeur général des douanes, du 31 mars 1859.)

118. Dans le cas où les parties désirent une estimation des marchandises par un courtier, celui-ci n'a droit qu'à une vacation dont la quotité est fixée, pour chaque place, par le Ministre de l'agriculture, du commerce et des travaux publics, après avis du Tribunal de Commerce. (D. 12 mars 1859, art. 14.) Dans sa circulaire du 12 avril 1859, adressée aux Préfets, le Ministre a demandé à ces fonctionnaires qu'ils lui envoyassent, le plus tôt possible, des propositions à ce sujet, pour les places de leur département où il existe des magasins généraux. Au moment où nous écrivons, le Ministre a fixé les vacations des courtiers pour quelques villes, de la manière suivante : à Marseille, Rouen et Caen, ces vacations sont de 8 fr.; à Nantes, elles sont de 6 fr.; au Havre, de 5 fr.

119. Est-ce par oubli ou bien est-ce à dessein que la loi n'a pas dit quelles devaient être les indications pro-

pres à établir l'identité et à fixer la valeur de la marchandise ? Nous lisons dans l'Exposé des motifs de la loi ce qui suit :

« L'article 1er pose ce principe, que le récépissé doit énoncer « avec les nom, profession et domicile du déposant, la nature « de la marchandise et toutes les indications propres à en « établir l'identité et à en déterminer la valeur. *Mais comme* « *ces indications sont nombreuses et peuvent être différen-* « *tes, suivant la nature de la marchandise, il a paru con-* « *venable de renvoyer au règlement d'administration pu-* « *blique le soin de les préciser et de les énumérer, en tenant* « *compte de tous les cas qui peuvent se présenter.* »

120. Le règlement d'administration publique dont parle ce passage de l'Exposé des motifs est le décret du 12 mars 1859. Le décret se borne à dire dans son article 13 : « Les récépissés « de marchandises et les warrants y annexés sont extraits d'un « registre à souche. » Rien sur les formes mêmes du registre, du récépissé et des warrants. La circulaire ministérielle du 12 avril 1859 conclut de ce silence que l'administration du magasin général peut leur donner la forme qui lui paraît la plus convenable.

Il est peut-être regrettable que la loi ou le décret réglementaire n'aient pas déterminé cette forme. Il eût été bon que les récépissés et les warrants de tous les magasins généraux fussent rédigés exactement de la même manière.

121. Après quelques tâtonnements, les magasins généraux de Paris, du Havre et de Rouen, ont fini par admettre une forme de registres à souche, de récépissés et de warrants, dont on trouvera un modèle à la fin de l'ouvrage. Nous souhaitons que tous les autres établissements du même genre l'adoptent.

122. Voici quelles sont les principales énonciations contenues dans les pièces dont nous parlons.

Chaque page du registre à souche est divisée en deux parties, vis-à-vis desquelles se trouvent le récépissé et le warrant, que l'on détache et que l'on remet aux déposants. La première partie de la souche, à laquelle correspond le récépissé, renferme : 1° le numéro sous lequel le dépôt a lieu; 2° les nom, prénom, profession et domicile du déposant ; 3° la provenance des marchandises, avec le nom du navire ou de la voiture qui a effectué le transport; 4° le nombre, les espèces et les marques des marchandises; 5° leur nature et leur poids brut.

La seconde partie de la souche, en face de laquelle est le warrant, porte en titre ces mots : *Transcription des endossements*. Elle contient les numéros d'ordre, les dates, les noms des cessionnaires, les sommes avancées et les échéances. Cette partie de la souche est, par conséquent, destinée aux diverses opérations auxquelles donnent lieu les marchandises déposées.

123. Les récépissés et les warrants, datés et signés par le directeur des magasins et par un administrateur délégué, portent les mentions contenues dans la première partie de la souche. Les récépissés contiennent cependant une indication de plus, dont il n'est question ni dans la loi de 1858, ni dans l'Exposé des motifs, ni dans le décret, ni dans la circulaire; aussi a-t-elle été ajoutée difficilement, par suite de nécessités pratiques. Il paraît que plus d'une fois, après avoir négocié les warrants et avoir ainsi emprunté de l'argent, les déposants avaient offert leurs récépissés à d'autres personnes, sans les prévenir que les marchandises étaient engagées, et les leur avaient vendues comme libres. Les acheteurs trompés, payaient leurs vendeurs ; et, quand ils se présentaient au

magasin pour retirer les choses achetées, comme ils n'exhibaient pas les warrants, les administrateurs leur refusaient la délivrance. Pour l'obtenir, ils étaient obligés de payer les porteurs de warrants. Afin d'empêcher cette fraude, les masins généraux de Paris, du Havre et de Rouen, ont exigé, d'après les avis de la Banque de France, que le récépissé indiquât si le warrant a été négocié, pour quelle somme il l'a été, et à quelle échéance. De cette façon, l'acheteur ne peut pas être trompé; il n'a qu'à lire le récépissé qu'on lui présente.

Cette fraude n'aurait pas existé si, au lieu de deux titres, les déposants n'en recevaient qu'un seul, comme cela avait lieu sous la législation de 1848. Elle n'aurait également pas été possible, si les acheteurs s'étaient toujours fait remettre, avec les récépissés, les bulletins de gage. Mais les acheteurs n'ont pas pris constamment cette précaution; parfois aussi, ignorant la législation nouvelle, ils n'ont pas connu l'existence des deux titres, et dès lors ils n'ont pas pu se les faire représenter tous deux. C'est pourquoi, la mention que nous venons de voir nous semble nécessaire, et nous ne saurions trop recommander à tous les magasins généraux de l'adopter.

124. L'article 15 du décret du 12 mars 1859 permet de fractionner la marchandise déposée, en autant de lots qu'il conviendra à son propriétaire ou consignataire, et de remplacer le titre primitif par autant de récépissés et de warrants qu'il y aura de lots. Il fallait, en effet, que le consignataire pût vendre ou donner en nantissement une partie seulement des marchandises. Mais, pour que cette faculté lui fût accordée, il était indispensable que la marchandise ne fût pas déjà vendue ou engagée par lui en totalité. C'est pourquoi l'article 15 du décret réglementaire exige, pour l'exercice de ce droit,

que l'on représente aux magasiniers le récépissé et le warrant. La représentation du récépissé prouve que la propriété de la marchandise appartient au porteur; celle du warrant, que la marchandise n'a pas été engagée, ou que, du moins, elle a été dégagée. De cette manière, les tiers ne peuvent pas être trompés.

125. Il nous reste, pour terminer cette section, à examiner le cas de perte du récépissé ou du warrant.

Celui qui perd le récépissé ou le warrant doit obtenir un duplicata, s'il s'agit du récépissé, ou le paiement de la créance garantie, s'il s'agit du warrant. Mais cette personne doit se soumettre à certaines conditions imposées pour éviter les fraudes, pour empêcher qu'un individu ne prétende faussement avoir perdu l'un ou l'autre de ces titres et ne cause un préjudice aux tiers en négociant un titre frauduleusement obtenu.

L'article 11 du projet de la loi du 28 mai 1858 exigeait de celui qui avait perdu le récépissé ou le warrant : 1° *une ordonnance du juge*, c'est-à-dire du Président du Tribunal de Commerce ; 2° *la justification de la propriété du titre* PAR LES LIVRES DE COMMERCE ; 3° *une caution*. La Commission du Corps législatif chargée d'examiner le projet de loi a admis sans difficulté la première et la troisième condition, qui étaient nécessaires. Mais cette Commission a pensé, avec raison, que la seconde condition était trop dure. Rien de plus juste, en effet, que d'exiger la justification de la propriété du titre; mais pourquoi vouloir que ce soit nécessairement par des livres? N'y a-t-il pas bien des capitalistes qui n'ont pas de livres? Telles sont les réflexions que la Commission s'est faites. Elle a, en conséquence, proposé de permettre au propriétaire du titre de prouver son droit de propriété par tous les moyens possibles. S'il a des livres, rien de mieux ; s'il n'en a pas, il pourra faire sa justification par des lettres ou autrement. Cette facilité qui lui est accordée est sans danger, puisqu'il devra donner caution dans tous les cas et que le Président du Tribunal examinera son droit. Aussi le Conseil d'État et le Corps législatif ont-ils accepté les propositions de la Commission. C'est dans ce sens qu'a été rédigé l'article 12 de la loi du 28 mai, qui a remplacé l'article 11 du projet.

CHAPITRE III.

DE L'ENDOSSEMENT DES RÉCÉPISSÉS ET DES WARRANTS.

Sommaire.

SECTION Ire. — Effets de l'endossement des récépissés et des warrants.

126. Il faut distinguer : 1° l'endossement simultané du récépissé et du warrant; 2° l'endossement du récépissé séparé; 3° l'endossement du warrant séparé.

127. L'endossement simultané du récépissé et du warrant donne le *droit de disposer de la chose.*

128. L'endossement du récépissé séparé donne le même droit, mais à la charge de payer la créance garantie par le warrant ou de la laisser payer sur le prix provenant de la vente de la marchandise. Le droit de disposer de la chose n'est pas toujours synonyme du droit de propriété.

129. Avant d'aller plus loin, il faut se faire une idée d'une question soulevée à propos des prêts sur consignation en général.

130. La question annoncée au numéro qui précède est celle-ci : L'article 2074 du Code Napoléon s'applique-t-il, dans tous les cas, aux matières commerciales?

131. Suite. M. Troplong pense avec raison que l'article 2074 ne s'applique que dans l'espèce de l'article 95 du Code de commerce.

132. Cette question ne peut pas exister pour les prêts sur warrants.

133. Tout créancier gagiste doit être mis en possession de la chose engagée. Cette mise en possession peut être fictive : c'est-ce qui a lieu pour les prêts sur warrant.

134. Qui peut accorder l'endossement?

135. L'endossement n'est pas, selon nous, absolument indispensable pour la constitution du gage ; mais ce mode seul donne à l'acquéreur ou au prêteur les bénéfices de la loi commerciale. — Argu-

ment d'analogie tiré, en faveur de cette opinion, d'un arrêt de la Cour de Rouen du 1er juin 1846, relatif aux effets de commerce.

SECTION II. — FORMES DE L'ENDOSSEMENT DES RÉCÉPISSÉS ET DES WARRANTS.

136. Définition de l'endossement, quant à sa forme.

137. La différence de valeur des récépissés et des warrants a dû amener des différences dans les formes de leur endossement. On n'a pas pu appliquer à l'endossement des récépissés l'article 137 du Code de Commerce en entier. Importance de l'examen de ces formes.

138. Tout endossement du récépissé ou du warrant doit être daté. Utilité de la date.

139. L'antidate est considérée et punie comme un faux en écriture commerciale. Mais il faut, pour que la peine soit encourue, qu'il y ait intention de nuire.

140. Le défaut de date peut être invoqué par toute personne qui y a intérêt.

141. Il n'est pas nécessaire que l'endossement du récépissé indique la valeur fournie.

142. L'endossement du warrant doit, au contraire, indiquer la valeur fournie, comme cela a lieu pour tout effet de commerce.

143. Cette indication doit être faite d'une manière précise et détaillée. Il ne suffirait pas que l'endossement contînt les mots *valeur reçue*, ou *valeur en recouvrement*, ou bien *valeur entendue*.

144. *Quid* des mots *valeur en compte* ? — Ils nous paraissent suffisants.

145. Le défaut de mention de la valeur fournie peut être invoqué par toute personne y ayant intérêt.

146. L'endossement des récépissés doit, selon nous, contenir, comme celui des warrants, le nom du cessionnaire. Cela a lieu ainsi dans la pratique.

147. L'endossement du warrant doit aussi renfermer la mention de la profession et du domicile du cessionnaire. Il n'en est pas de même de l'endossement des effets de commerce.

148. L'endossement des récépissés et des warrants doit-il avoir date certaine ? Les actes de nantissement ordinaires doivent avoir date certaine. Question sur le mode constitutif de la date certaine.

149. L'endossement des récépissés ne doit plus être nécessairement transcrit sur les registres à souche des magasins généraux : la loi du 28 mai 1858 n'a pas reproduit la disposition de l'article 7 de l'arrêté du 26 mars 1848.

150. La transmission des récépissés peut donc avoir lieu à l'insu du magasin, de la régie et des tiers. Conséquences pour la régie.

151. L'endossement des warrants doit, au contraire, être inscrit sur les registres à souche du magasin.

152. Toutefois la nécessité de cette transcription n'existe que pour le premier endossement du warrant.

153. Tout cessionnaire du récépissé ou du warrant peut exiger la transcription sur les registres à souche. Il peut y être fort intéressé.

154. Les employés de la douane et des contributions indirectes ne doivent pas refuser cette transcription pour les marchandises existant dans les entrepôts placés sous le régime des magasins généraux.

SECTION Ire. — EFFETS DE L'ENDOSSEMENT DES RÉCÉPISSÉS ET DES WARRANTS.

126. L'endossement des récépissés et des warrants a pour effet de les transférer à une autre personne. (L. 28 mai 1858, art. 3.) Mais ici trois cas peuvent se présenter :

1° L'endossement simultané du récépissé et du warrant au profit de la même personne ;

2° L'endossement du récépissé séparé ; .

3° L'endossement du warrant séparé.

Examinons chacun de ces trois cas.

127. *L'endossement simultané du récépissé et du warrant*, au profit de la même personne, donne à celle-ci le *droit de disposer* de la chose. A l'égard des magasiniers et des tiers, cette personne a tous les droits qui appartenaient à celui qui a passé les deux titres à son ordre ; elle pourra retirer les marchandises de la même façon que lui, quand elle le voudra, à la charge de payer à l'administration des magasins généraux ce qui lui est dû.

Ce premier cas n'offre donc aucune difficulté.

128. *L'endossement du récépissé séparé du warrant* donne également au cessionnaire le *droit de disposer de la chose ;*

mais ce droit ne lui appartient qu'à la charge par lui de payer la créance garantie par le warrant, ou d'en laisser payer le montant sur le prix provenant de la vente de la marchandise (L. 28 mai 1858, art. 4, § 2) : il ne peut pas avoir plus de droits que son cédant. Nous n'insistons pas ici sur le paiement, parce que nous nous occuperons dans le chapitre suivant du paiement des créances garanties par les warrants ; nous nous bornons à le mentionner, pour montrer quels sont les effets de l'endossement séparé du récépissé.

On remarquera que, dans ce numéro et dans le numéro précédent, nous avons dit que l'endossement du récépissé transmettait au cessionnaire le *droit de disposer de la chose* ; nous n'avons pas dit qu'il lui transmît le *droit de propriété*. Nous avons, en cela, reproduit les termes de l'article 4 de la loi, qui contient à dessein la première expression. L'endossement du récépissé séparé du warrant, ou l'endossement simultané des deux titres, ne transfère pas nécessairement le droit de propriété. C'est là le but ordinaire de l'endossement ; mais il peut en avoir un autre. Il peut arriver que le propriétaire ou consignataire des marchandises veuille donner simplement à quelqu'un mandat de les vendre ou de les retirer. Comment le fera-t-il ? — Par l'endossement du récépissé seul, si le warrant est déjà négocié, et des deux titres, dans l'hypothèse contraire. Il est certain que, dans cette espèce, l'endossement n'opère pas transmission de propriété à l'égard de l'endosseur, puisque celui-ci n'est que mandataire. La loi a donc eu raison de ne pas dire que l'endossement devait transférer la propriété ; si elle s'était exprimée ainsi, l'opération dont nous venons de parler n'aurait pas été possible.

Ainsi, il est bien entendu que l'endossement donne le droit de disposer de la chose à celui au profit duquel il est fait. Celui-ci pourra vendre ou retirer la marchandise, comme nous venons de le voir : à l'égard du magasinier et des tiers, il a tous les droits du premier porteur du récépissé ; le magasinier et les tiers n'ont pas à lui demander d'autre justification que l'endossement. Mais ses rapports avec celui dont il tient le récépissé dépendront des conventions intervenues entre eux antérieurement à l'endossement ; ces conventions seules démontreront ce que les parties auront voulu faire.

Tel est le sens de l'expression *disposer de la marchandise* contenue dans l'article 4 de la loi du 28 mai 1858. C'est pour cela que, lorsque M. Busson, député au Corps législatif, proposa de changer ces mots par ceux de *droit de propriété*, la Commission du Corps législatif s'opposa à cette modification. (Voir au livre IV l'exposé des motifs et le rapport de la Commission.)

129. Avant de nous occuper de l'*endossement du warrant séparé*, il importe de donner connaissance d'une question soulevée relativement aux prêts sur consignation ou nantissement ; nous verrons ensuite comment elle a été résolue, pour les prêts sur warrants, par la législation que nous étudions.

130. D'après l'article 2074 du Code Napoléon, le privilége conféré au créancier par le gage « n'a lieu qu'autant qu'il y a « un acte public, ou sous seing privé, dûment enregistré, « contenant la déclaration de la somme due, ainsi que l'espèce « et la nature des choses remises en gage, ou un état annexé « de leurs qualité, poids et mesure. — La rédaction de l'acte « par écrit et son enregistrement ne sont néanmoins prescrits « qu'en matière excédant la valeur de cent cinquante francs. » Cet article s'applique-t-il en matières commerciales ? Doit-on exiger pour les prêts commerciaux l'écrit dont il parle ? — Voilà une question fort controversée.

La plupart des auteurs décident l'affirmative sans distinction. On peut voir notamment Pardessus, *Droit commerc.*, n° 1203 ; Zachariæ, t. III, p. 163, note 3 ; Esnault, *Traité des faillites*, t. II, n° 520, etc. Cette doctrine paraît admise aussi dans un arrêt de la Cour de Cassation du 5 juillet 1820 (1).

131. M. Troplong, dans son *Traité du nantissement*, n° 115, professe une opinion que nous partageons et dont voici le résumé :

L'article 2084 du Code Napoléon s'exprime ainsi : « Les « dispositions ci-dessus (et par conséquent l'article 2074), ne « sont applicables ni aux matières de commerce, ni aux mai- « sons de prêt sur gage autorisées, et à l'égard desquelles « on suit les lois et règlements qui les concernent. » Le Code Napoléon a donc exclu les affaires commerciales de l'application de l'article 2074 et les a soumises aux lois commerciales. Que disent les lois commerciales ?

Aux termes de l'article 95 du Code de Commerce, « Tous « prêts, avances ou paiements qui pourraient être faits sur des « marchandises *déposées ou consignées par un individu ré-* « *sidant dans le lieu du domicile du commissionnaire,* ne « donnent privilége au commissionnaire ou dépositaire qu'au- « tant qu'il s'est conformé aux dispositions prescrites par le « Code civil, livre III, titre XVII, pour les prêts sur gage ou « nantissements. » Les auteurs que nous venons de citer au numéro précédent partent de cet article pour soutenir que si, à la vérité, l'article 2084 a déclaré que l'article 2074 ne s'appliquerait pas aux affaires commerciales, cet article 2084 aurait été abrogé par l'article 95 du Code de Commerce, postérieur au Code Napoléon ; que, suivant ce dernier article, l'article 2074 devait être suivi en matière commerciale.

____

(1) Il faut observer sur cet arrêt que, *dans son espèce,* l'affirmative devait être adoptée ; mais cette décision a le tort d'être rédigée d'une manière trop générale.

Une telle interprétation n'est pas juste, ainsi que le remarque M. Troplong. L'article 95 du Code de Commerce, en effet, n'est pas un article général, comme on semble le croire. Il n'est relatif qu'aux prêts sur marchandises *déposées ou consignées par un individu résidant dans le lieu du domicile du commissionnaire*. M. Troplong en conclut qu'il ne faut exiger l'application des formalités de l'article 2074 que pour les prêts faits 1° sur des marchandises déposées et non en cours d'expédition; 2° par un prêteur domicilié au même lieu que l'emprunteur (1). Toutes les fois, au contraire, que l'une de ces deux conditions manque, l'article 2084 reprenant sa force, on ne doit pas imposer aux emprunteurs les formes contenues dans l'article 2074 ; cela ressort des termes de l'article 93 du Code de Commerce.

Telle est l'opinion de M. Troplong. Elle a été consacrée par un arrêt de la Cour de Cassation du 8 avril 1845. (Devilleneuve, 45, 1, 502 et 504.) Nous pensons qu'on doit la suivre comme conforme à la législation et comme favorable au commerce (2).

Les tribunaux ont, du reste, un pouvoir souverain pour décider, en fait, si le domicile de l'emprunteur est le même que celui du prêteur, ou si la commune de l'un est distincte de celle de l'autre.

132. Cette question sur l'acte de nantissement ordinaire ne peut pas exister pour les prêts sur warrants. D'après le paragraphe 1ᵉʳ de l'article 4 de la loi du 28 mai 1858, l'endosse-

(1) C'est précisément là l'espèce de l'arrêt de la Cour de Cassation cité au n° 129, d'un arrêt de Douai du 10 fév. 1843 (Devilleneuve, 43, 2, 198) ; d'un arrêt de Paris du 3 juin 1844 (Dalloz, 44, 2, 188), etc., etc.

(2) Cette doctrine est aussi celle de MM. Delamarre et Lepoitevin (*Traité du contrat de commission*, t. II, n° 399), et de M. Harel (*Revue étrangère de M. Fœlix*, 1845, p. 277).

ment du warrant séparé du récépissé vaut nantissement de la marchandise au profit du cessionnaire du warrant. Par conséquent, lorsque les propriétaires de marchandises déposées dans les magasins généraux voudront emprunter de l'argent sur ces marchandises, ils endosseront leurs warrants au profit des prêteurs ; le warrant endossé sera pour ces derniers le titre légal du gage.

133. Il n'y a pas de contrat de gage possible si le créancier n'est pas mis en possession de l'objet engagé. Ce principe, admis de tout temps, a été consacré par l'article 2071 du Code Napoléon : « Le nantissement est un contrat par lequel *un débiteur remet une chose à son créancier* pour « sûreté de la dette. » Il faut la remise de la chose au créancier, c'est-à-dire sa mise en possession.

Mais on ne doit pas exiger, comme le faisait Brodeau (sur l'art. 181 de la Coutume de Paris), que la possession du gage soit naturelle, réelle et actuelle, et non civile, feinte ou précaire. Une telle sévérité, nuisible aux transactions commerciales, est contraire à l'esprit et à la lettre du Code de Commerce. La possession peut très-bien être feinte. En effet, l'article 93 du Code de Commerce dit que le commissionnaire qui fait des avances sur des marchandises qui lui sont expédiées d'une autre place pour être vendues pour le compte d'un commettant, a privilége, pour le remboursement de ses avances, intérêts et frais, sur la valeur des marchandises, *si elles sont à sa disposition, dans ses magasins, ou dans un dépôt public, ou si, avant qu'elles soient arrivées, il peut constater par un connaissement, ou par une lettre de voiture, l'expédition qui lui en a été faite.* Or, on sait que la mise en possession réelle consiste en deux choses : 1° dessaisissement du débiteur ; 2° saisine du créancier. Dans l'espèce de l'article 93, nous trouvons le premier élément de la possession réelle : le dessaisissement du débiteur par l'envoi des marchandises, par leur chargement sur un navire ou sur une voiture; mais le second élément est rempli très-fictivement : le créancier est considéré comme nanti du gage, avant de l'avoir à sa disposition, par la seule remise du connaissement ou de la lettre de voiture.

Dans les prêts sur warrants, le créancier est en possession de la chose qui lui sert de gage ; mais les deux éléments de la possession n'existent pour lui que fictivement. Il n'y a pas de dessaisissement proprement dit du débiteur, puisque les marchandises, qui étaient dans un dépôt public, le dock, y restent aussi après l'endossement des warrants ; il y a dessaisissement fictif, car si leur propriétaire peut en disposer, il ne le peut pas *au mépris des droits du prêteur :* celui-ci a le droit d'être payé sur les marchandises. Il n'y a pas non plus saisine matérielle des objets par le créancier, puisqu'ils continuent de rester dans le magasin général ; il y a saisine fictive, car le créancier est saisi du gage par la remise et par l'endossement du warrant. Par conséquent, dans les prêts sur warrants, la possession du créancier est encore moins réelle que dans les cas prévus par l'article 93 du Code de Commerce ; mais elle existe légalement et d'une manière suffisante : personne ne peut nuire aux droits du créancier prêteur.

134. L'endossement ne peut être accordé que par le propriétaire des marchandises ou par son mandataire. Il faut qu'ils soient tous les deux capables d'aliéner.

135. L'endossement est-il absolument indispensable soit pour transmettre le droit de disposer des marchandises déposées, soit pour les constituer en gage ? Nous ne le pensons

pas. Nous croyons que l'endossement est le moyen le plus commode et le plus expéditif pour atteindre les résultats que nous venons d'indiquer ; que, de plus, l'acquéreur ou le prêteur ne jouit des bénéfices de la loi commerciale que lorsque l'on s'est servi de ce moyen. Mais le propriétaire des marchandises peut valablement les engager ou les céder par les voies ordinaires du droit commun ; aucune loi ne lui interdit cette faculté.

Un arrêt de la cour de Riom, en date du 1ᵉʳ juin 1846, a donné, pour les autres effets de commerce, une solution semblable à celle que nous venons de proposer. Si une contestation était soulevée sur le point en question, on pourrait parfaitement invoquer cet arrêt en faveur de l'opinion que nous croyons être la meilleure. Voici la partie de l'arrêt de Riom qui a trait à notre question :

« En ce qui touche la question de savoir si, comme l'ont « fait les premiers juges, le sieur Astaix-Tâche, appelant, « partie de Mᵉ Rouher, devait être déclaré non recevable « dans sa demande en paiement d'un effet de la somme de « 1,700 fr., souscrit par Nay, cultivateur, du lieu des Pé- « riers, commune d'Avrilly, le 10 décembre 1840, au profit « du sieur Armingaud, agent d'affaires à Clermont-Ferrand, « et intimé en la cause, partie de Mᵉ Duclosel :

« Attendu que pour repousser la demande du sieur Astaix- « Tâche, les premiers juges se sont uniquement fondés sur ce « que, dans leur pensée, l'effet du 10 décembre 1840 con- « stituait une lettre de change, et que *la propriété d'un titre* « *de cette nature n'aurait pu être transférée à la partie de* « *Rouher que par la voie d'un endossement régulier, qui* « *n'avait pas eu lieu ;*

« Attendu qu'à supposer même — ce qui n'existe pas, « ainsi qu'il sera ci-après démontré, — que l'effet du 10 dé-

« cembre 1840 réunît dans la réalité toutes les conditions
« constitutives d'une lettre de change, *il n'en résulterait*
« *point que la propriété de cet effet n'ait pu être transférée*
« *par les voies et moyens autorisés ou permis par la loi*
« *commune pour opérer la transmission des droits incorpo-*
« *rels et des valeurs mobilières ordinaires ;*

« *Qu'aucune disposition de loi n'emporte une pareille pro-*
« *hibition ;* que l'article 136 du Code de Commerce, dont la
« disposition a cependant servi de base à la décision des pre-
« miers juges, en indiquant que la propriété d'une lettre de
« change se transmet par la voie de l'endossement, a eu seu-
« lement pour but de mettre à la disposition du porteur de la
« lettre de change un moyen plus expéditif d'en transférer la
« propriété, et par cela même la facilité de se procurer plus
« promptement les capitaux qui pouvaient lui être néces-
« saires ;

« Considérant que la différence à signaler entre le cas où
« le porteur d'une lettre de change use de la voie de l'endos-
« sement, et celui où il recourt seulement aux voies ordi-
« naires qui lui sont ouvertes par le droit commun, c'est
« que, dans cette dernière hypothèse, il ne peut réclamer les
« dispositions favorables de la loi commerciale. » (Dalloz,
Recueil périodique, 1847, 2ᵉ partie, p. 47.)

SECTION II. — Formes de l'endossement des récépissés et des warrants.

136. L'*endossement*, ainsi que son nom l'indique, est une
inscription mise au dos du titre. Toutefois, l'inscription peut
être mise, suivant nous, ailleurs qu'au dos de l'acte : il suffit
qu'elle soit mise sur le titre. Mais l'endossement ne pourrait
pas être fait sur un acte séparé.

Si tout le titre est couvert d'endossements et qu'il n'y ait plus de place pour en écrire d'autres, on ajoute une autre feuille, qui reçoit dans la pratique le nom d'*allonge*.

137. La différence qui existe entre la valeur des récépissés et celle des warrants, a dû amener des différences dans les formes des endossements de ces deux titres. On n'a pas pu appliquer indistinctement aux uns et aux autres l'article 137 du Code de Commerce qui est ainsi conçu : « L'endossement « est daté. Il exprime la valeur fournie. Il énonce le nom « de celui à l'ordre de qui il est passé. » S'il est utile et nécessaire que l'endossement des warrants contienne toutes les indications de l'article 137 du Code de commerce, il eût été inutile et même nuisible d'exiger toutes ces énonciations pour l'endossement des récépissés.

Il y a un grand intérêt à examiner les trois indications exigées par l'article 137 et à voir dans lesquelles elles devront exister ; car l'article 138 du Code de Commerce a posé à l'exécution de l'article précédent la sanction qui consiste en ce que l'endossement qui n'est pas revêtu des formes prescrites par l'article 137 n'opère pas le transfert et ne vaut que comme procuration ; ce qui veut dire qu'un tel endossement est nul *à l'égard des tiers*. (Voy. Cass. 15 juin 1831, Friedlein.)

138. Aux termes du paragraphe 1er de l'article 5 de la loi du 28 mai 1838, *l'endossement du récépissé et du warrant, transférés ensemble ou séparément, doit être daté*. Ainsi, tout endossement doit être daté. La date sert à montrer si le cédant et le cessionnaire étaient capables, au moment de l'endossement. Elle seule fait connaître si l'endossement est antérieur ou non à la faillite. Il y avait donc pour les tiers une nécessité absolue à vouloir que l'endossement fût daté. Cette né-

cessité avait lieu pour les récépissés aussi bien que les warrants.

139. L'article 139 du Code de commerce dit qu'il est défendu d'antidater les ordres, à peine de faux. Or, l'article 147 punit le faux en écriture de commerce des travaux forcés à temps. Cette peine doit être certainement prononcée pour les antidates des endossements des récépissés et des warrants : l'exposé des motifs s'en est expliqué de la manière la plus positive.

Mais il faut prendre garde de donner à la disposition de l'article 139 une extension qui n'a pas été dans la pensée du législateur. L'article ne punit que le faux. Le faux emporte toujours avec lui une idée de fraude et de dol. S'il n'y a point d'intention de nuire, s'il y a simplement erreur, la peine de l'article 139 n'est pas encourue. Toute autre théorie rendrait dangereux l'endossement des récépissés et des warrants. En voici une preuve palpable. Il arrive souvent dans la pratique que les endos sont en blanc ; il est permis alors au porteur de les remplir. Or, il ne peut pas toujours savoir la date exacte du transfert : de là, des erreurs dans l'indication de cette date. Si l'on suivait à la lettre l'article 139, le porteur serait passible des peines du faux. Il faut donc comprendre cet article d'une façon intelligente.

140. La date étant exigée dans l'intérêt des tiers, son défaut peut être invoqué par toute personne qui y a intérêt. La jurisprudence l'a décidé pour les endossements des effets de commerce (1). Il doit en être de même pour les endossements des récépissés et des warrants.

141. La seconde énonciation que l'endossement doit contenir, suivant l'article 137 du Code de Commerce, est celle de

---

(1) Voir Colmar, 13 juin 1810, KNODERER ; Cass. 20 mars 1813, MAËS. (Dalloz, *Répertoire*, v° Effets de commerce, n° 387 et suiv.)

la *valeur fournie*. Cette indication n'est pas nécessa iredans l'endossement simultané du récépissé et du warrant ou dans l'endossement du récépissé séparé. Ces endossements valant, à l'égard des tiers, comme transmission de la propriété, ceux-ci n'ont pas d'intérêt légitime à savoir quel prix le cessionnaire a payé la marchandise. Si le législateur avait demandé que ces sortes d'endossements renfermassent la mention de la valeur fournie, il aurait considérablement gêné les transactions commerciales : dans les ventes de cette nature, le vendeur et l'acheteur ne se soucient pas, en général, de faire connaître au public et à leurs concurrents les conditions de leur traité.

142. Il en est tout autrement de l'endossement du warrant séparé du récépissé. Cet endossement vaut nantissement ; il fait du warrant un véritable effet de commerce. De là, la nécessité d'y indiquer la valeur fournie, comme cela doit être dans tout acte de nantissement et dans tout effet de commerce. Aussi le paragraphe 2 de l'article 5 de la loi du 28 mai 1858 a-t-il dit que l'endossement du warrant séparé du récépissé doit énoncer le montant intégral, en capital et intérêts, de la créance garantie, ainsi que la date de son échéance. Ce montant de la créance garantie est ce que l'article 137 du Code de Commerce nomme la *valeur fournie*, puisque c'est à cause de l'argent prêté que le warrant est endossé au profit du créancier. Quant à l'indication de la date de l'échéance, elle importe pour savoir à quel moment le porteur du warrant pourra exiger le remboursement des sommes prêtées par lui, et, en cas de non-paiement, exercer les poursuites légales. Cette mention n'est pas indiquée dans l'article 187 du Code de Commerce ; mais elle existe toujours nécessairement dans les lettres de change, et elle n'a pas été oubliée dans l'article 188 du Code de Commerce, qui est relatif aux billets à ordre et qui est rédigé d'une manière plus complète que l'article 137.

143. L'article 5 de la loi du 28 mai 1858 ordonne de mentionner dans l'endossement du warrant séparé le *montant intégral en capital et intérêts de la créance garantie*. Il faut donc que l'endossement porte l'indication précise du *quantùm* de la valeur fournie par le prêteur.

144. Mais faut-il, en outre, que l'endossement du warrant indique l'*espèce* de valeur fournie?

L'article 137 du Code de commerce, applicable aux lettres de change et aux billets à ordre, dit que l'endossement doit *exprimer la valeur fournie*. Ces termes un peu vagues de l'article 137 ont donné lieu à plusieurs procès. Ainsi, l'on a soutenu qu'il suffisait que l'endossement des effets de commerce portât ces mots : *valeur fournie* ou *valeur reçue*. Les tribunaux ont décidé, avec raison, que le législateur, en répétant dans le Code de commerce les dispositions insérées dans l'ordonnance de commerce de 1673, avait proscrit l'abus, toléré parfois jusque-là, de regarder les mots de *valeur reçue* comme un endossement régulier et translatif de propriété ; que c'était dans l'endossement même, et non ailleurs, qu'il fallait rechercher l'espèce de valeur fournie. (Voir les arrêts de Liége, 13 déc. 1810, TERMONIA C. LOMIN ; Cass., 24 juin 1812, TARDIF C. DANTIGNAC ; Pau, 18 juill. 1837, BARRET C. BOUÉ et DESCUS ; Cass., 9 nov. 1836, ALLARD, etc.)

Un arrêt de Paris, du 23 déc. 1806, rendu dans une affaire Mony d'Herbisse contre Laurent, a regardé aussi comme insuffisants les mots : *valeur en recouvrement*.

Enfin, il a été jugé de même des termes *valeur entendue*, par un arrêt de Bastia, du 4 janvier 1832, CAGNAZOLLI.

Par conséquent, la jurisprudence exige que l'endossement des lettres de change et des billets à ordre mentionne l'*espèce* de la valeur fournie. Toutefois, les auteurs et les tribunaux considèrent comme régulier l'*endossement* des effets de com-

7

merce contenant les mots *valeur en compte* (1), en se fondant sur ce que les articles 110 et 188 du Code de commerce se contentent expressément de cette mention pour les lettres de change et pour les billets à ordre.

Telles sont les questions qui ont été soulevées et décidées, à propos des termes ci-dessus cités de l'article 137 du Code de commerce. De semblables procès ne peuvent pas naître relativement à l'endossement des warrants. En effet, l'article 5 de la loi du 28 mai 1858 ne dit pas, comme l'article 137 du Code de commerce, que l'endossement doit *exprimer la valeur fournie ;* il dit, ainsi qu'on l'a vu au numéro précédent, que l'endossement doit mentionner *le montant intégral en capital et intérêts de la créance garantie.* Il résulte de ces expressions et de l'esprit général de la loi que si l'endossement du warrant doit contenir le *quantùm* en capital et intérêts, il ne doit pas nécessairement mentionner l'*espèce* de la valeur fournie.

145. Le défaut de mention, dans l'endossement, du montant intégral en capital et intérêts de la créance garantie, pourra être invoqué, comme le défaut de date, par toute personne y ayant intérêt.

146. L'article 137 du Code de commerce indique une troisième mention : celle du nom de la personne à l'ordre de laquelle l'effet est passé. L'article 5 de la loi du 28 mai 1858

______

(1) Pardessus, *Droit commerc.*, t. II, n° 350 ; Vincens, *Législat. commerciale,* t. II, n° 229 ; Dalloz, *Répert.*, *Effets de comm.*, n° 420. — Cassat., 27 nov. 182?, Valois et Compagnie ; Cass. Req., 9 janv. 1838, Calmels, etc.

Il n'y a de controverse entre les auteurs que sur la question de savoir si l'endosseur ou ses ayants droit peuvent, avant de payer, exiger le compte. MM. Pardessus et Vincens sont pour l'affirmative ; M. Dalloz et les tribunaux se sont prononcés pour la négative. Mais aucun doute n'est soulevé sur la régularité de l'endossement *valeur en compte.*

n'exige cette mention ni pour les endossements simultanés des récépissés et des warrants, ni pour les endossements des récépissés séparés. Mais il exige, pour les endossements des warrants séparés des récépissés, l'indication des *nom, profession et domicile* du créancier. Faut-il en conclure que les endossements des warrants séparés doivent seuls contenir cette indication, et que les autres endossements en sont dispensés ?

Nous pensons que ce serait interpréter bien judaïquement le texte de l'article 5, que de donner une telle solution. La mention du nom dans le récépissé importe pour connaître le propriétaire des marchandises. Le magasinier ne pourrait pas les livrer sans cette indication : il penserait que la transmission n'a pas eu lieu définitivement ou que le titre a été perdu par le véritable propriétaire. D'ailleurs, la loi a exigé que les endossements fussent datés ; cette formalité n'aurait pas toute sa valeur, s'ils ne portaient pas le nom de celui à l'ordre duquel ils sont passés.

Dans la pratique, cela ne souffre aucune difficulté : les endossements des récépissés ont lieu en ces termes : Livrez à l'ordre de M. . . . . , demeurant à . . . . , le . . . . 18. . .

147. Il est à remarquer que la loi du 28 mars 1858 ne se contente pas de la mention du nom de celui à l'ordre de qui le warrant est passé ; elle veut encore la mention de la profession et du domicile du déposant. Lorsque l'article 137 du Code de commerce fut rédigé, la Commission du Conseil d'État avait proposé, à la place du troisième paragraphe actuel, une disposition ainsi conçue : « L'endossement doit « énoncer le *nom social et le domicile*, s'il est passé au « profit d'une société de commerce ; *les nom, profession* « *et domicile*, s'il est passé au profit d'un seul individu. » On rejeta ces indications pour deux motifs principaux :

1° parce qu'elles étaient inutiles : la profession et le domicile n'ajoutent rien à la sécurité ; 2° parce qu'elles présentaient des dangers : une personne de bonne foi verrait annuler l'ordre, parce qu'elle aurait négligé d'y mettre son domicile et sa profession ! On se borna donc à exiger dans l'article 137 la mention du nom.

Le législateur de 1858 n'a pas tenu compte de ces raisons ; il a exigé, pour l'endossement des warrants, outre le nom, la profession et le domicile. Peut-être doit-on attribuer ce luxe de formalités à ce que le législateur aura considéré que, l'endossement des warrants constituant un gage, c'était un acte plus grave que la lettre de change ; que, dès lors, il fallait être plus exigeant pour les formes. Malgré cette considération, la nécessité de la mention de la profession et du domicile ne nous paraît pas bien démontrée.

148. Ainsi, dans les prêts sur warrants, le nantissement est constitué par l'endossement du warrant, qui doit contenir la date, la valeur fournie et les nom, profession et domicile du créancier nanti. Faut-il, de plus, que la date soit certaine ? Par quel moyen cette qualité devra-t-elle lui être donnée ?

En matière commerciale, dans le cas prévu par l'article 95 du Code de commerce, le nantissement doit être constaté par un acte public ou par un acte sous seing privé dûment enregistré ; cette règle résulte de l'article 2074 du Code Napoléon. (V. ci-dessus, n° 131.) Pourquoi la loi veut-elle que l'acte ait une date certaine ? — Parce que, les nantissements consentis dans les dix jours qui précèdent la faillite étant nuls, les débiteurs de mauvaise foi pourraient, sans l'exigence d'une date certaine, antidater ces actes et frauder leurs créanciers.

Les contrats civils de nantissement et les contrats commerciaux de l'article 95 du Code de commerce doivent donc avoir une date certaine. Le principe n'est pas douteux. Seulement on se demande si l'acte constitutif du gage doit nécessairement être soit public, soit enregistré ; ou si, au contraire, on ne peut pas admettre, comme équipollent, un papier sous seing privé non enregistré, lorsqu'il est timbré de la poste ou lorsque l'un des signataires est mort, ou enfin lorsque la substance de l'acte est constatée dans des actes dressés par des officiers publics, tels que des procès-verbaux de scellés ou d'inventaires. En général, on ne se contente pas de ces équivalents, et l'on s'en tient avec rigueur aux termes de l'article 2074 du Code Napoléon (1). M. Troplong trouve, avec raison, cette doctrine trop formaliste. Il remarque judicieusement que le but de l'article 2074 est que le contrat de gage ait une date certaine ; pourvu que cette condition soit sûrement remplie, qu'importent les moyens ? Cette opinion favorable au commerce nous paraît conforme à l'esprit de notre législation sur les preuves et notamment à l'article 1328 du Code Napoléon. Elle doit d'autant plus être adoptée pour l'endossement du warrant, que cet endossement acquiert date certaine par la transcription. (V. n° 151).

149. L'article 7 de l'arrêté du 26 mars 1848 imposait l'obligation de mentionner l'endossement des récépissés sur les registres du magasin. On a vu, au n° 68, pour quels motifs pratiques le commerce a demandé l'abrogation de cette formalité. Nous devons ajouter ici que cette transcription n'était pas justifiée par une raison juridique. L'effet de l'endossement des récépissés est de donner le droit de disposer de la marchandise ou même d'en transférer la propriété. Or, si notre législation civile exige la transcription de la vente im-

____

(1) Voir un arrêt d'Aix, du 27 mai 1845 (Dalloz, 45, 2, 118).

mobilière, pour que cette vente puisse être opposée aux tiers, aucune disposition de ce genre n'existe pour les ventes mobilières. De plus, ainsi que le dit fort bien l'exposé des motifs de la loi du 28 mai 1858, « la vente commerciale « n'acquiert pas date certaine, uniquement par l'enregistre- « ment ou par l'un des moyens prévus par l'article 1328 « du Code Napoléon, mais aussi par tous les moyens de « preuves usités en matière commerciale, les livres, la cor- « respondance, etc. » Il n'y avait donc aucune raison ni éco- nomique, ni juridique pour maintenir la disposition de l'arrêté du 26 mars 1848; aussi, l'article 5 de la loi du 28 mai 1858 ne l'a-t-elle pas reproduite.

150. Les parties n'étant plus obligées de faire mention- ner sur les registres des magasins généraux l'endossement du récépissé, les marchandises pourront changer de pro- priétaires et passer successivement de main en main, sans que ni l'administration des docks, ni la régie, ni les tiers en soient avertis.

Par conséquent, pour les marchandises déposées dans les en- trepôts, ce n'est que contre les personnes inscrites sur les som- miers que, dans le cas où les entrepôts n'auraient pas été vidés à l'époque déterminée par la loi, l'on devra poursuivre, savoir : pour les marchandises d'entrepôt réel, la vente de celles-ci, par application de l'article 14 de la loi du 17 mai 1826 et de l'article 20 de la loi du 9 février 1832; pour les marchan- dises d'entrepôt fictif, le paiement des droits par voie de con- trainte. C'est pareillement contre les mêmes personnes qu'à l'égard des marchandises d'entrepôt fictif, il y aura lieu de verbaliser, en cas de soustraction ou de mutation de magasin non autorisée. (Circulaire de M. le directeur général des douanes, du 31 mars 1859.)

151. Les mêmes motifs n'existaient pas pour la non-trans-

cription de l'endossement des warrants. Cet endossement constitue un véritable nantissement : il doit donc avoir une date certaine. Seulement l'enregistrement n'est pas nécessaire. La date certaine est acquise à l'endossement par la transcription sur les registres des magasins généraux. La loi a, en quelque sorte, investi le préposé du magasin des fonctions d'officier public. Aussi, le paragraphe 3 de l'article 5 de la loi du 28 mai 1858 s'exprime-t-il en ces termes : « Le premier cessionnaire « du warrant *doit immédiatement* faire transcrire l'endos- « sement sur les registres du magasin, avec les énonciations « dont il est accompagné. Il est fait mention de cette trans- « cription sur le warrant. »

Il y avait, d'ailleurs, une autre raison que celle tirée des principes du nantissement, pour imposer la transcription dans le cas dont il s'agit. Il est de l'intérêt des tiers de connaître, d'une manière certaine, l'engagement de la marchandise et la somme pour laquelle cet engagement a lieu. Le législateur n'a pas cru que le secret fût aussi important pour cette opération que pour la transmission des récépissés.

152. Le paragraphe 3 de l'article 5 qui vient d'être reproduit n'exige que la transcription du premier endossement du warrant; il n'impose pas l'obligation de faire transcrire tous les endossements successifs du warrant. Une telle exigence aurait été trop gênante pour le commerce ; elle aurait été nuisible à la libre circulation du warrant, qui n'aurait pas pu passer de main en main avec la facilité des effets du commerce. Elle n'aurait pas eu non plus de raison d'être ; car si le premier endossement du warrant constitue un acte de nantissement, les endossements subséquents n'ont pour objet que de changer la personne du titulaire de ce bénéfice; le cessionnaire seul change : l'acte reste le même. Dès lors, les tiers n'auraient eu aucun intérêt véritable à connaître d'autre en-

dossement que le premier. Voilà pourquoi l'article précité n'a demandé que la transcription du premier endossement.

153. L'article 16 du décret du 12 mars 1859 a complété la disposition de l'article 5 de la loi du 28 mai 1858, en disant que « *Tout cessionnaire du récépissé ou du warrant* peut « exiger la transcription, sur les registres à souche dont ils « sont extraits, de l'endossement fait à son profit avec indi- « cation de son domicile. »

Il n'est pas nécessaire de méditer longtemps sur cet article 16, pour voir qu'il ne déroge en aucune façon à l'article 5 de la loi du 28 mai. L'article 16 du décret n'a imposé ni la transcription du récépissé, ni celle de tous les endossements du warrant. Mais il a donné le droit à tout concessionnaire du récépissé ou du warrant de faire opérer cette transcription.

Le cessionnaire du récépissé peut avoir, en effet, un intérêt sérieux à faire faire la transcription de son transfert sur les registres du magasin. Nous verrons plus tard que, lorsque les marchandises sont vendues sur les poursuites du porteur du warrant non payé, ce qui reste du prix de vente après le paiement du créancier, du magasinier et de la régie, appartient au propriétaire des marchandises qui est porteur du récépissé. Or, si le porteur du récépissé ne se présente pas lors de la vente, cet excédant est déposé et consigné à l'administration du magasin général. (L. 28 mai 1858, art. 8, § 2.) Le cessionnaire du récépissé pourra faire transcrire son endossement, pour éviter cette consignation et pour que le paiement ait lieu entre ses mains.

De même, le cessionnaire du warrant peut avoir un intérêt à faire transcrire l'endossement fait à son profit, quoique cet endossement ne soit pas le premier. On verra, en effet, plus loin, que le porteur du récépissé a le droit de payer le porteur du warrant par anticipation, avant le moment de l'échéance de la dette. Si le porteur du warrant n'est pas connu, le porteur du récépissé a le droit de déposer le montant de la créance, en capital et intérêts, entre les mains des administrateurs des docks. (L. 28 mai 1858, art. 6.) Le cessionnaire du warrant, quel que soit son numéro d'ordre, pourra requérir la transcription de son titre, pour se faire payer directement par le nouveau propriétaire des marchandises.

154. Pour les produits existant dans les entrepôts réels ou fictifs, le service des douanes, s'il s'agit de marchandises étrangères, le service des contributions indirectes, s'il s'agit de sucres indigènes non acquittés, ne peuvent, sur la production du récépissé endossé (réuni au warrant ou séparé de ce titre), se refuser, quand la demande leur en est faite, à inscrire les marchandises au nom de la personne à qui le récépissé a été transféré. Seulement, en rappelant sur les registres le numéro et la date du récépissé, les employés de la régie devront, pour les marchandises d'entrepôt réel, faire signer le nouveau propriétaire sur les sommiers, et, pour les marchandises d'entrepôt fictif ou entreposées sous soumissions, exiger de nouveaux engagements et de nouvelles cautions. Telles sont les instructions données à ces préposés par la circulaire de M. le directeur général des douanes, en date du 31 mars 1859.

Une fois que ces formalités sont remplies, le transfert pour service des douanes et des contributions indirectes est réputé consommé, sans que les anciens entrepositaires, dont les comptes doivent être annulés, aient à intervenir pour faire acte de cession. La circulaire du 31 mars 1859 a modifié par là, d'une manière heureuse, pour les entrepôts placés sous le régime des docks, les formes qui avaient été établies par une circulaire du 9 août 1791. (Voir ci-dessus le n° 17.) La circulaire du 31 mars 1859 a remarqué, avec raison, qu'un nouveau mode de transfert a été ainsi ajouté, pour les marchandises déposées dans les entrepôts sous le régime des magasins généraux, aux autres modes tracés pour les transferts s'accomplissant dans les conditions ordinaires.

CHAPITRE IV.

DE L'EXTINCTION DES DETTES GARANTIES PAR LES WARRANTS.

Sommaire.

155. Les dettes garanties par les warrants peuvent être éteintes de sept manières différentes.

SECTION 1re. — DU PAIEMENT VOLONTAIRE.

156. A qui doit être fait le paiement volontaire ?

157. Condition de la validité du paiement.

158. Celui qui paie doit exiger le warrant acquitté.

159. S'il n'a pas le warrant acquitté, il devra prouver le paiement. (Art. 145 C. de Commerce.)

160. Le débiteur peut payer avant l'échéance de sa dette. (Article 6 de la loi du 28 Mai 1858.)

161. Dans le paiement par anticipation, deux cas peuvent se présenter :

Premier cas : Le porteur actuel du warrant est connu. — Pas de difficulté, s'il est d'accord avec le débiteur. Dans l'hypothèse contraire, le législateur a décidé que le débiteur devrait déposer à l'administration du magasin général le capital de la dette et les intérêts jusqu'au jour de l'échéance.

162. Suite. *Deuxième cas* : Le porteur actuel du warrant n'est pas connu. — Il a droit au dépôt, à l'administration du magasin, du capital de la dette et de ses intérêts jusqu'au jour de l'échéance.

163. Le dépôt dont il vient d'être question ne présente aucun danger. Pour plus de précautions, l'article 19 du décret du 12 mars 1859 oblige les magasins généraux de constater la consignation sur un registre spécial.

SECTION II. — DE LA NOVATION.

164. Un seul mode de novation intéresse pratiquement : celui qui consiste en ce que le débiteur contracte envers son créancier une nouvelle dette, à la place de l'ancienne, qui est éteinte.

165. Ce mode, appelé *renouvellement*, n'a pas été prévu par le législateur.

166. Comment la pratique a suppléé au silence du législateur. Difficultés nées de ce silence. Nous pensons qu'on peut les résoudre facilement.

SECTION III. — DE LA REMISE VOLONTAIRE.

167. Effets de la remise de la dette à l'égard du débiteur et des endosseurs.

168. Renvoi aux numéros 158 et 159, pour les preuves de la remise.

SECTION IV. — DE LA COMPENSATION.

169. Le débiteur ne peut opposer au porteur la compensation que pour les sommes dont celui-ci se trouve être son débiteur personnel.

170. Renvoi aux règles générales du droit pour savoir quand la compensation est possible.

SECTION V. — DE LA CONFUSION.

171. Dans quels cas a-t-elle lieu ? Ses effets.

SECTION VI. — DU PAIEMENT PAR VOIES DE POURSUITES.

172. Division de la section en quatre articles.

ART. 1. — *Du protêt.*

173. La loi du 28 mai 1858 exige le protêt. Elle ne contient pas d'autres détails ; il faut donc appliquer les règles ordinaires du droit commercial.

174. Le porteur du warrant doit demander le paiement de la dette le jour de l'échéance. (Art. 161 Code de Com.)

175. Le refus de paiement doit être constaté par un *protêt*, fait le lendemain du jour de l'échéance, ou, si c'est un jour férié, le jour suivant. (Art. 162 C. de Com.) La force majeure peut être une cause d'excuse.

176. Le protêt est indispensable : aucun acte ne peut le remplacer ; mais les parties peuvent convenir du contraire.

177. A la requête de qui et par qui le protêt doit être fait.

178. Il doit être signifié au domicile du débiteur. Si le domicile est mal indiqué, il faut un *acte de perquisition*. Si le warrant n'indique aucun domicile, celui qui a fait cette omission ne peut pas se prévaloir du défaut de protêt.

179. Ce que doit contenir le protêt. Sanction.

180. Quand un protêt est annulé, l'officier ministériel est passible de dommages et intérêts.

ART. 2. — *De la vente des marchandises.*

181. Le porteur du warrant peut faire vendre les marchandises, huit jours après le protêt. Le débiteur peut payer utilement, dans ce délai de huitaine franche.

182. La vente sera faite *sans aucune formalité de justice*, publiquement et en gros, dans les formes et par les officiers publics réglés par la loi du 28 mai 1858 sur les ventes en gros de marchandises neuves. Différences existant entre ces dispositions et celles des prêts ordinaires sur consignations.

183. Le pacte commissoire est prohibé en principe; mais, en fait, il peut avoir lieu dans les prêts sur warrants.

184. Le souscripteur primitif du warrant qui rembourse le porteur de ce titre *à l'échéance*, peut faire vendre les marchandises contre le porteur du récépissé, huit jours *après l'échéance.*

185. Cette vente a lieu sans aucune mise en demeure du propriétaire des marchandises.

186. Renvoi au Livre III pour les formes de la vente. La vente sera faite par les courtiers auxquels les administrateurs du magasin général et les employés de la régie devront donner toutes facilités pour agir.

ART. 3. — *Du paiement des dettes sur le prix de vente, dans l'ordre établi par la loi.*

187. Le créancier est payé directement et sans formalités de justice. Il a, pour se faire payer, un droit de rétention et un privilège.

188. Ici, se présente la question du concours des différents créanciers privilégiés.

189. Examen rapide de la question du concours du créancier gagiste avec les autres créanciers privilégiés, quand il s'agit du gage ordinaire, soit civil, soit commercial.

190. Le paragraphe 1er de l'article 8 de la loi du 28 mai 1858 a tranché, pour les prêts sur warrants, toutes les difficultés que présente

le privilége du gagiste. Le privilége du prêteur n'est primé que par les priviléges *spéciaux* du trésor et du magasin général.

191. L'article 17 du décret réglementaire a complété l'article 8 de la loi. A toute époque, l'administration du magasin est tenue, sur la demande du porteur du récépissé ou du warrant, de liquider les dettes et les frais garantis par les deux priviléges qui passent avant celui du prêteur. La circulaire du 31 mars 1859 renferme une déclaration conforme à l'article 17 du décret.

192. Les bénéfices du paragraphe 1er de l'article 8 de la loi ne sont accordés qu'aux prêts sur warrants. Il serait à désirer qu'ils fussent étendus à tous les prêts commerciaux.

193. Après le paiement du trésor, du magasin général et du porteur du warrant, le surplus du prix de vente appartient au porteur du récépissé. Si celui-ci est inconnu, cet excédant est déposé à l'administration du magasin.

194. L'acheteur ne peut obtenir la délivrance des marchandises qu'après les paiements énumérés au numéro précédent.

ART. 4. — *Du paiement des indemnités d'assurances en cas de sinistres.*

195. L'arrêté du 26 mars 1848 exigeait l'assurance des marchandises déposées.

196. Il n'en est plus ainsi aujourd'hui. Quand l'assurance a été faite, l'indemnité due, en cas de sinistres, est distribuée suivant les règles de l'article 3 de notre section.

197. L'assurance du *warrant seul* ne profite qu'à son porteur.

ART. 5. — *Du recours du porteur du warrant contre le débiteur et les endosseurs.*

198. Ce recours n'est plus ouvert qu'en cas d'insuffisance du prix de vente des marchandises ; mais la convention contraire est licite.

199. En cas de recours, l'action du porteur peut être collective ou individuelle.

200. Quelle que soit cette action, le protêt doit être notifié aux endosseurs, et ils doivent être assignés dans les quinze jours qui suivent la réalisation de la vente. (L. 28 mai 1858, art. 9, § 2 ; C. de Comm., art. 165.)

201. La vente doit être faite dans le mois qui suit la date du protêt, sauf convention contraire.

202. Le délai de quinzaine ne s'applique qu'au cas où les dettes

sont payables en France, et où les endosseurs y sont domiciliés. (Art. 166, C. de Comm.)

203. Ces formalités sont exigées à peine de déchéance.

204. Les parties peuvent convenir de remplacer la notification du protêt par un avertissement. Les endosseurs qui ont renoncé à se prévaloir de la déchéance ne peuvent plus l'invoquer. Jurisprudence.

205. La déchéance cesse aussi à l'égard de l'endosseur qui a reçu les fonds destinés au paiement de la dette.

206. L'endosseur qui, actionné par le porteur, le rembourse, prend sa place. Mais le délai de quinzaine ne court contre lui que du lendemain de la date de la citation en justice qu'il a reçue du porteur.

207. *Quid juris* pour le point de départ du délai, s'il a payé volontairement? — Trois systèmes ont été soutenus.

208. Outre ces poursuites, le porteur peut obtenir du juge la saisie *conservatoire* des effets mobiliers de l'emprunteur et des endosseurs.

SECTION VII. — DE LA PRESCRIPTION.

209. Silence de la loi du 28 mai 1858.

210. Question : Appliquera-t-on à notre matière la prescription de cinq ans de l'article 189 du Code de commerce, ou bien la prescription de trente ans?

211. Suite. Arguments que l'on peut faire en faveur de la prescription de trente ans.

212. Arguments en faveur de la prescription de cinq ans, que nous croyons devoir être appliquée.

213. La prescription courra du jour de la réalisation de la vente ou des dernières poursuites.

214. Il faut, pour que la prescription de trente ans puisse être invoquée, que la dette soit commerciale.

215. Le prétendu créancier peut déférer le serment au débiteur qui invoque la prescription.

155. Les dettes garanties par les warrants peuvent être éteintes :

1° Par le paiement volontaire fait avant l'échéance ou au moment de l'échéance ;

2° Par la novation ;

3° Par la remise volontaire ;

4° Par la compensation ;

5° Par la confusion ;

6° Par le paiement forcé, c'est-à-dire effectué soit sur le prix des marchandises, soit, en cas d'insuffisance de ce prix, par le débiteur ou par les endosseurs, poursuivis personnellement ;

7° Par la prescription.

SECTION I. — DU PAIEMENT VOLONTAIRE.

156. Le paiement doit être fait au porteur du warrant. Il est à peine besoin de dire qu'il faut que le porteur soit de bonne foi. Si le warrant était extorqué par violence, et si le porteur avait connaissance de ce fait, le débiteur pourrait lui refuser le paiement et obtenir contre lui des dommages-intérêts.

157. Pour payer valablement, le débiteur doit examiner le titre et vérifier si les endossements se suivent régulièrement. Si, en effet, le titre avait été perdu ou volé, le paiement qui serait fait au porteur ne serait pas valable ; et, comme ce porteur pourrait disparaître ou devenir insolvable après le paiement, l'imprudent débiteur pourrait être obligé de payer de nouveau au vrai créancier.

158. Celui qui paie ne doit pas se contenter d'une quittance. Il doit avoir soin de se faire remettre le titre acquitté ; d'abord pour empêcher le porteur d'en faire usage contre les endosseurs ; ensuite parce que, sans le warrant, le magasin ne délivre pas les marchandises.

159. Que faudrait-il décider si le paiement avait été fait contre la remise du warrant non acquitté ? Le paiement serait-il fait valablement ? D'après l'article 1282 du Code Na-

poléon, la remise volontaire du titre faite par le créancier au débiteur prouve la libération. Appliquera-t-on cet article dans notre matière? La difficulté vient de ce que l'article 145 du Code de commerce dit que celui qui paie une lettre de change à son échéance et sans opposition est *présumé* payer valablement : ce qui signifie que la remise de la lettre de change ne prouve pas la libération ; qu'il faut qu'il y ait paiement ; et que le paiement lui-même n'est qu'une présomption de libération. L'article 145 du Code de commerce est donc tout différent de l'article 1282 du Code Napoléon. Lequel des deux devra-t-on suivre ?

La question nous paraît fort délicate. On peut dire, en faveur de l'article 1282, qu'il contient la règle, tandis que l'article 145 du Code de commerce contient l'exception.

Mais on peut répondre en faveur de l'application de l'article 145 du Code de commerce : Le warrant est un effet de commerce destiné à circuler ; dès lors, il peut s'égarer ; d'ailleurs, le débiteur ne connaît pas toujours son créancier, puisque le titre passe de main en main ; par conséquent, il ne faut pas regarder la remise du warrant non acquitté comme une preuve de la libération · il faut que le paiement soit prouvé autrement.

Le débiteur fera donc bien d'exiger que le titre soit acquitté, s'il ne veut pas s'exposer à des contestations.

160. Le débiteur doit payer la dette garantie par le warrant au moment de son échéance. Mais peut-il la payer avant ce jour?

Deux intérêts se trouvent ici en présence : celui du créancier, porteur du warrant, et celui du débiteur, porteur du récépissé. Le premier peut trouver de l'avantage à n'être payé qu'au jour de l'échéance, s'il considère son placement comme avantageux ; le débiteur, au contraire, peut être bien aise de libérer immédiatement ses marchandises , pour en opérer la vente et la livraison, soit parce que le prix qu'on lui offre est excellent, soit parce qu'il craint des avaries ou une diminution de valeur. Quel est celui des deux intérêts que la loi a préféré ?

D'après l'article 1187 du Code Napoléon, le terme est toujours présumé stipulé en faveur du débiteur. En principe donc, le débiteur peut se libérer avant l'échéance de sa dette : telle est la règle. Toutefois, le même article ajoute qu'il peut résulter de la stipulation ou des circonstances que le terme ait été convenu aussi en faveur du créancier : dans ce cas, le débiteur ne pourrait pas acquitter sa dette par anticipation ; voilà l'exception.

Si la loi du 28 mai 1858 avait gardé le silence sur ce point, on aurait peut-être été fort embarrassé pour savoir s'il fallait, dans notre matière, suivre la règle ou l'exception, d'autant plus que, pour les lettres de change et les billets à ordre, qui offrent bien des analogies avec les warrants, le débiteur ne peut pas contraindre le porteur à en recevoir le paiement avant l'échéance. (Art. 146 et 187, C. de Comm.) Fort heureusement pour les jurisconsultes, le législateur a tranché la question. Aux termes du paragraphe 1er de l'article 6 de la loi du 28 mai 1858, « le porteur du récépissé « séparé du warrant peut, même avant l'échéance, payer la « créance garantie par le warrant. » Le législateur paraît donc avoir préféré le débiteur au créancier. Mais on va voir qu'il n'a pas pour cela sacrifié les intérêts du créancier : le paragraphe 2 de l'article que nous venons de citer les a sauvegardés.

161. Lorsque le débiteur veut payer par anticipation, deux hypothèses peuvent se présenter : ou bien le porteur actuel du

warrant est connu de l'emprunteur, ou bien il en est inconnu.

1er *cas*. Le porteur actuel du warrant est connu. — S'il consent au paiement anticipé et s'il s'accorde avec le débiteur sur les conditions de ce paiement, il n'y aura aucune difficulté ; la transaction sera valable.

Que décider si le porteur ne veut être payé qu'à l'échéance, ou s'il n'est pas d'accord avec le créancier sur les conditions de ce paiement ? L'article 10 de l'arrêté du 26 mars 1848 ordonnait que le paiement se fît de manière que le porteur de warrant tînt compte au débiteur des intérêts à courir, depuis le jour du remboursement jusqu'à l'échéance du prêt, sous déduction de l'intérêt de dix jours. L'article 6 du projet de la loi du 28 mai 1858 contenait une disposition semblable : il disait que le porteur du warrant n'aurait droit aux intérêts que jusqu'au onzième jour qui suivrait le paiement.

Ces dispositions furent vivement attaquées au sein de la Commission du Corps législatif, qui proposa de modifier l'article en ce sens que le porteur eût droit à tous les intérêts jusqu'à l'échéance. On peut lire dans notre Livre IV les motifs qui guidèrent la Commission à demander ce changement ; ils sont exposés, d'une manière fort étendue, dans le Rapport fait au Corps législatif. La proposition de la Commission fut adoptée, après une discussion assez vive, dont nous allons donner le résumé, parce qu'elle fait connaître très-complétement les raisons qui ont dicté au législateur le paragraphe de l'article.

M. Garnier ayant trouvé que l'article du projet et l'article 10 de l'arrêté du 26 mars 1848 étaient préférables à l'article actuel, proposa au Corps législatif le rejet de l'article 6. Il soutint que forcer l'emprunteur qui voudrait se libérer par anticipation, à consigner à l'administration du magasin général le capital dû, avec les intérêts, jusqu'à l'échéance, c'était le condamner à perdre, non la différence, mais la totalité des intérêts. « Ainsi, disait-il, un propriétaire « de marchandises a emprunté sur son warrant à quatre-« vingt-dix jours de date. Au bout de quelques jours, il « trouve à vendre sa marchandise et il offre de rembourser « son prêteur. Mais celui-ci n'accepte pas le remboursement « par anticipation : aux termes de l'article 6, l'emprunteur « néanmoins pourra vendre en consignant la somme due avec « les intérêts. La somme consignée ne devant produire aucun « intérêt pour personne, ce sera pour l'emprunteur une perte « sèche de la totalité des intérêts. »

M. Schneider, Président de la Commission, répondit à M. Garnier, en faveur de la rédaction de la Commission : L'intérêt principal est que le porteur du récépissé puisse toujours avoir la libre disposition de sa marchandise ; pour cela, le paragraphe 1er de l'article 6 consacre le droit du porteur du récépissé de disposer de sa marchandise en se libérant, même avant l'échéance convenue. Mais fallait-il obliger le prêteur à recevoir un remboursement anticipé et à perdre les intérêts dus jusqu'à l'échéance, intérêts sur lesquels il avait le droit de compter ? Cela eût été contraire au droit commercial. Puis, on aurait rendu les prêts plus rares. Il y avait, d'ailleurs, une autre difficulté : à quel taux d'intérêt se ferait le remboursement forcé ? Serait-ce au taux auquel l'emprunt aurait été contracté ? Serait-ce au taux légal ? Mais ces taux pourraient n'être pas les mêmes que celui auquel le dernier porteur du warrant l'aurait pris. Serait-ce au taux de la Banque ? Mais le taux de la Banque sera toujours plus bas que le taux auquel le warrant aura été pris par la première main. Quel que fût le taux, on était donc exposé à une injustice, soit envers le prêteur, soit envers l'emprunteur. Ne pouvant fixer un taux, il vaut mieux, à défaut de transaction envers les parties, adopter la mesure proposée par la Commission.

Telles furent les raisons présentées de part et d'autre. Nous croyons, quant à nous, que l'article actuel est préférable à celui du projet et à la disposition de l'arrêté de 1848, parce que l'emprunteur qui voudra payer par anticipation pourra toujours calculer si l'avantage qu'il retirera d'une vente immédiate l'emportera sur la perte qu'il subira en payant tous les intérêts jusqu'à l'échéance. Nous sommes convaincu que la disposition de l'article 10 de l'arrêté du 26 mars 1848 aurait beaucoup contribué à rendre les prêteurs plus rares.

162. *2ᵉ cas*. Le porteur actuel du warrant n'est pas connu. — Il eût été injuste, quand le porteur du warrant est inconnu, de ne pas exiger le dépôt, à l'administration des magasins, du capital de la dette et de tous les intérêts, jusqu'à l'échéance : le porteur n'étant pas tenu de se faire connaître, on ne pouvait pas lui faire subir une perte.

En conséquence, le paragraphe 2 de l'article 6 de la loi du 28 mars 1858 s'exprime ainsi : « Si le porteur du warrant n'est « pas connu, ou si, étant connu, il n'est pas d'accord avec « le débiteur sur les conditions auxquelles aurait lieu l'anti- « cipation de paiement, la somme due, y compris les inté- « rêts jusqu'à l'échéance, est consignée à l'administration « du magasin général, qui en demeure responsable et cette « consignation libère les marchandises. »

Voilà comment la loi du 28 mai 1858, tout en obligeant le porteur du warrant à recevoir un paiement anticipé, l'a cependant protégé. Il est clair qu'avec l'article 6 il ne souffrira aucune perte ; loin de là, il gagnera les intérêts, depuis le moment du remboursement jusqu'à l'échéance. Sans doute, on pourra toujours reprocher à ce système de faire perdre au débiteur l'excédant d'intérêts. On pourra objecter également que le porteur trouve un avantage à ne pas s'accorder avec l'emprunteur sur les conditions de remboursement. Nous ne nions pas que cela ne soit fâcheux; mais nous pensons que le législateur, placé entre deux inconvénients, a su éviter le plus grand.

163. On vient de voir que, d'après l'article 6, lorsque le porteur du warrant n'est pas d'accord avec le porteur de récépissé, ou lorsque le porteur du warrant est inconnu, la somme due doit être déposée à l'administration des magasins généraux, qui en demeure responsable. L'exposé des motifs de la loi nous apprend que ce n'est pas sans hésitation que le législateur a permis la consignation à cette administration. Les auteurs de la loi paraissent avoir d'abord pensé à ordonner le dépôt à la Caisse des dépôts et consignations; mais le commerce n'aurait pas vu avec faveur le dépôt à cette Caisse, parce qu'il faut des formalités longues et coûteuses pour retirer les sommes qu'elle reçoit. Le législateur s'est donc décidé à permettre la consignation à l'administration du magasin général. Cet établissement présente, par ses capitaux, toute sécurité au public. Ses administrateurs savent que la moindre *infidélité* dans le service des consignations compromettrait l'existence du magasin.

L'article 19 du décret du 12 mars 1859 a, du reste, imposé aux magasins généraux l'obligation d'avoir, outre les livres ordinaires de commerce et le registre à souche des récépissés et des warrants, un autre livre à souche destiné à constater toutes les consignations qui leur sont faites. Ce registre doit être, comme les autres, coté et paraphé par première et dernière page, soit par un des juges des Tribunaux de commerce, soit par le maire ou un adjoint, dans la forme ordinaire et sans frais. (Art. 11, C. de Comm.) Cette excellente précaution doit achever de rassurer les consignataires.

SECTION II. — DE LA NOVATION.

164. D'après l'article 1271 du Code Napoléon, la novation peut s'opérer de trois manières :

1° Lorsque le débiteur contracte, envers son créancier, une nouvelle dette qui est substituée à l'ancienne, *laquelle est éteinte;*

2° Lorsqu'un nouveau débiteur est substitué à l'ancien, *qui est déchargé par le créancier ;*

3° Lorsque, par l'effet d'un nouvel engagement, un nouveau créancier est substitué à l'ancien, *envers lequel le débiteur se trouve déchargé.*

De ces trois modes d'extinction des obligations par la novation (1), le premier seul mérite d'attirer notre attention, parce qu'il est d'un usage assez fréquent dans notre matière. Les deux autres offrent trop de complications pour avoir un intérêt pratique.

165. Lorsque la dette garantie par le warrant n'est pas payée à l'échéance, le porteur du warrant et le débiteur peuvent convenir d'éteindre la dette et d'y en substituer une nouvelle. Ce mode d'extinction, qu'on appelle dans le commerce un *renouvellement*, paraît destiné à remplacer, la *prolongation* du terme de la dette, prolongation qui ne serait guère possible, s'il y avait plusieurs endosseurs successifs.

La loi du 28 mai 1858 et le décret organique ne se sont pas occupés du renouvellement, qui donne lieu cependant à quelques difficultés. Voici comment la pratique a suppléé au silence de la loi.

166. Pour que le renouvellement puisse avoir lieu, il faut le concours de trois personnes : 1° le magasinier; 2° le débi-

---

(1) Remarquons que ces trois modes ne sont pas les seuls : leur cumul peut en créer d'autres.

teur ; 3° le prêteur. Il faut, de plus, que l'ancienne dette soit éteinte, et, par conséquent, que l'ancien warrant soit détruit ; sans quoi il n'y aurait pas de novation. Pour atteindre ce résultat, le magasinier délivre au débiteur un second warrant en blanc, qui est remis au prêteur. Celui-ci et le débiteur font le calcul des intérêts qu'ils ajoutent au capital, et remplissent le second warrant. Quand cette opération est terminée, l'ancien et le nouveau warrant sont reportés au magasinier, qui annule l'ancien, inscrit le nouveau sur son registre, le signe et le remet au prêteur. C'est ainsi que la novation se trouve consommée : l'annulation de l'ancien warrant éteint l'ancienne dette que la création du second warrant remplace par une nouvelle.

Quoique cette opération paraisse d'une grande simplicité, elle présente cependant un embarras. Pendant que le magasinier annule l'ancien warrant et donne de la valeur au nouveau, le prêteur est obligé de se dessaisir de son titre, ce qui implique de la part de ce dernier une grande confiance. Mais supposons qu'un prêteur soit défiant ; comment opérera-t-on la novation ? Nous croyons que cette difficulté n'a pas encore été résolue dans la pratique. Il nous semble pourtant qu'il y aurait un moyen de la faire disparaître : ce serait que le prêteur se transportât avec le débiteur auprès du magasinier pour remplir le second warrant, séance tenante ; le prêteur ne se dessaisirait alors de son ancien warrant qu'en recevant le nouveau. Toute l'opération ayant lieu en sa présence, il n'aurait à craindre aucune soustraction.

SECTION III. — DE LA REMISE VOLONTAIRE.

167. La dette garantie par le warrant est éteinte par la remise qu'en fait le créancier porteur du warrant.

La remise accordée au souscripteur du warrant libère tous les endosseurs, puisque la dette principale est éteinte. Mais la remise accordée à l'un des endosseurs ne libère ni le souscripteur ni les endosseurs qui précèdent celui à qui la remise a été faite ; elle libère les endosseurs qui suivent celui-ci, car elle empêche tout recours contre lui. Ces règles, qui sont l'application de l'article 1287 du Code Napoléon, nous paraissent incontestables.

168. En ce qui concerne les preuves de la remise de la dette, nous nous bornerons à renvoyer aux numéros 158 et 159.

SECTION IV. — DE LA COMPENSATION.

169. La dette garantie par le warrant s'éteint de plein droit par la compensation de ce que le porteur doit au débiteur ; mais elle n'est pas éteinte par la compensation de ce que les cédants du porteur se trouveront devoir au débiteur. En d'autres mots, le débiteur ne peut opposer la compensation au porteur que pour les sommes que celui-ci se trouve lui devoir personnellement.

170. Pour savoir dans quels cas il y a compensation, il suffira de se reporter aux règles générales contenues dans les articles 1289 et suivants du Code Napoléon. Il ne saurait entrer dans le plan de notre ouvrage de les exposer ici.

SECTION V. — DE LA CONFUSION.

171. La dette est encore éteinte, lorsque le débiteur devient héritier du porteur du warrant ou *vice versa*, car alors les qualités de créancier et de débiteur se trouvent réunies dans la même personne. Cette confusion éteint la dette à l'égard de tout le monde ; elle libère donc les endosseurs.

Mais si la confusion s'opère entre le débiteur et l'un des endosseurs, elle ne libère que les endosseurs postérieurs, pour
le motif indiqué ci-dessus au numéro 167. (Art. 1300, 1301,
C. Nap.)

SECTION VI. — DU PAIEMENT PAR VOIES DE POURSUITES.

172. Lorsque le porteur du warrant n'est pas payé à l'é-
chéance, il doit faire protester le warrant. Quelques jours
après, on procède à la vente des marchandises. Le prix de la
vente sert à payer les créances, dans un certain ordre. En cas
de sinistres, les indemnités d'assurances sont distribuées
comme l'aurait été le prix de vente. Enfin, si le prix de vente
des marchandises ne suffit pas pour rembourser le porteur
du warrant, celui-ci peut poursuivre personnellement le
débiteur et les endosseurs.

Nous diviserons en conséquence notre section en quatre
articles : dans le premier, nous nous occuperons du protêt ;
dans le second, de la vente des marchandises ; dans le troisième, du paiement des dettes, d'après l'ordre établi par la loi ;
dans le quatrième, du paiement des indemnités d'assurances,
en cas de sinistres ; et dans le cinquième, du recours du porteur contre le débiteur et les endosseurs.

Art. I. — Du protêt.

173. La loi du 28 mai 1858 ne contient aucun détail sur
le protêt, dont la nécessité est cependant mentionnée dans son
article 7. Il faudra, dès lors, suivre les règles générales du
droit commercial, que nous allons exposer rapidement.

174. Le porteur du warrant peut exiger le paiement de la
dette, le jour de l'échéance. Non-seulement il le peut, mais il
le doit ; l'article 161 du Code de commerce dit que le porteur

d'une lettre de change doit en exiger le paiement, le jour de son échéance. Cette règle, applicable aussi aux billets à ordre, doit être suivie en matière de warrants; l'intérêt est le même : il importe que ces sortes d'affaires se liquident promptement et avec régularité.

175. Si le débiteur refuse de payer, le porteur doit faire constater ce refus par un protêt, le lendemain du jour de l'échéance. Le protêt doit être fait précisément ce jour-là, et non un autre. Si cependant le jour de l'échéance était un jour férié, le protêt devrait être fait le jour suivant. (Art. 162, C. de Comm.)

Le porteur peut-il invoquer l'excuse de force majeure pour se justifier de n'avoir pas fait le protêt? Oui, sans doute ; mais tous les auteurs enseignent, avec raison, qu'il faut, pour que l'excuse soit admise, qu'il y ait eu un obstacle *insurmontable*. Les tribunaux ont, du reste, toute latitude d'appréciation : c'est ainsi qu'ils considèrent comme force majeure la nécessité de l'enregistrement, et qu'ils décident que le délai du protêt est suspendu jusqu'après l'enregistrement.

176. Le protêt est indispensable ; aucun acte de la part du porteur du warrant ne pourrait y suppléer, sauf dans le cas de perte du warrant, qui est réglé par l'article 12 de la loi du 28 mai 1858 et dont nous avons parlé ci-dessus, au numéro 125. (Argument tiré des articles 175 et 150 et suivants combinés du Code de commerce.) Un avertissement, un certificat, une déclaration seraient insuffisants ; à plus forte raison ne pourrait-on pas se contenter de *simples présomptions*.

Mais les parties peuvent déroger à ces règles par convention. Si la convention est écrite dans le warrant, elle engagera les endosseurs comme les autres parties. Si elle n'est pas écrite, elle n'engagera que les endosseurs contre lesquels on établira qu'ils ont consenti à payer sans que le porteur fasse de protêt. Ce système, que nous croyons seul vrai, est celui de M. Dalloz pour les effets de commerce. (Voy. *Répertoire*, v° Effets de commerce, n°s 640 et suiv.)

177. Le protêt est fait, à la requête du porteur, par deux notaires, ou par un notaire et deux témoins, ou par un huissier et deux témoins. L'officier ministériel doit se présenter en personne, muni du warrant, pour recevoir le paiement ou pour en constater le refus. Il ne doit instrumenter que si le débiteur lui refuse de payer le montant de la dette et les frais que ce dernier doit légitimement supporter.

178. Le protêt doit être fait au domicile du débiteur ou à son dernier domicile connu. (Argument tiré de l'art. 173, C. de Comm.) Contrairement aux règles générales de signification des exploits, la signification à domicile ne pourrait pas être remplacée par une signification à la personne du débiteur. Cette règle, toutefois, n'est pas prescrite à peine de nullité, quand il n'est résulté de la signification à personne aucun dommage pour les parties intéressées.

Si le débiteur est en faillite au moment de l'échéance, le protêt n'en doit pas moins être fait à son domicile, et nullement au domicile des syndics. Cela a été jugé ainsi par un arrêt de la Cour de Cassation, du 9 février 1849, Bou-GOURD.

Lorsque le domicile est mal indiqué, le protêt doit être *précédé* d'un acte de perquisition. (Art. 173, C. de Comm.)

Dans le cas, enfin, où aucun domicile n'aurait été indiqué, celui qui aurait négligé cette mention ne pourrait pas se prévaloir du défaut de protêt et d'acte de perquisition, à moins que ce domicile ne fût de notoriété commerciale. (Dalloz, *Rép.*, *loc. cit.*, n° 759, et Arrêt de la Chambre des Requêtes, du 31 mars 1841, Viguerie C. la Banque de Toulon.)

179. Le protêt doit faire connaître, d'une manière bien exacte, tout ce qui est écrit dans le warrant. Il doit donc contenir la transcription littérale du warrant et toutes les indications qu'il renferme. Est-ce à peine de nullité? Lors de la discussion, au Conseil d'État, de l'article 174 du Code de commerce, il a été entendu que les tribunaux seraient libres de prononcer ou non la nullité, suivant la gravité de l'omission. Cette nullité est couverte, si elle n'est pas opposée *in limine litis.*

L'acte de protêt contient aussi la sommation de payer le montant de la dette. Il énonce la présence ou l'absence du débiteur, les motifs du refus de payer et l'impuissance ou le refus de signer. (Art. 174, C. de Comm.) Les tribunaux prononcent en général la nullité du protêt pour l'inobservation de toutes ces formalités, sauf celle qui concerne l'indication de la présence ou de l'absence du débiteur.

180. Lorsqu'un protêt est annulé par le tribunal, la partie pour laquelle l'officier ministériel a instrumenté, a un recours contre ce dernier, pour obtenir des dommages-intérêts. (Application des articles 1382 et 1383, C. Nap.; 71 et 1031, C. de Procéd. Civ.)

Art. II. — De la vente des marchandises.

181. A défaut de paiement à l'échéance, le porteur du warrant peut faire vendre les marchandises, *huit jours après le protêt.* (L. 28 mai 1858, art. 7.) Le débiteur qui n'a pas payé sa dette à l'échéance et qui s'est laissé faire un protêt, peut donc payer utilement, dans la huitaine du protêt, le capital, les intérêts et les frais. C'est un dernier délai que le législateur lui a accordé, sans doute parce que la vente peut avoir lieu promptement et sans formalités de justice.

Il est à peine besoin de faire remarquer qu'il s'agit ici d'un délai de huitaine *franche :* l'article 7 ne dit pas que la vente pourra être faite dans la huitaine du protêt, ce qui aurait pu embarrasser quelques esprits ; il dit que l'on pourra procéder à la vente *huit jours* APRÈS *le protêt.*

182. Comment se fera la vente ? L'article 7 déclare que la vente sera faite *sans aucune formalité de justice,* publiquement et en gros, dans les formes et par les officiers publics indiqués dans la loi du 28 mai 1858. On a vu plus haut, au numéro 71, que l'article 11 de l'arrêté du 26 mars 1848 voulait que la vente fût ordonnée par le Président du Tribunal de Commerce, sur la production de l'acte de protêt, et que le commerce avait réclamé contre cette formalité. La loi nouvelle a donc donné satisfaction aux vœux des commerçants.

Pour arriver à cette disposition, le législateur a dû vaincre un grand préjugé, et apporter une innovation considérable aux principes admis en matière de nantissement ; car, d'après l'article 2078 du Code Napoléon, applicable aux matières civiles et commerciales, la vente doit être ordonnée par le juge. On aurait pu prétendre, en se fondant sur cet article du Code Napoléon, que le débiteur ne serait protégé que par la nécessité où serait le créancier d'obtenir du juge le droit de faire vendre la chose engagée. Mais le législateur de 1858 a pensé sagement que les lenteurs et les frais étaient aussi nuisibles au débiteur qu'au créancier : il n'a pas hésité à les supprimer (1).

183. Le même article 2078 contient une autre disposition. Il défend le *pacte commissoire,* par lequel le créancier gagiste

____

(1) Il est inutile de dire que la loi du 28 mai 1858 n'a abrogé cette disposition de l'article 2078 que pour les prêts sur *varrants.* Cet article conserve toute sa vigueur pour les autres prêts.

convient avec son débiteur qu'en cas de non-paiement de la dette à l'échéance, il pourra garder de plein droit la chose engagée. Cette défense est-elle maintenue dans notre matière? La loi du 28 mai 1858 ayant gardé le silence, la prohibition doit être conservée. Une telle convention ne serait donc pas possible. Mais les parties ont un moyen parfaitement légal d'arriver au même résultat. Il suffit que le débiteur endosse le récépissé au profit du porteur du warrant : alors, en cas de non-paiement à l'échéance, le porteur du warrant n'a pas besoin de vendre les marchandises, puisque l'endossement du récépissé lui donne le droit d'en disposer. De cette façon, le prêt sur warrant est converti en vente. Cette opération est d'un usage assez fréquent.

184. Le projet de la loi du 28 mai 1858 avait oublié de régler un point fort important. La Commission du Corps législatif s'en est aperçue, et la lacune a été comblée. Supposons que le souscripteur *primitif* du warrant rembourse à l'échéance le porteur actuel. Il évite par là le protêt. Or si, après l'endossement du warrant, le débiteur a vendu, ainsi qu'il en avait le droit, les marchandises à une autre personne, en passant le récépissé à son ordre, n'est-il pas juste qu'il soit subrogé aux droits du porteur actuel du warrant, et qu'il puisse faire vendre les marchandises pour se rembourser de ce qu'il a payé? Mais à partir de quel moment pourra-t-il faire procéder à la vente? Ce n'est pas huit jours après le protêt, puisqu'il n'y a pas de protêt. Il faut nécessairement un autre point de départ pour le délai.

C'est là le cas qui avait échappé aux auteurs du projet de loi. L'omission a été réparée, et le paragraphe 2 de l'article 7 porte que « dans le cas où le souscripteur primitif du warrant « l'a remboursé, il peut faire procéder à la vente de la mar-

« chandise, comme il est dit au paragraphe précédent, contre
« le porteur du récépissé, *huit jours après l'échéance et sans*
« *qu'il soit besoin d'aucune mise en demeure.* »

185. Les derniers mots de l'article 7 ont trait à une proposition qui avait été faite par un député, M. Busson. M. Busson avait demandé que, trois jours au moins avant la vente de la marchandise, sommation d'y assister fût faite au propriétaire de la marchandise engagée. Cette proposition n'a pas été admise, par ce motif que le propriétaire de la marchandise, connaissant le jour de l'échéance de la dette, sait fort bien quel jour la marchandise sera vendue. Voilà pourquoi, à la fin du paragraphe 2 de l'article 7 se trouvent ajoutés ces mots : *Sans qu'il soit besoin d'aucune mise en demeure.* Le porteur du récépissé connaît d'autant mieux le jour de l'échéance, que les administrateurs du magasin général ont la coutume de l'écrire sur le *récépissé.* (Voir ci-dessus, n° 123.)

186. Nous n'exposerons pas ici les formes mêmes de la vente, puisque nous traiterons en détail cette matière dans notre Livre III. Nous dirons seulement que les courtiers sont les officiers publics chargés d'y procéder, d'après l'article 7 de notre loi combiné avec l'article 1ᵉʳ de la loi du 28 mai 1858 sur les ventes publiques de marchandises en gros.

Le paragraphe 1ᵉʳ de l'article 18 du décret du 12 mars 1859 ajoute que, sur la présentation du warrant protesté, l'administration du magasin général est tenue de donner au courtier désigné pour la vente par le porteur du warrant toutes facilités pour y procéder. S'il n'y a pas eu de protêt, parce que la dette a été payée par le souscripteur primitif du warrant, l'administration doit accorder toutes facilités sur le vu du warrant acquitté.

La circulaire de M. le directeur général des douanes, en

date du 31 mars 1859, invite les agents de ce service à donner les mêmes facilités sur la réquisition écrite du chef de l'exploitation des magasins généraux, ou bien seulement sur la justification du protêt ou sur la production du warrant acquitté. Cette circulaire prévient ensuite les employés de la douane que celui à la requête duquel la vente s'opère, doit être substitué, sur les registres d'entrepôt, aux entrepositaires dépossédés, signer à leur place les déclarations, et, s'il s'agit de marchandises en entrepôt fictif, souscrire une nouvelle soumission et donner une nouvelle caution, de manière à ce que les droits du trésor demeurent toujours garantis.

Art. III.—Du paiement des dettes sur le prix de vente, dans l'ordre établi par la loi.

187. Le créancier gagiste est payé de sa créance directement et sans formalités de justice. (L. 28 mai 1858, art. 8.) Il a, pour obtenir ce paiement, deux droits : 1° le droit de rétention, droit absolu, exercé aussi bien contre le débiteur que contre les tiers; 2° un privilége, droit de préférence, à l'encontre des tiers.

Le droit de rétention n'offre aucune difficulté. Il consiste en ce que la créance du porteur du warrant empêche les marchandises de sortir du magasin avant qu'elle soit remboursée. Le débiteur peut vendre sa marchandise à un tiers, au profit duquel il endosse le récépissé. Cette vente est licite; elle a même lieu plus facilement pour les objets déposés dans les docks que pour les choses constituées en gage chez le créancier; mais elle ne peut pas nuire au droit de rétention du créancier.

188. Insistons sur le privilége.

Le privilége est le droit d'être payé sur le prix par préférence aux autres créanciers. Or, le privilége du gagiste n'est pas le seul qui s'exerce sur les meubles ; le gagiste peut se trouver en concours avec d'autres créanciers privilégiés. Lequel préférera-t-on alors? Cette question est une des plus épineuses et des plus controversées du droit. La loi du 28 mai 1858 l'a résolue d'une manière nette et certaine. Mais, avant de voir quelles sont les dispositions de cette loi, il faut donner une idée des difficultés que présente le privilége du créancier gagiste dans les constitutions ordinaires de gage.

189. Le privilége du gagiste se trouvera souvent en concours avec les priviléges spéciaux du propriétaire locateur, du vendeur non payé du meuble, du voiturier, de celui qui a fait des frais pour la conservation de la chose. Or, les auteurs et les tribunaux sont assez d'accord pour décider :

1° Que, si le locataire a déplacé des meubles pour les donner en gage, le gagiste prime le propriétaire locateur;

2° Que le gagiste est préféré au vendeur non payé des meubles ;

3° Que, lorsqu'une personne envoie une chose à une autre, pour la lui constituer en gage, le voiturier qui a effectué le transport et le créancier gagiste viennent simultanément sur le prix de la chose;

4° Qu'en ce qui touche les frais faits pour la conservation de la chose, il faut distinguer trois époques : si les frais sont faits avant l'envoi de la chose au créancier gagiste, l'ouvrier qui les a faits est primé, parce qu'il n'est plus en la possession de la chose ; si les frais sont faits pendant le transport, le gagiste est encore préféré, parce que la chose a fini par aller chez lui ; si les frais sont faits depuis le nantissement, l'ouvrier prime le voiturier et le gagiste, parce que ses dépenses ont été utiles à tous les deux.

Le privilége du créancier gagiste peut se trouver aussi en concours avec les priviléges généraux accordés pour les frais de justice, les droits du Trésor, les frais de dernière maladie, les frais funéraires et les autres priviléges de l'article 2101 du Code Napoléon. Ici, grande divergence entre les auteurs et les tribunaux. Il y a trois systèmes principaux. Un premier système donne la préférence à tous les priviléges généraux sur tous les priviléges spéciaux. Un second, qui se subdivise en plusieurs autres, ne se préoccupe ni de la généralité ni de la spécialité du privilége : il se décide d'après la qualité de la créance. Un troisième système, qui nous paraît être le plus généralement suivi, donne la préférence au privilége du créancier gagiste sur tous les priviléges généraux, sauf ceux des frais de justice et du trésor.

190. Telles sont les principales difficultés que le législateur de 1858 rencontrait sur son passage. S'il ne les avait pas résolues, son œuvre eût été incomplète; l'avenir des magasins généraux eût été compromis, car, si les prêteurs ne connaissent pas bien précisément toutes les contestations qui peuvent être opposées à leurs droits, ils savent du moins fort bien qu'il y en a et ils connaissent surtout à merveille l'existence de ce qu'ils appellent les *droits du fisc*. Les auteurs de la loi du 28 mai 1858 devaient donc nécessairement porter leur attention sur le privilége du porteur du warrant et le dégager de toute entrave.

Aux termes du paragraphe 1er de l'article 8 de cette loi, le créancier est payé « par privilége et préférence à *tous* créan- « ciers, sans autre déduction que celle : 1° des contributions « indirectes, des taxes d'octroi et des droits de douane *dus par* « *la marchandise ;* 2° des frais de vente, de magasinage et « autres faits pour la conservation de la chose. »

La première conclusion à tirer de cet article est que le créancier porteur du warrant n'a plus à craindre la concurrence du voiturier. L'article dit en effet, d'une façon limitative, que ce créancier est *préféré* à *tous* autres, sauf le trésor et le magasin général.

Seconde conclusion. La régie ne peut plus nuire au porteur du warrant par l'exercice d'un privilége *général*. Elle n'a, sur les marchandises déposées dans les magasins généraux, qu'un privilége *spécial*, qui ne peut plus s'exercer que pour les droits dus par ces marchandises et nullement pour ceux dus par d'autres marchandises. On a vu plus haut, au numéro 72, que le commerce tenait beaucoup à cette restriction des droits de la régie.

Troisième conclusion. Le privilége du porteur du warrant n'est plus primé par aucun privilége général.

Quatrième conclusion. Le privilége du porteur du warrant n'est primé que par deux priviléges spéciaux : celui de la régie, pour les droits dus par les marchandises ; et celui du magasin général, pour les frais de vente, de magasinage et autres faits pour la conservation des objets qui sont déposés.

191. Ces dispositions si claires de la loi du 28 mai 1858 sont de nature à tranquilliser les prêteurs. Elles ont été complétées par l'article 17 du décret du 12 mars 1859. L'administration du magasin général est tenue, à toute époque, sur la demande du porteur du récépissé ou du warrant, de liquider les dettes et les frais énumérés au paragraphe 1er de l'article 8 de la loi de 1858, et dont le privilége prime celui de la créance garantie par le warrant. De plus, le bordereau de liquidation délivré par l'administration du magasin doit relater les numéros du récépissé et du warrant auxquels il se réfère. Le prêteur peut donc savoir, à coup sûr et avant d'effectuer son prêt, quelle est la valeur des créances qui priment la sienne : il lui suffit, pour cela, d'exiger de son emprunteur le bordereau de liquidation. Dès lors, il peut prêter, sans aucun risque, une somme presque égale à la valeur des marchandises.

Pour aider à l'exécution de l'article 17 du décret du 12 mai 1859, la circulaire de M. le directeur général des douanes, en date du 31 mars 1859, a décidé que, toutes les fois que demande leur en serait faite, les agents des douanes et des contributions indirectes devraient fournir aux gérants des magasins généraux les renseignements nécessaires pour établir la liquidation des droits dont la marchandise se trouve grevée au moment où le renseignement est requis.

192. La position des prêteurs sur warrants est donc bien préférable à celle des autres prêteurs sur consignations. M. Arman, député au Corps législatif, demandait à la Commission que les bénéfices du premier paragraphe de l'article 8 devinssent applicables à la consignation faite à des particuliers dans la même ville, à la charge par le consignataire de donner à ses avances une date certaine par les justifications commerciales ordinaires. Mais la Commission pensa qu'on ne pouvait pas apporter à cette partie de la législation une modification aussi importante par une disposition incidente insérée dans la loi sur les magasins généraux. Par conséquent, le prêteur sur warrant jouit seul des avantages de l'article 5. Nous espérons pourtant que le désir exprimé par M. Arman sera un jour satisfait, et que les dispositions de l'article 8, qui sont si favorables au commerce, seront même étendues à tous les prêts commerciaux.

193. Les créances de la régie, du magasin général et du porteur du warrant absorbent rarement la totalité du prix de vente des marchandises. Ce qui en reste est remis au porteur du récépissé. Mais ce porteur peut n'être pas connu et ne pas se présenter lors de la vente. Que fera-t-on alors de cet excédant? Les auteurs du projet de la loi du 28 mai 1858 avaient pensé qu'il résultait de l'esprit de la loi que cet excé-

dant devait être déposé au magasin général; et que, dans tous les cas, une disposition spéciale sur ce point trouverait sa place dans le décret portant règlement d'administration publique. Mais la Commission du Corps législatif chargée d'examiner le projet a cru devoir insérer cette disposition dans la loi elle-même et a proposé d'ajouter à l'article 8 un paragraphe 2 qui portât : « Si le porteur du récépissé ne se présente pas lors de « la vente de la marchandise, la somme excédant celle qui « est due au porteur du warrant sera consignée à l'adminis- « tration du magasin général, comme il est dit à l'article 6. » Ce paragraphe a été adopté par le Corps législatif. Il fait aujourd'hui partie de l'article 8.

194. Les marchandises une fois vendues, l'acheteur a le droit de les retirer du magasin général. Mais l'administration de ce magasin ne doit, bien entendu, les délivrer, sur le vu du procès-verbal de vente, qu'après la justification du paiement des droits et frais privilégiés, du montant de la somme prêtée sur le warrant et de la consignation de l'excédant qui revient au porteur du récépissé, dans le cas prévu par le dernier paragraphe de l'article 8 de la loi du 28 mai 1858. (D. du 12 mars 1859, art. 18.)

Art. IV. — Du paiement des indemnités d'assurances, en cas de sinistres.

195. L'article 2 de l'arrêté du 26 mars 1848 voulait que les marchandises déposées fussent toujours assurées. Il ne s'expliquait pas sur la personne à la charge de laquelle existait cette obligation ; mais c'était évidemment à la charge du propriétaire des marchandises. Celui-ci pouvait s'adresser à une compagnie d'assurances directement ou par l'intermédiaire du magasin général.

196. La législation actuelle n'exige plus l'assurance. Le

propriétaire est libre de faire assurer ou non ses marchandises. Mais l'article 10 de la loi du 28 mars 1858 a fixé les droits des divers intéressés sur l'indemnité due en cas de sinistres, lorsque l'assurance a été faite. « Les porteurs de récépissés ou de warrants, dit cet article, ont sur les indemnités « d'assurances dues, en cas de sinistres, les mêmes droits et « priviléges que sur la marchandise assurée. » Par conséquent, lorsqu'un sinistre a eu lieu, l'indemnité due par la compagnie qui a assuré prend la place des marchandises ou plutôt du prix auquel elles auraient été vendues. Cette indemnité est distribuée suivant les règles contenues dans l'article 3 de la présente section (n°s 187, 194).

197. Si le propriétaire des marchandises ne les a pas fait assurer, le porteur du warrant fera bien de faire assurer son warrant. Alors, l'indemnité due, en cas de sinistres, appartiendra exclusivement à ce dernier. Mais cette hypothèse se réalisera sans doute rarement, parce que le porteur du récépissé fera presque toujours assurer ses marchandises par l'intermédiaire du magasin général.

Art. V. — Du recours du porteur du warrant contre le débiteur et les endosseurs.

198. Nous avons dit, au numéro 70, que l'une des modifications de la législation de 1848 demandées par le commerce portait sur le choix, qui appartenait au prêteur sur warrant, d'agir soit en vertu de son privilége, soit personnellement contre le débiteur et les endosseurs. Cette fois encore, le législateur de 1858 a accueilli les plaintes des commerçants. Le paragraphe 1er de l'article 9 a déclaré que le porteur du warrant n'aurait de recours contre l'emprunteur et les endosseurs « qu'après avoir exercé ses droits sur les marchan-« dises et en cas d'insuffisance. » Le prêteur est donc néces-

sairement obligé de commencer par faire vendre la marchandise. Son action personnelle contre le débiteur et les endosseurs n'est recevable que si le prix de vente n'a pas suffi pour lui rembourser sa créance.

Toutefois, les parties peuvent déroger à cette règle par une convention expresse : le Rapport fait au Corps législatif au nom de la Commission l'a dit formellement, et M. Ancel l'a répété devant le Corps législatif.

199. Supposons maintenant que le prêteur soit obligé, par l'insuffisance du prix de vente des marchandises. ou qu'il ait le droit, en vertu de la convention dont nous venons de parler, d'agir contre l'emprunteur et les endosseurs ; examinons comment et à quelles conditions il peut exercer ce recours.

Le porteur du warrant a le droit d'assigner collectivement le débiteur et les endosseurs ou de les poursuivre individuellement. Ce choix résulte pour lui du principe contenu dans l'article 164 du Code de commerce, principe auquel la loi du 28 mai 1858 n'a pas dérogé.

Si l'action est exercée individuellement, elle doit être portée devant le tribunal du domicile du défendeur. Si le porteur agit collectivement, il pourra intenter son action devant le tribunal du domicile de l'un des défendeurs, à sa convenance. (Art. 59, C. de Proc.).

200. Quelle que soit la voie que le porteur choisisse contre les endosseurs, qu'il agisse collectivement ou individuellement, il ne peut exercer son recours que dans un certain délai et après l'accomplissement de quelques formalités.

D'après l'article 168 du Code de commerce, le porteur doit faire le protêt, sous peine d'être déchu de tout recours contre les endosseurs. De plus, aux termes de l'article 165 du même Code, le porteur doit faire notifier le protêt aux endosseurs, et, à défaut de remboursement, les faire citer en jugement, *dans les quinze jours qui suivent la date du protêt*, si le défendeur réside dans la distance de cinq myriamètres de l'endroit où l'effet est payable. Si le défendeur est domicilié à une plus grande distance, le délai est augmenté d'un jour par deux myriamètres et demi excédant les cinq myriamètres. Enfin, si le porteur agit collectivement, le délai se calcule d'après la distance du domicile le plus éloigné. (Art. 165 et 167 C. de Com.)

Dans notre matière, il n'était pas possible de prendre, pour point de départ de la notification du protêt et de l'assignation, le lendemain du jour du protêt. En effet, d'après le paragraphe 1er de l'article 9 de la loi du 28 mars, le porteur n'a de recours contre les endosseurs qu'après avoir exercé ses droits sur la marchandise et en cas d'insuffisance. Or, s'il n'avait eu que quinze jours après le lendemain du protêt, pour notifier le protêt et assigner les endosseurs, ce délai aurait pu expirer avant que la vente ne fût effectuée et, par conséquent, avant qu'il ne sût s'il avait le droit de poursuivre les endosseurs. C'est pourquoi le paragraphe 2 de l'article 9 a déclaré que les délais fixés par les articles 165 et suivants du Code de commerce ne commenceraient à courir que du jour de la réalisation de la vente.

201. Mais, en ne faisant partir le délai de quinzaine que du jour de la vente, n'était-il pas à craindre que le porteur n'ajournât la vente indéfiniment, pour prolonger son recours contre les endosseurs? Le législateur n'aurait alors protégé les droits du porteur que pour nuire aux intérêts des endosseurs, dont il importe que la position ne reste pas longtemps en suspens. On n'aurait évité une injustice que pour en commettre une autre tout aussi grande!

Le législateur de 1858 a su sauvegarder les intérêts des endosseurs. Le paragraphe 3 de l'article 9 a disposé que le porteur du warrant perdrait son recours contre les endosseurs, s'il ne faisait pas procéder à la vente, *dans le mois qui suivrait la date du protêt*. Le porteur ne peut donc pas ajourner la vente et prolonger son recours contre les endosseurs, au gré de ses caprices ou de ses intérêts.

S'il fallait, pour que la vente fût faite avantageusement, un délai plus long que celui du mois, le porteur l'obtiendrait facilement des endosseurs. Ne sont-ils pas intéressés à ce que les marchandises soient vendues le plus chèrement possible, afin d'éviter le recours du porteur ? Mais le porteur devrait obtenir la prolongation du délai par un arrangement conclu avec eux. Des conventions de cette nature ne sont pas prohibées par le texte de l'article 9 ; elles sont conformes à l'esprit de cet article, qui a ménagé tous les intérêts ; elles ont été, d'ailleurs, prévues dans l'exposé des motifs de la loi du 28 mai 1858.

202. Le délai de quinze jours, à dater du jour de la vente, augmenté du délai des distances, n'a été établi que pour les dettes payables en France et pour les endosseurs qui y sont domiciliés. Dans le cas contraire, il faudra appliquer les délais prévus par l'article 166 du Code de commerce, savoir : 1° deux mois, pour les effets payables ou pour les endosseurs domiciliés en Corse, dans l'île d'Elbe ou de Capraja, en Angleterre et dans les États limitrophes de la France ; 2° quatre mois, s'il s'agit des autres États de l'Europe ; six mois, s'il s'agit des Échelles du Levant et des côtes septentrionales de l'Afrique ; 3° un an, s'il s'agit des côtes occidentales de l'Afrique, jusques et y compris le cap de Bonne-Espérance, et des Indes occidentales ; 4° deux ans, s'il s'agit des Indes orientales.

En temps de guerre maritime, les délais de six mois, d'un an et de deux ans sont doublés.

L'article 166 a oublié de parler des établissements français dans les Échelles du Levant ; mais la doctrine et la jurisprudence les ont assimilés aux établissements situés dans nos possessions.

Le point de départ de tous ces détails est, bien entendu, le jour de la réalisation de la vente. (Art. 9, § 2, L. 28 mai 1858.)

203. Si le porteur ne notifie pas le protêt aux endosseurs et ne les traduit pas en justice dans les délais qui viennent d'être indiqués, il est déchu de tout droit contre eux. L'article 168 du Code de commerce est positif. Le porteur doit remplir ces formalités, soit qu'il agisse comme propriétaire, soit qu'il ne soit qu'un fondé de procuration. Il doit également les remplir contre les endosseurs qui seraient tombés en faillite.

La déchéance de l'article 168 peut être opposée même aux mineurs ou aux interdits, en vertu du principe contenu dans l'article 2278 du Code Napoléon.

204. Mais les parties peuvent convenir que le porteur ne notifiera pas le protêt et qu'il devra ou pourra se contenter d'un simple avertissement. Lorsqu'une telle convention est intervenue, elle doit être maintenue par les tribunaux. Cela a été décidé ainsi pour les lettres de change et les billets à ordre par différents arrêts, et notamment par un arrêt de la Chambre des Requêtes de la Cour de Cassation, en date du 10 mars 1812 (Suif C. Moineau), et par un arrêt de Rejet de la même Cour, du 5 juillet 1843 (Duboul C. Sans et Anthier).

La preuve de cette convention peut être faite suivant les règles commerciales ; elle ne peut pas être régie par les lois civiles.

De la validité de la convention dont nous venons de parler,

il résulte que les endosseurs ne pourraient plus invoquer le défaut de protêt, de notification ou d'assignation dans les délais fixés par la loi, si, après l'expiration de ces délais, ils avaient renoncé expressément ou tacitement à se prévaloir de cette déchéance. (Cass. 29 juin 1819, VALET C. DORÉ; Paris, 4 août 1842, MESSÉMIEUX C. HÉRY.)

205. La déchéance établie par l'article 168 du Code de commerce cesse encore en faveur du porteur contre celui des endosseurs qui, après l'expiration des délais fixés, a reçu par compte, compensation ou autrement, les fonds destinés au paiement de la dette. (Argument tiré de l'art. 171 C. de Com.) Dans ce cas, la négligence du porteur n'aura causé aucun préjudice à l'endosseur. Celui-ci serait donc bien mal venu de refuser le remboursement d'une somme qu'il a reçue.

206. L'endosseur qui, actionné par le porteur du warrant, rembourse ce porteur, en prend la place. Dès lors, il doit avoir les mêmes droits et les mêmes devoirs que le porteur. Comme celui-ci, il doit pouvoir exercer un recours contre le débiteur et les endosseurs, soit individuellement, soit collectivement, pour obtenir le paiement intégral de la dette. Comme le porteur aussi, il doit remplir toutes les formalités que nous venons de voir. Mais, aux termes de l'article 167 du Code de commerce, les délais ne courent contre lui que du lendemain de la date de la citation en justice qu'il a reçue du porteur. Ce point de départ sera évidemment appliqué en matière de warrants, puisque la loi du 28 mai 1858 ne l'a pas changé. Il n'y avait, d'ailleurs, aucune raison pour le modifier.

207. Que faut-il décider, en ce qui touche le point de départ des délais, si l'endosseur a remboursé le porteur volontairement, sans attendre des poursuites? La loi du 28 mai 1858 a gardé le silence; et, ce qui est plus fâcheux, le Code

de commerce n'a pas non plus prévu cette circonstance pour les effets de commerce. Cet oubli du Code a fait naître une divergence entre les auteurs et les tribunaux. Trois systèmes ont été soutenus.

Dans un premier système, on a conclu du silence de la loi que l'endosseur ne peut pas payer volontairement ; qu'il doit attendre les poursuites du porteur. — Ce système est nuisible au commerce, qui est intéressé à ce que l'on évite des frais inutiles. Il est illogique, parce que, lorsque l'on peut être poursuivi pour un paiement, on doit pouvoir payer volontairement.

Un second système, qui a pour lui l'autorité d'un arrêt de la Chambre des Requêtes du 2 novembre 1813 (GIRARD), a soutenu que, puisqu'il n'y avait pas de citation, il fallait accorder à l'endosseur autant de délais qu'il y avait d'endosseurs antérieurs à lui, et les faire courir du jour du protêt. — M. Dalloz a dit avec raison que ce système était contraire à la loi ; qu'il prolongeait d'une manière fâcheuse les délais du recours pour garantie : trois, quatre remboursements successifs, qui, en réalité, auraient été faits en vingt-quatre heures, pourraient donner un délai de deux à trois mois à l'endosseur pour poursuivre ses garants. (Dalloz, *Répert.*, v° Effets de commerce, § 701.)

La majorité des auteurs et presque tous les arrêts (1) décident qu'il faut prendre, pour point de départ des délais, le remboursement volontaire. En présence du silence du Code, il nous semble que ce troisième système, qui est seul sans inconvénients, doit être suivi et appliqué à notre matière. Quant à la preuve du remboursement, elle pourra se faire par les modes de preuves commerciales.

---

(1) Voir notamment Dalloz, *loco citato*; Pardessus, t. II, n° 444; Cassat., 2 fév. 1846, CAZELLES, etc., etc.

208. Le porteur du warrant qui n'a pas été complétement remboursé sur le prix des marchandises peut, outre les poursuites dont nous venons de parler, obtenir, du Président du Tribunal ou du magistrat qui le remplace, la permission de saisir *conservatoirement* les effets mobiliers de l'emprunteur et des endosseurs. Ce droit est accordé par les articles 172 et 187 du Code de commerce au porteur d'une lettre de change ou d'un billet à ordre protestés. Il ne peut donc pas être contesté au porteur du warrant.

Le même droit appartient à l'endosseur qui a remboursé le porteur.

SECTION VII. — DE LA PRESCRIPTION.

209. La loi du 28 mai 1858 ne s'est pas occupée de ce mode d'extinction de l'obligation garantie par le warrant. Nous regrettons cette omission, parce qu'elle peut faire naître des procès sur la question de savoir quelle prescription on doit appliquer.

210. L'article 189 du Code de commerce s'exprime ainsi :

« Toutes actions relatives aux lettres de change, et à ceux « des billets à ordre souscrits par des négociants, marchands « ou banquiers, ou pour faits de commerce, se prescrivent « par cinq ans, à compter du jour du protêt, ou de la dernière « poursuite juridique, s'il n'y a eu condamnation, ou si la « dette n'a été reconnue par acte séparé.

« Néanmoins les prétendus débiteurs seront tenus, s'ils en « sont requis, d'affirmer sous serment qu'ils ne sont plus re-« devables ; et leurs veuves, héritiers ou ayants cause, qu'ils « estiment de bonne foi qu'il n'est plus rien dû. »

Le silence de la loi du 28 mai 1858 peut faire naître la question suivante : Appliquera-t-on dans notre matière la prescription quinquennale de l'article 189 ; ou bien, au contraire, appliquera-t-on la prescription ordinaire de trente ans ?

211. On peut dire, en faveur de la prescription de trente ans, que l'article 189 ne peut s'appliquer qu'aux lettres de change et aux billets à ordre ; que, le warrant n'étant ni une lettre de change ni un billet à ordre, l'action qui en naît doit se prescrire par le laps de temps ordinaire.

On peut invoquer en faveur de cette opinion : 1° un arrêt de la Chambre des Requêtes, du 18 juillet 1821 (LEFÈVRE C. CATHAEZ), et un arrêt d'Aix, du 1ᵉʳ mars 1839 (FOUQUE C. LAGIER), lesquels ont décidé que la prescription quinquennale ne s'appliquait pas à l'effet de commerce causé *valeur reçue*, sans indication de la nature de la valeur, car cet effet manquait de l'une des qualités voulues par la loi, pour constituer un billet à ordre ; 2° un arrêt de Grenoble, du 4 février 1826 (ANDRÉ), qui a jugé que l'article 189 ne pouvait pas être étendu aux actions nées de ventes et achats.

212. Malgré ces raisons, nous croyons que l'article 189 doit être appliqué aux warrants.

En premier lieu, l'article 189 a été fait, parce que le législateur a pensé que la prescription de trente ans était trop longue pour les effets de commerce. Il importe au commerce que les négociants ne soient pas longtemps sous le coup de semblables actions. Il faut, lorsqu'un tel droit est acquis, qu'il soit promptement exercé. Un délai de cinq ans est bien suffisant ; quand on le laisse passer, on peut présumer qu'il y a eu paiement.

En second lieu, le warrant est un véritable billet à ordre, contenant toutes les énonciations exigées pour ces effets de commerce. On ne doit donc pas invoquer contre lui, par un argument *à simili*, les arrêts ci-dessus indiqués.

En troisième lieu, non-seulement le warrant est un billet à ordre, mais il constitue un gage. Il y a donc un intérêt de plus à ce que l'action soit promptement exercée. Il ne faut pas que les marchandises restent engagées pendant trente ans. Le délai de cinq ans est déjà fort long.

Toutes ces raisons font que l'article 189 nous semble devoir être suivi dans notre matière. Au surplus, il arrivera bien rarement que le débiteur ait à invoquer la prescription quinquennale. Le propriétaire des marchandises a lui-même intérêt à les dégager, car, au bout de cinq ans, il pourrait avoir à essuyer des avaries. Par conséquent, en cas de négligence du porteur du warrant à exiger le paiement, presque toujours la somme sera consignée à l'administration du magasin. Dans ce dernier cas, le créancier pourrait la demander pendant trente ans.

213. A partir de quel moment courra le temps voulu pour prescrire? L'article 189 dit que la prescription court à compter du jour du protêt ou de la dernière poursuite juridique. Ce point de départ est tout naturel dans l'article : la prescription d'une action court du jour où l'on a le droit de l'intenter, ou du jour des dernières poursuites. Mais on ne peut pas adopter, dans notre matière, ce point de départ pour le recours personnel du porteur du warrant contre l'emprunteur et les endosseurs, puisque ce recours ne date que du jour où la vente de la marchandise a été réalisée. Il faut décider que la prescription ne commencera à courir, pour cette action de l'article 9 de la loi de 1858, que du jour où la vente de la marchandise a été réalisée, ou bien du jour des dernières poursuites, s'il y a eu condamnation, ou si la dette n'a pas été reconnue par acte séparé.

214. L'article 189 dit que les billets à ordre doivent être souscrits par des commerçants ou pour actes de commerce, pour que la prescription quinquennale puisse être opposée. On exigera sans nul doute cette condition dans notre matière. Ajoutons qu'en fait elle sera toujours remplie ; les prêts sur warrants n'ont d'utilité que pour le commerce.

215. Enfin, l'article 189 prescrit à celui qui se prétend créancier de déférer le serment au débiteur qui invoque la prescription ; ce qui est conforme à la règle de l'article 2275 du Code Napoléon. Cette faculté a été accordée au créancier, parce que la prescription quinquennale repose sur une présomption de paiement.

Il est presque inutile de dire que ce serment ne pourrait pas être déféré d'office par le tribunal.

CHAPITRE V.

DES ÉTABLISSEMENTS DE CRÉDIT AUXQUELS ON PEUT PRÉSENTER LES WARRANTS.

Sommaire.

216. Toute personne capable peut prêter sur warrants.

217. Les établissements publics de crédit sont obligés d'exiger certaines garanties dans les prêts qu'ils font.

218. Dispositions de l'arrêté du 26 mars 1848, relatives à l'admission des récépissés par la Banque de France et par les comptoirs d'escompte.

219. Critique de cet arrêté. La loi du 28 mai 1858 a facilité l'admission des warrants dans les établissements publics de crédit.

220. Quel est le montant de la somme avancée habituellement sur les warrants ?

216. Toute personne *capable* peut prêter sur warrants. La loi n'a établi et ne pouvait établir aucune incapacité ; son but a été, au contraire, de favoriser ces sortes de prêts, si utiles au commerce.

217. Les simples particuliers, les établissements de crédit privés peuvent effectuer des prêts, aux conditions qui conviennent à eux et aux emprunteurs, pourvu que le taux de l'escompte ne soit pas usuraire.

Les établissements publics, au contraire, ne peuvent prêter que dans certaines conditions, qui ont dû leur être imposées dans leur intérêt comme dans celui du public. Ainsi la Banque de France n'escompte les effets de commerce à ordre que : 1° s'ils sont à trois mois d'échéance, au plus ; 2° s'ils sont revêtus d'au moins trois signatures notoirement solvables ; cependant, pour les effets créés pour fait de marchandises seulement, elle peut se contenter de deux signatures, si la troisième est remplacée par un transfert de rentes sur l'État ou d'actions de la Banque. Les comptoirs et les sous-comptoirs d'escompte peuvent escompter les effets de commerce : 1° s'ils sont à cinq cents jours d'échéance, au plus ; 2° s'ils sont revêtus de deux signatures, au moins.

218. Comment ces établissements publics peuvent-ils escompter les warrants ?

L'article 9 de l'arrêté du 26 mars 1848 autorisait la Banque de France et ses comptoirs, ainsi que les banques départementales, à admettre les récépissés *comme troisième signature*. L'article 8 du même arrêté autorisait les comptoirs nationaux d'escompte à les admettre *comme seconde signature*. En conséquence, sous la législation de 1848, les récépissés n'étaient pas, à proprement parler, escomptés par la Banque et par les comptoirs nationaux ; ce que ces établissements escomptaient, c'étaient les billets à ordre : les récépissés n'avaient que la valeur d'une signature ajoutée à ces billets !

219. Le commerce protesta contre cette nécessité d'un double papier, du récépissé et du billet à ordre. Puisqu'on exigeait un billet à ordre, le récépissé n'était pas un véritable effet de commerce. De plus, l'arrêté du 26 mars n'accordait, en réalité, aucune faveur aux récépissés, puisqu'il ne les considérait que comme une signature. Le législateur de 1858 a compris que, pour faire réussir l'institution, il devait faciliter l'admission des warrants dans les établissements publics de crédit. Ces effets méritaient, d'ailleurs, d'être favorisés, car ils sont pour les prêteurs la meilleure garantie. Aussi, l'article 11 de la loi du 28 mai 1858 a-t-il fait des warrants de vrais effets de commerce, que l'on peut présenter aux établissements pu-

blics de crédit sans billets à ordre, et a-t-il permis à ces établissements de les recevoir avec dispense de l'une des signatures exigées par leurs statuts.

Par conséquent, la Banque de France reçoit aujourd'hui les warrants revêtus de deux signatures; les comptoirs d'escompte les reçoivent revêtus d'une seule signature.

220. Le montant de la somme que ces établissements peuvent avancer est laissé à leur appréciation. Il varie suivant les époques et suivant les marchandises. Ainsi, il y a des marchandises sur lesquelles ils ne prêtent que 15 p. 100 de leur valeur, il en est d'autres sur lesquelles ils en prêtent 90 ! La Banque de France avance en moyenne 75 p. 100.

Le taux de l'escompte est le taux ordinaire; il est donc aussi essentiellement variable.

CHAPITRE VI.

DU TIMBRE ET DE L'ENREGISTREMENT.

Sommaire.

221. Les récépissés sont soumis au timbre de dimension.

222. Les warrants endossés séparément des récépissés sont soumis au timbre proportionnel.

223. L'administration du magasin général ne peut transcrire sur ses registres l'endossement du warrant, s'il n'est timbré ou visé pour timbre. De plus, elle doit communiquer ses registres aux préposés de l'enregistrement, à toute réquisition.

224. L'enregistrement des récépissés et des warrants est rarement nécessaire.

225. Les récépissés ne donnent lieu qu'à un droit fixe d'enregistrement.

226. Les warrants donnent lieu à un droit proportionnel.

221. Les récépissés doivent être timbrés. L'article 13 de la loi du 28 mai 1858 ne s'est pas expliqué sur les droits de timbre qui leur sont applicables. Mais l'exposé des motifs de la loi nous apprend qu'il faut assujettir les récépissés au timbre de dimension exigé par l'article 12 de la loi du 13 brumaire an VII. En effet, le récépissé constate la propriété ; son endossement vaut ordinairement transmission de propriété. Dès lors, il doit être réglé par le 1° de l'article 12 de cette loi, qui soumet au timbre de dimension *tous actes et écritures, soit publics, soit privés, devant ou pouvant faire titre.*

Quant au droit de timbre en lui-même, on sait qu'il n'y a

pas de droit de timbre de dimension inférieur à 35 centimes,
ni supérieur à 2 francs. (Art. 8 de la loi du 13 brumaire
an VII, combiné avec l'art. 62 de la loi du 28 avril 1816.)
Dans ces limites, le droit est imposé suivant la dimension
du papier : la demi-feuille de petit papier se paie 35 cent. ;
la feuille du même, 70 cent. ; la feuille de papier moyen,
1 fr. 25 cent. ; et la feuille de dimension supérieure, 2 fr.
(L. 28 avril 1816, art. 62.)

Dans la pratique, le timbre de dimension est appliqué
d'avance sur les récépissés, avant qu'ils soient détachés des
registres à souche, puisqu'ils doivent être timbrés même avant
leur endossement.

222. Le warrant, tant qu'il n'est pas endossé, n'est susceptible d'aucun droit de timbre, parce qu'il ne joue aucun
rôle. Lorsqu'il est endossé séparément du récépissé, il de-
vien t un véritable effet de commerce et il est soumis au droit
de timbre proportionnel fixé par l'article 1er de la loi du 5
juin 1850, relative au timbre des effets de commerce, etc.
(Art. 13, § 2, L. 28 mai 1858.)

D'après l'article 1er de la loi du 5 juin 1850, le droit de
timbre proportionnel auquel sont soumis les warrants endossés
est fixé ainsi qu'il suit : 1° 5 centimes, pour les effets de
100 francs et au-dessous ; 2° 10 cent., pour les effets au-dessus de 100 fr., jusqu'à 200 fr. ; 3° 15 cent., pour les effets
au-dessus de 200 fr., jusqu'à 300 fr. ; 4° 20 cent., pour les
effets au-dessus de 300 fr., jusqu'à 400 fr. ; 5° 25 cent., pour
les effets au-dessus de 400 fr., jusqu'à 500 fr. ; 6° 50 cent.,
pour les effets au-dessus de 500 fr., jusqu'à 1,000 fr. ;
7° 1 fr., pour les effets au-dessus de 1,000 fr., jusqu'à
2,000 fr. ; 8° 1 fr. 50 cent., pour les effets au-dessus de
2,000 fr., jusqu'à 3,000 fr. ; 9° 2 fr., pour les effets au-

dessus de 3,000 fr., jusqu'à 4,000 fr.; et ainsi de suite, en suivant la même dimension et sans fraction.

Le timbre proportionnel ne peut pas être appliqué d'avance sur les warrants, avant qu'ils soient détachés des registres à souches, parce que les warrants endossés séparément des récépissés sont seuls soumis à ce timbre. Les warrants doivent donc être soumis au visa pour timbre au moment du premier endossement.

223. Pour assurer l'exécution de ces lois sur le timbre, le paragraphe 3 de l'article 13 de la loi du 28 mai 1858 a disposé que l'endossement du warrant séparé du récépissé non timbré ou non visé pour timbre, conformément à la loi, ne pourrait être transcrit ou mentionné sur les registres du magasin, sous peine, contre l'administration du magasin, d'une amende égale au montant du droit auquel le warrant était soumis. Le warrant endossé devant être nécessairement transcrit sur les registres du magasin, les droits du trésor se trouvent assurés.

Le paragraphe 4 du même article ajoute que les dépositaires des registres des magasins généraux sont tenus de les communiquer aux préposés de l'enregistrement, selon le mode prescrit par l'article 54 de la loi du 22 frimaire an VII et sous les peines y énoncées. Or, il résulte de la combinaison de ce dernier article avec la disposition de la loi de 1858, que les dépositaires des registres doivent les communiquer, sans déplacement, aux préposés de l'enregistrement, à toute réquisition, et leur laisser prendre, sans frais, les renseignements, extraits et copies qui leur sont nécessaires pour les intérêts de l'État. Le refus des dépositaires doit être constaté par un procès-verbal, dressé par le préposé accompagné du maire, de l'adjoint ou d'un officier municipal de la commune. Les dépositaires qui refusent la communication dont il s'agit, sont condamnés à 50 francs d'amende. Mais cette communication ne peut pas être exigée les jours de repos ; et les recherches des préposés ne peuvent pas durer plus de quatre heures par jour.

La perception des droits de timbre ne regarde pas les agents des douanes et des contributions indirectes, qui n'ont pas à y prendre part. Seulement, ces agents doivent s'assurer que ceux des titres qui doivent leur être produits, dans certains cas, sont régulièrement timbrés. (Circ. de M. le Directeur général des Douanes, en date du 31 mars 1859.)

224. L'article 13 de la loi du 28 mai 1858 s'occupe aussi de l'*enregistrement* des récépissés et des warrants. Il faut, toutefois, prendre garde de faire une confusion. Nous avons vu plus haut que le timbre est toujours exigé : l'enregistrement, au contraire, n'est pas nécessaire en principe. On se souvient que, d'après l'article 5 de la loi du 28 mars 1858, l'enregistrement n'est pas indispensable pour que les récépissés ou les warrants endossés acquièrent date certaine et soient opposés aux tiers. (Voir ci-dessus, n°s 148 et suiv.) Mais, comme les récépissés et les warrants endossés sont des actes privés, il faut bien qu'ils soient enregistrés, quand les parties veulent en faire usage par acte public ou les produire en justice. Voilà pourquoi l'article 13 a dû s'expliquer sur l'enregistrement.

225. D'après le paragraphe 1er de l'article 13 de la loi du 28 mai 1858, les récépissés ne donnent lieu, pour l'enregistrement, qu'à un droit fixe de 1 franc. Cette disposition est fort naturelle pour les récépissés qui ne sont pas transmis par un endossement, parce qu'alors ils servent à constater la propriété et que les certificats de propriété ne donnent lieu qu'à un droit fixe.

Mais l'article 13 est général et s'applique même aux récépissés endossés. Or, les récépissés endossés transfèrent la propriété, et les actes translatifs de propriété sont soumis au droit proportionnel. La loi aurait donc pu, logiquement et en vertu des principes de l'enregistrement, exiger, pour les récépissés endossés, un droit proportionnel de 2 p. 100. Mais elle a fait fléchir, en faveur de la nouvelle institution, la rigueur de principes purement fiscaux, qui eussent pu en entraver le développement.

Par conséquent, qu'ils soient endossés ou non, les récépissés sont enregistrés pour la somme de 1 franc.

.226. La loi du 28 mai 1858 n'a pas accordé la même faveur pour les warrants endossés séparément des récépissés. Le paragraphe 2 de l'article 13 les a soumis aux dispositions de l'article 69, paragraphe 2, n° 6, de la loi du 22 frimaire an VII, qui assujettit au droit proportionnel de 50 centimes par 100 francs les billets à ordre et généralement tous les effets négociables ou de commerce, à l'exception des lettres de change. Il eût peut-être été désirable que le législateur se fût borné à imposer aux warrants un droit fixe, au lieu d'un droit proportionnel, comme il l'a fait pour les récépissés endossés. Toutefois, l'inconvénient qui résulte de ce droit proportionnel n'est pas très-considérable, car l'enregistrement sera bien rarement nécessaire; d'autant plus que les formalités de justice ont été supprimées pour la vente forcée des marchandises, en cas de non paiement de la dette garantie par le warrant.

LIVRE III

DES VENTES PUBLIQUES

DE MARCHANDISES EN GROS.

CHAPITRE PRÉLIMINAIRE.

NOTIONS HISTORIQUES ET GÉNÉRALES.

Sommaire.

227. État de la législation sur les ventes publiques de marchandises neuves avant la révolution de 1789. Elles n'étaient permises qu'après les inventaires ou appositions de scellés, ou en exécution de sentences, arrêts ou ordonnances de justice. Elles devaient être faites par des officiers publics.

228. Ces dispositions ont-elles été maintenues pendant la législation intermédiaire? Question.

229. Les ventes publiques *en gros* pouvaient être faites librement ; mais elles étaient mal vues des commerçants, qui demandèrent que des conditions restrictives y fussent apportées.

230. Un décret du 22 novembre 1811 exigea l'autorisation du Tribunal de commerce.

231. Un décret du 17 avril 1812 rendit les ventes publiques encore plus difficiles à opérer.

232. Les lois des 21 avril et 15 mai 1818 leur accordèrent quelques facilités. Elles furent suivies d'une ordonnance du 1er juillet 1818, relative seulement aux changements à apporter au tableau des marchandises admises à la vente publique.

233. L'ordonnance du 9 avril 1819 régla les lieux où les ventes devaient se faire.

La loi du 25 juin 1841 se borna à viser les anciens actes législatifs.

234. Cette législation n'était plus en rapport avec les besoins du commerce. Les ventes publiques, pratiquées d'une manière large en Angleterre, en Hollande et dans les villes Anséatiques, sont utiles à la nation, aux vendeurs et aux acheteurs. La loi nouvelle sur les magasins généraux aurait été stérile sans une réforme de la législation relative aux ventes publiques en gros.

235. La loi du 28 mai 1858, sur les ventes publiques de marchandises en gros, a abrogé les anciens actes législatifs; elle a été complétée par un décret réglementaire du 12 mars 1859.

227. Les plus anciens documents législatifs que l'on trouve sur les ventes publiques de biens meubles, sont trois édits de février 1691, d'août 1712 et de mars 1713. Ces édits conféraient à divers officiers publics, à l'exclusion de toutes autres personnes, même des propriétaires, héritiers ou autres, le droit de faire les prisées, expositions et *ventes publiques, tant volontaires que forcées, de biens meubles, après les inventaires ou appositions de scellés, ou en exécution des sentences, arrêts ou ordonnances de justice.*

Les officiers publics crurent pouvoir procéder aux ventes des marchandises destinées au commerce. Mais les marchands *de détail* se plaignirent vivement et prétendirent qu'on les ruinait; qu'on n'achetait plus chez eux, parce qu'on achetait meilleur marché aux enchères; que les ventes publiques étaient un moyen d'écouler de mauvaises marchandises, au détriment de celles qu'ils débitaient et qui étaient excellentes; que ces ventes favorisaient la mauvaise foi des négociants étant sur le point de faire faillite, qui, par la réalisation immédiate de leurs marchandises, parvenaient à soustraire le gage de leurs créanciers; enfin, qu'en livrant à la consommation un trop grand nombre de marchandises, on amenait une crise commerciale qui nuisait aussi bien à la production qu'à la vente.

Un arrêt de règlement, rendu le 23 août 1758, accueillit les plaintes des marchands de détail en ces termes :

« La Cour *fait défense* à toutes personnes de provoquer, et
« à tous huissiers priseurs de faire aucune *vente publique des*
« *marchandises du commerce* desdits six corps des marchands
« de Paris, *si elles ne sont comprises dans des inventaires*
« *faits après décès, ou dans des saisies-exécutions faites en*
« *vertu de titres de créances sérieux, et sur procédures non*
« *collusoires ;*

« Permet aux gardes desdits six corps, chacun en ce qui
« le concerne, de se transporter avec un commissaire et des
« huissiers dans les maisons ou places publiques où se feront
« les ventes, à l'effet de saisir les marchandises de leur com-
« merce, si aucunes se trouvent comprises dans lesdits inven-
« taires ou saisies-exécutions ;

« Enjoint auxdits huissiers-priseurs de se conformer au
« présent arrêt de règlement....., à peine de 300 livres d'a-
« mende contre l'huissier-priseur qui se trouvera en contra-
« vention, et de confiscation des marchandises. »

Ces prohibitions furent maintenues par un édit de février
1771, et par des lettres patentes et arrêts du Conseil des
7 juillet 1771, août 1775 et novembre 1778.

228. Tel était l'état de la législation sur les ventes publiques de marchandises neuves, lorsque vint la Révolution. Il
consistait, comme on le voit, en deux principes : 1° nécessité
que les ventes fussent faites par des officiers publics ; 2° défense de vendre publiquement les marchandises de commerce, si elles n'étaient pas comprises dans des inventaires
faits après décès ou dans des saisies-exécutions sérieuses et non
collusoires. Le droit intermédiaire continua d'exiger l'application du premier principe, qui fut consacré par l'article 1er
d'une loi du 22 pluviôse an VII, ainsi conçu : « A compter
« du jour de la publication de la présente, les meubles, effets,

« marchandises, bois, fruits, récoltes et tous autres objets
« mobiliers ne pourront être vendus publiquement et par en-
« chères, qu'en présence et par le ministère d'officiers publics
« ayant qualité pour y procéder. » En a-t-il été de même du
second principe? Cette question est fort douteuse ; les auteurs
et les tribunaux se sont prononcés dans les deux sens.

Au milieu de cette divergence, voici ce qui nous frappe :
La loi du 22 pluviôse an VII a dit qu'*à compter du jour de
sa publication*, les ventes publiques auraient lieu par des
officiers publics. Ainsi, cette loi a rétabli le premier principe
de la législation ancienne, en matière de ventes publiques de
marchandises neuves. Pourquoi cette loi n'a-t-elle pas exigé
aussi l'application du second principe? Loin de là, elle a reconnu la possibilité des ventes publiques de *marchandises et
de* TOUS AUTRES OBJETS MOBILIERS. De plus, par une délibéra-
tion du 10 ventôse an XI, le Conseil de commerce du département de la Seine a désapprouvé les ventes publiques de
marchandises et *matières premières*, et soutenu qu'elles
étaient essentiellement nuisibles aux commerçants et aux consommateurs, partout ailleurs que dans les ports de mer. Nous
penchons donc à croire que le droit intermédiaire permettait
toutes sortes de ventes publiques de marchandises neuves,
aussi bien *en détail qu'en gros*, pourvu qu'elles fussent faites
par des officiers publics.

229. Au surplus, quelle que soit l'opinion que l'on adopte
sur cette question, aucun doute n'est possible en ce qui concerne les ventes qui font l'objet de notre livre, c'est-à-dire les
ventes publiques *en gros* de marchandises neuves. Il est certain que la législation intermédiaire ne prohibait pas les ventes
en gros ; elles avaient même lieu avec une grande facilité. Le
Code de commerce n'apporta aucune innovation ; il garda le
silence sur les ventes dont il s'agit et se contenta, dans son

article 492, d'autoriser les ventes publiques après faillite, aussi bien celles en détail que celles en gros.

230. Un premier décret, du 22 novembre 1811, porta que toutes ces ventes pourraient être faites par les courtiers, à condition que ce fût avec l'autorisation du Tribunal de commerce, donnée sur requête.

231. Le décret du 17 avril 1812 exigea aussi l'autorisation du Tribunal de commerce. Il ajouta que les ventes publiques ne pourraient avoir lieu, à Paris, que pour les marchandises désignées dans un tableau annexé au décret et comprenant les denrées coloniales et les marchandises autres que celles d'ameublement, de luxe et de toilette ; que, dans les autres villes, le tableau serait remplacé par un état des marchandises, dressé par les Tribunaux et par les Chambres de commerce, et approuvé par le Ministre des Manufactures et du Commerce. Ce même décret introduisit une troisième restriction : il défendit que les lots fussent, d'après l'évaluation approximative et selon le cours moyen des marchandises, audessous de 2,000 fr. pour la place de Paris, et de 1,000 fr. pour les autres places de commerce ; mais il permit aux Tribunaux de commerce de les fixer à un taux plus élevé, pouvant atteindre le maximum de 5,000 fr. Les autres dispositions de ce décret sont presque toutes relatives aux formes de la vente et ont été conservées par le décret du 12 mars 1859, ainsi que cela apparaîtra par la suite.

232. Une loi de douanes, du 21 avril 1818, autorisa la vente publique des marchandises avariées par suite d'événements de mer. (Art. 51 et suiv.)

La même année, l'article 74 de la loi des finances du 15 mai réduisit à 50 centimes pour 100 francs le droit d'enregistrement applicable aux ventes publiques, qui était de

2 francs pour 100 francs, d'après l'article 69, paragraphe 5, n° 1, de la loi du 22 frimaire an VII.

Ces deux lois, qui avaient accordé certaines facilités pour les ventes publiques en gros, furent suivies d'une ordonnance, en date du 1er juillet 1818, d'après laquelle le Tribunal et la Chambre de commerce de Paris durent être consultés par le Ministre de l'Intérieur, pour les changements qu'il y aurait lieu d'apporter au tableau indiquant les marchandises qui pourraient être vendues publiquement en gros.

233. L'ordonnance du 9 avril 1819 contint deux dispositions principales. En premier lieu, elle porta que, dans les villes où il n'y avait pas de Bourse, les ventes publiques auraient lieu soit au domicile du vendeur, soit en tout autre lieu convenable, suivant la décision des Tribunaux de commerce; et que, dans les villes où il y avait une Bourse fréquentée par les commerçants, ces tribunaux pourraient aussi autoriser la vente à domicile ou ailleurs, lorsqu'ils estimeraient que l'état et la nature de la marchandise ne permettraient pas qu'elle fût exposée en vente à la Bourse, ou qu'elle y fût vendue sur échantillons. En second lieu, cette ordonnance accorda aux Tribunaux de commerce la faculté de déroger, par des ordonnances motivées, à la fixation du maximum et du minimum de la valeur des lots, portée au décret du 17 avril 1812, toutes les fois que les circonstances exigeraient cette exception, mais en ayant égard aux intérêts du commerce de détail.

Cette ordonnance est, en réalité, le dernier acte législatif rendu sur les ventes publiques en gros avant la loi de 1858. En effet, la loi du 25 juin 1841, qui a défendu, sauf quelques exceptions, les ventes publiques en détail, s'est bornée à dire, dans son article 6, qu'elle ne dérogeait en rien aux lois antérieures sur les ventes publiques en gros.

234. Le résumé qui précède montre, d'une manière manifeste, qu'avant la loi du 28 mai 1858 la législation sur les ventes publiques de marchandises en gros était inspirée par les appréhensions des détaillants. Mais le commerce a fini par comprendre que cette législation n'était plus en rapport avec nos besoins actuels et avec ses véritables intérêts. Il a profité de l'exemple de l'Angleterre, de la Hollande et des villes Anséatiques, où les ventes publiques rendent de véritables services. Ces ventes, pratiquées en grand dans ces pays, ont aidé les docks, qui y fonctionnent régulièrement, à donner au commerce ce grand mouvement qu'on y remarque, à attirer les étrangers, à développer la marine marchande, à fournir à l'État une augmentation de revenus de plus en plus considérable. C'est à elles que la nation anglaise doit de pouvoir obtenir à bon marché des objets qui, en France, coûtent relativement plus cher, quoique la main-d'œuvre soit souvent moins payée chez nous ; parce que là où les ventes publiques sont libres de toute entrave, les commerçants de détail, auxquels le public s'adresse, achètent leurs marchandises de première main.

Ces intérêts généraux eussent-ils été les seuls à appeler des modifications à notre législation sur les ventes publiques en gros, il n'aurait pas fallu hésiter à leur donner satisfaction : les intérêts individuels doivent céder devant les besoins de tout le monde. Mais le bien-être général qu'une nation peut retirer de ces ventes n'est pas acquis au détriment des vendeurs ou des acheteurs. Les ventes publiques sont utiles aux vendeurs, parce qu'ils se trouvent en présence d'un plus grand nombre d'acheteurs, dont la concurrence empêche les marchandises de tomber au-dessous de leur prix véritable. Ajoutons qu'en supposant même qu'on vende à perte, cela vaut souvent mieux que de voir ses magasins encombrés : la réalisation empêche des liquidations plus désastreuses et permet de se livrer à d'autres spéculations. D'ailleurs, ces ventes publiques étant volontaires, on ne les opère que si l'on y trouve un profit. Les enchères publiques sont également avantageuses aux acheteurs, parce qu'elles leur permettent de se passer de quelques-uns des intermédiaires habituels, commissionnaires, marchands de gros et de demigros, qui tous auraient réalisé un bénéfice plus ou moins grand.

Enfin, les réformes introduites, par la loi du 28 mai 1858, dans l'institution des magasins généraux, réclamaient impérieusement des changements notables aux lois sur les ventes publiques en gros. Ce n'était pas assez, en effet, d'avoir facilité les emprunts sur marchandises ; il fallait encore faire disparaître les obstacles qui s'opposaient à leur prompte réalisation, afin que l'emprunteur pût payer sa dette, en vendant utilement et en temps opportun, et que le prêteur non payé pût faire vendre son gage et rentrer ainsi dans ses avances, promptement et sans trop de frais.

235. Aussi, en même temps que l'on rendit la loi du 28 mai sur les magasins généraux, on fit une loi sur les ventes publiques des marchandises en gros. L'article 8 de cette seconde loi, qui est, en quelque sorte, le corollaire de la première, a fait table rase des anciens actes législatifs que nous venons de voir, à l'exception de la loi du 21 avril 1818 et de l'article 74 de la loi des finances du 15 mai 1818 ; mais ce dernier article a été virtuellement abrogé par l'article 4 de notre loi. Il y a eu toutefois ceci de singulier, c'est qu'en abrogeant ces décrets et ordonnances, la loi de 1858 ne les a pas remplacés ; de sorte que, depuis le 28 mai 1858 jusqu'au

12 mars 1859, date du décret réglementaire, la législation relative aux ventes publiques en gros s'est trouvée incomplète. Cependant, en fait, on a continué d'appliquer, jusqu'à ce nouveau décret, les anciens actes législatifs, dans toutes les dispositions qui n'étaient pas contraires aux principes de la loi de 1858. Au surplus, on verra dans les chapitres suivants que le décret du 12 mars 1859 a conservé un grand nombre des règles anciennes, en ce qui concerne les formes des ventes.

CHAPITRE PREMIER.

VENTES COMPRISES DANS LA LOI DU 28 MAI 1858.

Sommaire.

236. Première condition pour que la vente puisse avoir lieu, conformément à la loi de 1858 : il faut qu'il s'agisse de marchandises *en gros*.

237. Aussi, les lots doivent-ils être d'une valeur d'au moins 500 fr. Ce taux peut être élevé ou abaissé par arrêté du Ministre de l'agriculture, après avis de la Chambre de Commerce ou de la Chambre consultative des Arts et Manufactures.

238. Seconde condition : il faut que la vente soit volontaire. Les anciens décrets et ordonnances restent applicables aux ventes faites par autorité de justice.

239. Exception à la condition précédente pour les ventes faites après que les warrants sont protestés.

240. Troisième condition : les marchandises faisant partie d'un tableau annexé à la loi peuvent seules être vendues aux enchères.

241. La défense de vendre publiquement les marchandises exotiques autres que les denrées alimentaires ou les matières premières nécessaires aux fabriques ne s'applique qu'aux ventes volontaires et non à celles dont il a été question au numéro 239.

242. Le tableau des marchandises peut être modifié par un décret rendu, le Conseil d'État entendu, après avis des Chambres de Commerce.

243. Réflexions sur ces trois conditions.

236. La première condition pour qu'une vente de marchandises neuves puisse avoir lieu publiquement, aux enchères, d'après la loi du 28 mai 1858, est que la vente soit *en gros* (art. 1ᵉʳ). La vente publique au détail n'est pas per-

mise : elle causerait un préjudice aux commerçants de détail sans procurer d'avantage sérieux ni à la nation, ni aux parties contractantes.

237. Pour assurer l'accomplissement de cette condition, l'article 25 du décret réglementaire du 12 mars 1859 a disposé que les lots ne pourraient pas être, d'après l'évaluation approximative et selon le cours moyen des marchandises, au-dessous de 500 francs. Mais, comme ce minimum pourra, dans quelques localités et pour certaines classes de marchandises, se trouver ou trop fort ou trop faible, il pourra, dans ces localités et pour ces sortes de marchandises, être élevé ou abaissé par arrêté du Ministre de l'Agriculture, du Commerce et des Travaux publics. Cet arrêté sera rendu après avis de la Chambre de Commerce ou de la Chambre consultative des Arts et Manufactures.

On se rappelle que, d'après le décret du 17 avril 1812, le minimum était, pour Paris, de 2,000 francs, et pour les départements, de 1,000 francs ; que, de plus, en vertu de l'ordonnance du 9 avril 1819, ce minimum pouvait être élevé ou abaissé *sans limite*, par les Tribunaux de Commerce, dans la proportion qu'ils jugeaient convenable. (V. n°s 231 et 233.) Ce pouvoir arbitraire donné aux tribunaux pouvait faire naître des abus ; les auteurs du projet de la loi du 25 juin 1841 l'avaient senti et avaient proposé d'établir un minimum de 500 francs ; mais cette demande fut rejetée par la Commission chargée d'examiner le projet de loi. Le décret du 12 mars 1859 a donné raison aux auteurs du projet de la loi du 25 juin 1841.

238. La seconde condition imposée par l'article 1er de la loi de 1858 est que la vente soit *volontaire* ; et l'article 8 ajoute que les anciens actes législatifs sont maintenus « en ce « qui touche les ventes publiques de marchandises faites *par*

« *autorité de justice*. » Remarquons que ces mots de l'article 8 n'étaient pas dans le projet; ils ont été ajoutés par le Conseil d'État, sur la demande de la Commission du Corps Législatif.

Pourquoi cette seconde condition? Les ventes judiciaires ne méritent-elles pas, autant que les ventes volontaires, de jouir des bienfaits de la législation nouvelle? N'y a-t-il pas le même intérêt à débarrasser ces ventes de la gêne et des frais auxquels elles étaient soumises? Le rapport fait au Corps Législatif au nom de la Commission nous apprend que MM. les députés Arman, Curé, Javal et Baron Roguet avaient présenté divers amendements tendant à réclamer l'extension de la loi nouvelle aux ventes ordonnées par la justice consulaire. Le législateur a hésité à introduire par une disposition incidente cette modification à la législation actuelle. C'est alors que l'on a rédigé, dans l'article 8, la phrase que nous venons de citer, afin que l'on n'enlevât point, par une abrogation *générale* des anciens décrets, les ventes judiciaires à la compétence des courtiers, dans les cas où l'ancienne législation l'établissait. Nous regrettons que le Conseil d'État n'ait pas cru devoir consacrer immédiatement l'extension raisonnable qui lui était demandée. Mais nous espérons que la promesse d'une loi spéciale rendue à cet effet, promesse qui est contenue dans le rapport fait au nom de la Commission, ne sera pas oubliée, et que l'œuvre commencée par la loi du 28 mai 1858 sera continuée bientôt par le législateur.

239. Cependant, quand nous disons que les ventes *volontaires* sont les seules qui soient régies par la loi du 28 mai, il ne faut pas oublier que, d'après l'article 7 de la loi sur les magasins généraux, la vente des marchandises déposées dans les docks qui a lieu huit jours après le protêt du warrant, est faite publiquement, dans les formes et par les officiers

publics indiqués dans la loi sur les ventes aux enchères de marchandises en gros. (V. ci-dessus, n⁰ˢ 181 et suiv.) C'est là une exception aux principes de cette dernière loi ; car, assurément, la vente dont il s'agit n'est pas volontaire.

240. La troisième condition exigée par la loi du 28 mai 1858 est relative à l'espèce et à la destination des marchandises. L'article 1ᵉʳ dit que les ventes publiques ne peuvent comprendre que les marchandises contenues au tableau annexé à la loi.

Cette condition a été imposée, comme la première, pour protéger le commerce de détail. La loi n'a permis que les ventes publiques des marchandises qui ne porteraient aucune concurrence fâcheuse à ce commerce. D'après le tableau, en effet, trois sortes de marchandises peuvent être ainsi vendues : 1° tout produit exotique quelconque destiné à la réexportation ; 2° parmi les marchandises exotiques destinées soit à la réexportation, soit à la consommation, au choix des acheteurs, les denrées alimentaires et les matières premières nécessaires aux fabriques ; 3° les marchandises indigènes qui suivent : grains, graines et farines ; légumes secs et fruits secs ; cires et miels ; sucres bruts ; laines ; chanvres et lins ; soies ; racines et produits tinctoriaux ; huiles ; vins et esprits ; savons ; produits chimiques ; cuirs et peaux bruts ; poils, crins et soies d'animaux ; graisses, suifs et stéarines ; houilles et cokes ; bois et matériaux de construction ; métaux bruts.

On voit que ce tableau ne comprend pas les objets fabriqués et qu'il ne permet de vendre publiquement, pour les livrer à la consommation, que quelques produits exotiques, dont la vente est même utile au commerce de détail ; les autres objets exotiques ne pourront être vendus qu'à la charge de réexportation. Nous ferons connaître plus loin, en nous occupant des formalités de la vente, les précautions que le décret du 12 mars 1859 a prises, pour empêcher que l'on ne violât cette disposition de la loi.

241. Toutefois, la défense de vendre publiquement les produits exotiques autres que les denrées alimentaires et les matières premières nécessaires aux fabriques, *si ce n'est à charge de réexportation*, n'est pas applicable aux ventes dont nous avons parlé au n° 239, qui ont lieu après le warrant protesté. En effet, d'un côté la loi de 1858 sur les ventes publiques n'a trait qu'aux ventes volontaires. D'un autre côté l'article 7 de la loi sur les magasins généraux dit, *d'une manière générale*, que, lorsque le warrant sera protesté, les marchandises pourront être vendues publiquement. Il faut donc que cette vente se fasse librement et que l'acheteur ne soit pas tenu de réexporter les marchandises. Il paraît cependant que, malgré ces raisons, des doutes s'étaient élevés sur ce point à cause des termes du tableau annexé à la loi sur les ventes publiques des marchandises en gros. Mais ces doutes ont été dissipés par le Ministère de l'Agriculture et du Commerce, ainsi que nous l'apprend la circulaire suivante de M. le Directeur général des douanes, en date du 5 décembre 1859.

« D'après le tableau annexé à la loi du 28 mai 1858 sur les « ventes publiques en gros, les denrées alimentaires et les « matières premières nécessaires aux fabriques sont les seules « marchandises étrangères qui puissent être vendues publi- « quement, soit pour la consommation, soit pour la réexpor- « tation, au choix des parties intéressées. Tout autre produit « exotique quelconque ne peut être mis en adjudication que « sous la condition qu'il sera réexporté, et le service des « douanes est chargé de tenir la main à ce que cette condition « soit exactement observée.

« Des doutes se sont élevés sur le point de savoir si l'o-

« bligation de la réexportation stipulée ainsi, en cas de vente
« publique en gros, à l'égard d'une certaine catégorie de pro-
« duits étrangers, était applicable aussi bien lorsqu'il s'agit
« d'une vente faite sur warrant protesté en exécution de l'arti-
« cle 7 de la loi du 28 mai 1858, relative aux magasins géné-
« raux, que lorsque la vente est volontaire.

« Le Département de l'Agriculture, du Commerce et des
« Travaux publics, à qui appartient plus spécialement l'inter-
« prétation de la nouvelle législation sur les magasins généraux
« et sur les ventes publiques, a résolu cette question dans un
« sens négatif. En conséquence, dans tous les cas où la vente
« aura lieu par suite du protêt du warrant, les marchandises
« étrangères, si elles ne sont pas prohibées d'après le tarif des
« douanes, pourront être vendues publiquement pour la con-
« sommation, sous l'acquittement des droits comme pour la
« réexportation.

« Les directeurs des douanes sont invités à donner des or-
« dres dans le sens de cette disposition et à la porter à la con-
« naissance du commerce. »

242. La Commission du Corps Législatif avait désiré que
le tableau renfermât quelques articles de plus. Un député,
M. de Champagny, avait même proposé d'y ajouter les bestiaux. Mais le tableau fut maintenu tel qu'il était dans le projet,
parce que M. le Directeur général des Douanes insista pour
qu'il n'y fût porté aucun changement. Seulement, aux termes
du paragraphe 2 de l'article 1er de la loi du 28 mai, le tableau peut être modifié, soit d'une manière générale, soit
pour une ou plusieurs villes, par un décret rendu dans la
forme des règlements d'administration publique et après avis
des Chambres de Commerce. Il est donc loisible au Gouvernement d'augmenter le tableau, quand il le jugera convenable. D'ailleurs, la Commission du Corps Législatif, tout en

maintenant le tableau du projet de loi, a manifesté le vœu que plusieurs marchandises soient admises au bénéfice des ventes publiques.

243. Telles sont les trois conditions exigées par la loi de 1858, pour que les ventes publiques soient faites d'après sa règle. On voit qu'à l'exception de la seconde, qui est destinée à disparaître dans un temps plus ou moins éloigné, les deux autres ont été admises parce que le législateur les a crues nécessaires, du moins quant à présent, pour empêcher des crises qui pourraient causer un grave préjudice aux détaillants. Ces commerçants ne peuvent donc pas se plaindre d'avoir été sacrifiés ; ce seraient, au contraire, les commerçants et les industriels en gros qui pourraient soutenir qu'on a restreint, en faveur des détaillants, la liberté naturelle des transactions.

Toutefois, c'est à tort que l'on croirait que la loi de 1858 a été inspirée par les mêmes craintes que les anciens décrets. Les chapitres suivants montreront qu'après avoir pris des précautions dans l'intérêt des petits négociants, la loi nouvelle a su affranchir les ventes publiques de grandes difficultés qui leur étaient imposées auparavant.

CHAPITRE II.

DE LA COMPÉTENCE DES COURTIERS.

244. Le commerce a toujours été favorable à la compétence des courtiers en matière de ventes publiques. Cette faveur est due à deux motifs. D'abord, les courtiers connaissent les marchandises commerciales mieux que les autres officiers publics et se trouvent en rapport avec un plus grand nombre d'acheteurs. Ensuite, les droits du courtier sont de 1 pour 100, tandis que ceux des commissaires-priseurs sont de 6 pour 100. Il est donc naturel que les négociants préfèrent les courtiers aux commissaires-priseurs. Cependant la compétence des

courtiers, en matière de ventes publiques de marchandises neuves, s'est établie peu à peu. Elle a été niée par les tribunaux dans plusieurs circonstances; et la loi du 28 mai 1858 a seule levé les doutes que l'ancienne législation offrait sur cette matière si importante.

245. L'article 492 de l'ancien Code de commerce avait donné aux courtiers le droit de faire les ventes publiques de marchandises neuves, dans le cas de faillite. Leur compétence fut augmentée par l'article 1er du décret du 22 novembre 1811, qui s'est exprimé ainsi : « Les ventes publiques de « marchandises, à la bourse et aux enchères, que l'article 492 « du Code de commerce autorise les courtiers de commerce « à faire en cas de faillite, *pourront être faites par eux dans* « *tous les cas*, même à Paris, avec l'autorisation du tribunal « de commerce donnée sur requête. » Le décret du 17 avril 1812 disposa que les courtiers pourraient vendre, à Paris, les marchandises désignées au tableau annexé au décret, et, dans les départements, celles qui seraient comprises dans les états dressés conformément à ce décret. Ces règles furent maintenues par l'ordonnance du 9 avril 1819.

246. Telles étaient les dispositions législatives sur les attributions des courtiers en matière de ventes publiques de marchandises en gros. Comment étaient-elles appliquées par les tribunaux ?

Les courtiers étaient reconnus être seuls compétents, à l'exclusion des commissaires-priseurs et de tous autres officiers publics, pour vendre les marchandises désignées au tableau et dans les états dont il était question dans le décret du 17 avril 1812. Cela a été jugé ainsi notamment par un arrêt de Paris, du 6 juillet 1838 (Frappa et Celle C. Lavalard); par un arrêt de Rejet de la Cour de Cassation, en date du 10 juin 1823 (Commissaires-priseurs du Havre C. Lepic-

QUIER); par un arrêt de la Chambre des Requêtes de la même Cour, rendu le 24 août 1836 (Lévy C. Négociants de Bayonne); et par un arrêt de Cassation, du 13 février 1838 (de Marconnay C. Bonnard). Pour faire connaître les motifs qui ont fait accorder aux courtiers cette attribution exclusive, nous allons reproduire l'arrêt de Cassation du 13 février 1838, qui a posé les vrais principes d'une manière claire et complète.

« La Cour :

« Vu la loi du 5 ventôse an IX, les décrets des 22 novem« bre 1811 et 17 avril 1812, et l'ordonnance royale du 9 avril « 1819;

« Attendu que, sous l'empire de l'ancienne législation, la « vente aux enchères de marchandises neuves ne pouvait avoir « lieu que sous les conditions et avec l'observation des forma« lités prescrites par des règlements qui garantissaient le « public et le commerce des abus qui auraient pu naître de « ces sortes de ventes;

« Attendu que la loi du 17 mars 1791, en proclamant la « liberté du commerce, a subordonné l'exercice de cette li« berté à l'exécution des règlements que pourraient nécessiter « l'ordre public et l'intérêt du commerce;

« Attendu que la loi du 22 pluviôse an VII n'a eu pour « objet que de remédier aux abus des ventes aux enchères, qui « se faisaient alors sans l'assistance d'aucun officier public, et « que cette loi ne peut être d'aucune influence sur l'interpré« tation des lois et règlements qui sont intervenus depuis sur « la matière;

« Attendu que *la loi du 27 ventôse an IX, portant insti*« *tution des commissaires-priseurs, les autorise uniquement* « *à vendre les meubles et les effets mobiliers* et ne s'applique « pas à la vente volontairement faite à l'encan et en détail

« des marchandises appartenant à un marchand et faisant
« actuellement l'objet de son commerce ;

« Que la vente aux enchères de ces marchandises a été
« l'objet de règlements postérieurs contenus dans les décrets
« des 22 novembre 1811 et 17 avril 1812, et l'ordonnance
« du 9 avril 1819 ;

« *Qu'il résulte de ces décrets et ordonnances : 1° que les*
« *marchandises que les marchands peuvent faire vendre à*
« *l'encan ne sont pas indistinctement toutes celles qui se trou-*
« *vent actuellement dans leurs magasins ; mais seulement, à*
« *Paris, celles comprises dans le tableau annexé au décret de*
« *1812, et dans les autres villes du royaume, celles com-*
« *prises dans un état dressé par le Tribunal de commerce ;*
« 2° que chacune des ventes doit être autorisée par une or-
« donnance spéciale du Tribunal de commerce ; 3° que la de-
« mande d'autorisation doit être accompagnée d'un certificat
« constatant que le marchand est propriétaire légitime des
« marchandises ; *4° que ces ventes doivent être faites, non*
« *par pièces, mais en lots assez forts pour qu'ils ne puissent*
« *pas être à la portée immédiate des particuliers ;*

« *Attendu que c'est méconnaître le véritable sens, l'objet*
« *et la portée de ces décrets et ordonnance, de n'y voir que*
« *des dispositions restrictives, ayant uniquement pour objet*
« *de circonscrire les attributions des courtiers de commerce,*
« et de n'imposer qu'à eux seuls l'obligation de remplir les
« formalités qu'ils prescrivent ;

« Que, soit qu'on considère chacune des dispositions qu'ils
« renferment, soit qu'on se pénètre de l'ensemble de ces dis-
« positions, on est forcé de reconnaître qu'elles ont évidem-
« ment pour objet de prévenir les abus sans nombre auxquels
« pourrait donner lieu la vente aux enchères des marchan-
« dises, qui, étant faite sans précautions et sans surveillance

« spéciale, pourrait avoir pour résultat de tromper le public,
« de favoriser l'écoulement des marchandises dont le vendeur
« pourrait n'être pas le légitime propriétaire, et de nuire es-
« sentiellement au commerce sédentaire et local ;

« Que c'est pour assurer la stricte exécution de ces mesures
« d'ordre et d'intérêt public que *les décrets de 1811 et 1812*
« *ont préposé, pour faire ces ventes dans les villes où il*
« *existe des Bourses de commerce, des officiers qui, par la*
« *nature de leurs fonctions, sont chargés de constater jour-*
« *nellement les ventes et achats des marchandises de*
« *commerce et qui sont placés sous la surveillance des Tri-*
« *bunaux de commerce ;*

« *Qu'il faut donc tenir pour constant :* 1° *que dans les*
« *villes où il existe des Bourses de commerce, il ne peut être*
« *procédé à la vente aux enchères des marchandises de com-*
« *merce, que par le ministère des courtiers de commerce ;*
« 2° *que ces ventes ne peuvent comprendre que les marchan-*
« *dises indiquées dans l'état dressé par le Tribunal de com-*
« *merce ;* 3° qu'il ne peut y être procédé qu'avec l'observation
« de toutes les formalités prescrites par les décrets de 1811
« et 1812 et l'ordonnance royale de 1819 ;

« Attendu que, dans l'espèce, il s'agissait d'une opposition
« formée par de Marconnay, courtier de commerce à Poi-
« tiers, à une vente aux enchères de marchandises neuves, à
« laquelle il était procédé par Bonnard, commissaire-priseur
« de la même ville ;

« Attendu que l'arrêt attaqué a rejeté l'opposition de de
« Marconnay, sur le motif que les ventes de cette nature en-
« traient dans les attributions des commissaires-priseurs, et
« que les décrets de 1811 et 1812 ne donnaient aux courtiers
« de commerce qu'un droit de concurrence qu'ils ne pou-
« vaient exercer que sous les conditions et avec l'observa-

« tion des formalités qui leur étaient imposées par ces dé-
« crets ;

  « Qu'en jugeant ainsi, la Cour Royale de Poitiers a fait une
« fausse application de la loi du 27 ventôse an IX et a formel-
« lement violé les décrets des 22 novembre 1811 et 17 avril
« 1812 et l'ordonnance royale du 9 avril 1819 ; »

  « Casse l'arrêt de la cour de Poitiers, du 13 mars 1835. »

  Par conséquent, suivant cette jurisprudence, les courtiers
de commerce avaient le droit de former opposition aux ventes
publiques de marchandises de commerce en gros que se seraient proposé de faire les commissaires-priseurs.

  247. Mais les tribunaux n'admettaient la compétence des
courtiers que dans la circonscription de la ville où était située
la Bourse à laquelle ils appartenaient. Cette règle était appliquée d'une manière très-sévère, puisqu'on n'admettait même
pas ces officiers publics à opérer, dans la banlieue de la ville,
les ventes en gros dont nous nous occupons. Cela a été décidé
ainsi par un arrêt de Rouen, du 4 mai 1839, et un arrêt de la
Chambre des Requêtes, du 10 mars 1840 (Laurent C. Bourey) ;
un arrêt de Paris, du 27 novembre 1844 (Courtiers de Paris,
C. Herpin) ; un arrêt de la Chambre criminelle de la Cour de
Cassation, du 24 juillet 1852 (Rivière), etc.

  Les courtiers de commerce disaient, cependant, en faveur de
leur compétence, qu'autrefois la circonscription des agents de
change, de banque et de marchandises (aujourd'hui remplacés par les courtiers) s'étendait à la banlieue ; que cela
résultait d'une ordonnance de juillet 1705, enregistrée au
Parlement, le 31 juillet, et portant création de deux offices
d'agents de change, de banque et de *marchandises* « pour la
ville, faubourgs et *banlieue* de Paris. » Qu'ils étaient officiers
des Tribunaux de commerce, puisque c'étaient ces Tribunaux
qui leur donnaient l'investiture ; c'était devant eux qu'ils prê-

taient serment ; c'était d'eux qu'ils recevaient la fixation du tarif des droits qu'ils percevaient ; c'était d'eux enfin qu'ils dépendaient ; que dès lors ils ne pouvaient avoir d'autre limite que celles de ces tribunaux. Que, sans doute, ce principe avait été modifié pour les courtiers des départements, qui, ayant été placés sous la surveillance des maires par l'article 14 de l'arrêté du 28 germinal an IX, ne devaient plus exercer leurs fonctions au delà du territoire de la commune pour laquelle ils étaient créés ; mais qu'à Paris, il n'en saurait être ainsi, puisque les courtiers de la capitale étaient placés sous la surveillance du Préfet de police, dont l'autorité s'étendait sur tout le département de la Seine.

On répondait à ces raisons par les motifs suivants, tirés du dernier arrêt de la Cour de Cassation que nous venons de citer :

« Attendu qu'il résulte de l'article 6 de la loi du 28 ven-
« tôse an IX, de l'article 3 de l'arrêté du 29 germinal suivant
« et de l'article 75 du Code de commerce, que les courtiers
« sont établis dans la ville où il y a une Bourse ;

« Attendu que leur privilége ne saurait s'étendre à la ban-
« lieue de ces villes, sans tomber dans un arbitraire d'appré-
« ciation de limites qui ne saurait devenir la base de l'appli-
« cation de la loi pénale ;

« Attendu, en ce qui touche spécialement les courtiers
« établis près la Bourse de la place de Paris, qu'on ne saurait
« argumenter d'un édit de juillet 1705 qui, créant deux nou-
« velles charges de courtiers, déclare qu'ils exerceront leurs
« fonctions « dans notre bonne ville, faubourgs et banlieue de
« Paris », puisque si, à cette époque, les expressions de l'édit
« n'avaient pas l'importance que leur portée leur donnerait
« sous l'empire de la législation actuelle, aujourd'hui elles
« auraient pour effet de comprendre, dans le privilége des
« courtiers de Paris, des communes et des villes même au-

« tres que celle où est située la Bourse à laquelle ils sont
« attachés ;

« Attendu que, dès lors, l'exécution de cet édit serait incon-
« ciliable avec les dispositions des lois qui ont institué les cour-
« tiers actuels ;

« Attendu qu'on ne saurait davantage argumenter de ce que
« les courtiers de commerce sont des agents ou officiers pu-
« blics relevant des Tribunaux de commerce, devant lesquels
« ils prêtent serment, puisque la loi de leur institution a dé-
« terminé les limites de leur privilége et les a circonscrits aux
« villes dans lesquelles ils sont établis ;

« Attendu qu'on ne peut également se prévaloir de ce que
« la police des courtiers de commerce appartiendrait, à Paris,
« au Préfet de police, dont les pouvoirs s'étendent au delà de
« cette ville, parce que c'est là une mesure d'administration
« publique qui tient à ce que ce haut fonctionnaire a la police
« de tous les lieux de réunion publique situés dans son res-
« sort, ainsi que cela résulte des textes mêmes qu'on invoque.
« Il suffit, en effet, de rapprocher les articles 14 et 17 de l'ar-
« rêté du 29 germinal an IX, pour se convaincre que le pou-
« voir disciplinaire n'est accordé au Préfet de police sur les
« officiers et agents de la Bourse que parce que la police même
« de la Bourse et l'observation des règlements qui la concer-
« nent se trouvent dans ses attributions : c'est par la même
« raison que cet arrêté confiait des pouvoirs semblables aux
« commissaires généraux de police dans les villes de Lyon,
« Marseille et Bordeaux. »

248. On niait encore la compétence des courtiers à vendre
publiquement et en gros, sur échantillons, dans la commune
où se trouve la Bourse auprès de laquelle ils sont institués, des
marchandises situées soit dans la banlieue de cette commune,
soit dans d'autres communes. C'est dans ce sens qu'a jugé

la Cour de Paris, dans un arrêt du 26 avril 1856 (Ricois).

Voici comment on motivait cette rigueur. Il n'y a point de vente, disait-on, si l'acheteur n'est pas mis en possession de la chose vendue. Or, le courtier ne peut mettre l'acquéreur en possession qu'en se transportant dans les magasins où les marchandises sont gardées. Mais, comme elles sont situées dans une commune autre que celle pour laquelle il est institué, il ne peut pas s'y rendre pour consommer la vente.

C'était là une erreur de droit très-grave. La Cour de Cassation l'a repoussée en ces termes, dans un arrêt du 29 mars 1858, qui a cassé l'arrêt de Paris (1) :

« La Cour,

« Vu les articles 6 de la loi du 28 ventôse an IX et 486 du « Code de commerce ;

« Attendu que, si les courtiers de commerce, n'étant insti- « tués, d'après la première de ces dispositions, qu'auprès des « Bourses de commerce, ne peuvent exercer leur office, en « dehors de la commune où existent ces établissements, ils ont « le droit d'en remplir les fonctions dans toute l'étendue de « cette commune ;

« Attendu que, suivant la seconde disposition, confirmée en « ce point par l'article 4 de la loi du 25 juin 1841, lorsqu'il « s'agit de procéder à la vente des marchandises d'un failli, le « juge commissaire décide si la vente se fera à l'amiable ou « aux enchères publiques, par l'entremise de courtiers ou au-

---

(1) Cet arrêt de la Cour de Cassation est *postérieur* de deux jours à l'envoi au Corps Législatif de l'exposé des motifs de la loi du 28 mai 1858. Voilà sans doute pourquoi les auteurs de cet exposé ont affirmé, sous l'article 2, que la législation sur les courtiers, *telle qu'elle était interprétée par la Cour de Cassation,* ne leur permettait pas de procéder à ces ventes à la Bourse, sur échantillons, lorsque les marchandises sont déposées dans des magasins situés hors des murs d'enceinte. Les auteurs de l'exposé ne pouvaient pas encore connaître la jurisprudence de la Cour de Cassation.

« tres officiers publics, préposés à cet effet, et il appartient
« aux syndics de choisir, dans la classe d'officiers publics dé-
« terminée par le juge commissaire, celui dont ils voudront
« employer le ministère ;

« Attendu, en fait, que Ricois, courtier de marchandises
« auprès de la Bourse de Paris, a procédé, à la halle aux vins,
« dans cette ville, les 20 mars et 20 avril 1855, à la vente aux
« enchères publiques de vins et liqueurs faisant partie de l'actif
« d'une faillite ouverte à Paris ; qu'il avait été choisi par le
« syndic de la faillite, en conséquence de la décision du juge
« commissaire portant que la vente aurait lieu aux enchères
« publiques et que l'officier public qui devait être employé
« serait pris dans la classe des courtiers ;

« Attendu qu'en cet état l'arrêt de la Cour impériale a con-
« damné à tort le courtier Ricois, en vertu des articles 1382
« et 1383 du Code Napoléon, à des dommages et intérêts en-
« vers la Compagnie des commissaires-priseurs, alors qu'il
« avait seulement usé de son droit et rempli son devoir en
« s'acquittant d'une mission procédant de la justice, qui lui
« avait été légalement conférée ;

« Attendu que le même arrêt a vainement fondé sa décision
« sur cette circonstance que les ventes dont il s'agit ont été
« faites sur échantillons, les marchandises ainsi représentées
« se trouvant dans des magasins d'entrepôt situés en des com-
« munes de la banlieue où il n'existe pas de Bourse de com-
« merce ; qu'en conséquence Ricois n'aurait pas eu qualité
« pour se transporter dans ces communes et y continuer son
« ministère en opérant livraison des objets mis en vente après
« leur adjudication ;

« Attendu qu'*en règle générale et selon le droit commun,*
« *la vente est parfaite par le seul consentement, lorsque les*
« *contractants sont d'accord sur la chose et sur le prix ;*

« Que, relativement aux ventes de marchandises, après
« faillite, non-seulement aucune loi ne défend d'y procéder
« sur échantillons, mais que l'emploi de ce mode est impli-
« citement autorisé, lorsqu'il est trouvé conforme aux néces-
« sités du commerce, lors même qu'il est ouvert des en-
« chères publiques, puisque, sous la surveillance du juge-
« commissaire, le pouvoir des syndics pourrait s'étendre jus-
« qu'à s'affranchir de toute enchère au moyen de ventes
« amiables, dispensées de toutes formalités de justice ;

« Attendu qu'il est entré dans la faculté des enchérisseurs
« de vérifier, sur les lieux, les marchandises dont la vente leur
« était annoncée par avance, conformément au décret du
17 avril 1812 ; *que l'arrêt aurait donc fait dépendre arbi-*
« *trairement la validité des enchères et l'exercice régulier*
« *des fonctions de l'officier public, de son assistance à des*
« *inspections préalables, laissées à la libre volonté des par-*
« *ties intéressées ;*

« Attendu que *la validité des enchères n'a pas davantage*
« *été subordonnée, après l'adjudication, à des conditions de*
« *même nature ; que les ventes étant légalement opérées sur*
« *la vue des échantillons, l'adjudicataire a, dès ce moment,*
« *eu le droit d'obtenir livraison de la part des syndics de la*
« *faillite ;* que le procès-verbal de l'officier public, dressé en
« exécution du même décret, dont il a pu prendre extrait ou
« expédition, en ce qui le concernait, lui a donné le moyen
« légal de se mettre en possession, en tous lieux, sans l'assis-
« tance de l'officier public, des objets devenus sa propriété
« par le résultat de l'enchère ;

« Attendu qu'il n'est nullement établi dans l'espèce que
« les ventes qui ont eu lieu à Paris de marchandises déposées
« en des magasins d'entrepôt, dans les communes voisines de
« Bercy et La Villette, aient été faites sur échantillons, dans

« d'autres intentions que celles d'éviter des frais de transport,
« d'employer le procédé le meilleur, de choisir le lieu le plus
« opportun pour appeler la concurrence, et de recourir à la
« classe d'officiers ministériels dont l'entremise devait être
« rétribuée par les taxations les moins élevées ;

« Attendu qu'il suit de ce qui précède que l'arrêt dénoncé,
« en statuant, ainsi qu'il l'a fait, a méconnu, au préjudice du
« demandeur, un mandat qui lui avait été légalement conféré,
« et qu'il a violé les dispositions de la loi invoquées à l'appui
« du pourvoi ;

« Par ces motifs, Casse, etc. »

249. La loi du 28 mai 1858 s'est occupée des attributions
des courtiers dans les articles 1 et 2. L'article 1er établit le
principe de la compétence des courtiers à procéder aux ventes
qui font l'objet de la loi. L'article 2 ajoute que les courtiers
établis dans une ville où siége un Tribunal de commerce ont
qualité pour procéder à ces ventes *dans toute localité dépendant du ressort de ce tribunal où il n'existe pas de courtiers.*
La loi nouvelle a été favorable aux courtiers, parce que l'intérêt du commerce l'exigeait. Par conséquent, quelle que fût
l'opinion des Tribunaux sous l'ancienne législation, ils doivent
aujourd'hui prononcer la compétence des courtiers dans tous
les cas que nous venons d'exposer.

250. Mais les courtiers ne peuvent toujours pas franchir les
limites du Tribunal de commerce auprès duquel ils sont institués. S'il n'y avait point de courtiers établis auprès d'un Tribunal de commerce, il faudrait, conformément à l'ancienne
jurisprudence et en vertu de l'article 10 de la loi du 25 juin
1841, décider que les ventes seraient faites par les commissaires-priseurs, les notaires, les huissiers ou les greffiers de
justice de paix, selon les droits qui leur sont respectivement

attribués par les lois et règlements. De plus, comme dans ces ventes ces officiers publics remplacent les courtiers, ils seraient soumis aux formes, conditions et tarifs imposés aux courtiers. Cette dernière règle était très-controversée avant la loi du 25 juin 1841.

251. D'après l'article 11 du décret du 17 avril 1812, le droit de courtage devait être fixé par les Tribunaux de commerce. Les auteurs de la loi du 28 mai 1858, ayant pensé que c'était là plutôt une attribution gouvernementale, ont déclaré dans l'article 3, que ce droit serait déterminé, pour chaque localité, par le Ministre de l'agriculture, du commerce et des travaux publics, après avis de la Chambre et du Tribunal de commerce. Mais ils ont maintenu une autre règle de l'article 11 du décret de 1812, d'après laquelle le droit de courtage ne peut, dans aucun cas, excéder celui qui est établi dans les ventes de gré à gré pour les mêmes sortes de marchandises.

En conséquence des attributions conférées par l'article 3 de la loi de 1858 au Ministre de l'agriculture, du commerce et des travaux publics, ce ministre a déjà fixé à 1/2 p. 100 le droit de courtage en question dans les villes de Marseille, du Havre, de Rouen, de Nantes et de Caen.

CHAPITRE III.

DE LA VENTE ET DE SES FORMALITÉS.

SECTION II. — De la vente et des formalités qui l'accompagnent.

266. La vente est faite par les courtiers publiquement, aux enchères.

267. L'adjudication est faite au plus offrant et dernier enchérisseur. — Comment le prix doit-il être payé? — Responsabilité des courtiers.

268. L'officier public doit dresser procès-verbal de chaque séance. — Que doit contenir le procès-verbal?

269. Chaque séance est close et signée par l'officier public et par deux témoins domiciliés.

270. Le courtier doit inscrire les nom et domicile de l'acheteur et le prix d'adjudication, sur le catalogue, en regard de chaque lot.

271. A quel bureau le procès-verbal doit-il être enregistré?

272. Du droit d'enregistrement.

273. Quotité de ce droit.

274. Sanctions des formalités qui précèdent.

275. Les contraventions doivent être prouvées par des procès-verbaux réguliers ou par enquête.

276. De la prescription des amendes.

277. Les Tribunaux de commerce sont compétents pour juger des contestations soulevées par les ventes dont nous nous occupons.

SECTION Ire. — DES FORMALITÉS QUI DOIVENT PRÉCÉDER LA VENTE.

252. D'après l'article 1er du décret du 22 novembre 1811 et l'article 1er du décret du 17 août 1812, les ventes publiques en gros de marchandises neuves ne pouvaient être faites qu'avec l'autorisation du Tribunal de commerce, donnée sur requête. A cet effet, les courtiers devaient, sauf dans le cas de faillite, déposer préalablement au greffe de ce Tribunal une déclaration sur papier timbré du négociant, fabricant ou commissionnaire qui avait demandé la faculté de vendre aux enchères, portant que les marchandises à vendre étaient sa propriété, ou bien qu'elles lui avaient été adressées du dehors par des marchands ou négociants qui l'avaient autorisé à les vendre et à les réali-

ser par la voie de la vente publique et à la Bourse, ou bien encore, que le produit de la vente devait servir à rembourser des avances faites ou à payer des acceptations accordées par suite de l'envoi de ces marchandises. De plus, malgré ces circonstances, les Tribunaux de commerce étaient toujours juges de la validité des motifs. (Art. 3 du décret du 17 avril 1812.)

On a vu, dans le chapitre préliminaire de ce livre, que l'autorisation du Tribunal de commerce avait été imposée pour contenter les détaillants. On espérait, par cette mesure, protéger le commerce de détail, prévenir les fraudes des négociants de mauvaise foi qui voudraient soustraire leur actif à leurs créanciers, empêcher les crises qui pourraient naître d'une trop grande réalisation de marchandises. Mais l'expérience a démontré l'inutilité du moyen employé par les décrets du premier empire pour arriver à ce résultat : les Chambres de commerce ont déclaré qu'il était sans exemple qu'un Tribunal de commerce refusât l'autorisation demandée. Les Tribunaux se préoccupent trop des intérêts privés pour considérer les choses d'intérêt général. Il ne faut pas leur en vouloir : cela est naturel et conforme au but de leur institution.

253. L'article 1er de la loi du 28 mai 1858 a supprimé l'autorisation du Tribunal de commerce et abrogé par là les dispositions des décrets de 1811 et 1812 que nous venons de rappeler. Cependant, le législateur n'a pas perdu de vue les dangers qui lui étaient signalés par les détaillants. Il a protégé leur commerce en établissant, dans l'article 25 du décret du 12 mars 1859, un minimum de 500 francs pour la fixation des lots ; ainsi les ventes publiques ne peuvent préjudicier, tout au plus, qu'aux marchands de gros et de demi-gros qui auront peut-être à transformer leurs opérations. Le législateur a prévenu les fraudes des débitants de mauvaise foi, en imposant

à ceux qui se proposent de faire des ventes publiques des mesures de publicité qui tendent à avertir leurs créanciers et que nous exposerons plus loin. Quant à la crainte des crises que pourraient produire des réalisations imprudentes de marchandises, elle a été restreinte, par le tableau annexé à la loi du 28 mai, aux marchandises exotiques destinées à la réexportation, aux denrées alimentaires et aux matières premières nécessaires aux fabriques. Dans ces limites, les ventes publiques sont fort peu dangereuses ; en revanche, elles offrent un grand avantage, celui de permettre au commerce de se liquider ; et la liquidation, nous l'avons déjà dit, est regardée, avec raison, par tous les hommes sensés comme un remède apporté aux maux qui sont produits par les crises commerciales.

254. Aux termes de l'article 6 de la loi du 28 mai 1858, il est procédé aux ventes dans des locaux spécialement autorisés à cet effet, après avis de la Chambre et du Tribunal de commerce. L'article 7 ajoute qu'un règlement d'administration publique déterminera les formes et conditions de ces autorisations. Le décret du 12 mars 1859 a réalisé cette promesse de la loi ; le titre Ier de ce décret s'est occupé de l'établissement des salles de vente et des droits et obligations de ceux qui les exploitent. Les dispositions de ce titre, qui sont communes aux magasins généraux et aux salles de ventes, ont été expliquées par nous au chapitre Ier de notre livre II (n°s 77 et suiv.) ; nous nous bornerons donc ici à renvoyer à ce chapitre, qui est applicable à notre matière.

255. Les salles de ventes dont il s'agit ne sont pas les seuls lieux dans lesquels les ventes aux enchères en gros puissent être faites. Ces ventes peuvent aussi être opérées dans les Bourses. De plus, si les marchandises ne peuvent pas être

déplacées sans inconvénient et si on ne peut pas les vendre sur échantillons, parce qu'il est nécessaire que les acheteurs aient les objets sous les yeux, les courtiers sont autorisés, par l'article 20 du décret du 12 mars 1859, à procéder à la vente sur place. Cet article a dérogé à l'ordonnance du 9 avril 1819, qui exigeait, pour que le courtier usât de cette dernière faculté, l'autorisation du Tribunal de commerce. (Voir plus haut, n° 233.) Ici encore, l'autorisation a été supprimée, parce que, n'étant jamais refusée, elle entraînait des frais complétement inutiles.

256. Remarquons encore, relativement aux lieux dans lesquels les ventes doivent avoir lieu, que, pour les marchandises d'entrepôt réel, la vente *doit* avoir lieu sans déplacement et dans les locaux mêmes de l'entrepôt, où ces objets restent sous la main de la douane jusqu'à la réexportation ou l'acquittement des droits. Si cependant la vente pouvait être faite sur échantillons, il serait loisible de la faire ailleurs, pourvu que les marchandises restassent à l'entrepôt, où le public aurait la faculté de les visiter, pendant les heures légales d'ouverture des bureaux et sous la surveillance de la douane. (V. Circulaire de M. le directeur général des douanes, en date du 31 mars 1859.)

Quant aux marchandises d'entrepôt fictif, elles ne peuvent être déplacées pour la vente, sans une déclaration préalable de changement de magasin faite à la douane. (Même circ.)

Enfin, s'il s'agit de marchandises étrangères devant être vendues aussitôt après leur importation, sans être conduites en entrepôt, leur vente doit également avoir lieu sous la surveillance de la douane, dans des locaux affectés à son service ou gardés par elle habituellement. (Même circ.)

Toutes ces règles ne sont que les conséquences des principes exposés par nous dans notre livre 1ᵉʳ.

257. Passons aux mesures de publicité que nous avons annoncées au n° 253.

Ces mesures ont été prescrites : 1° pour empêcher les débiteurs de mauvaise foi de frauder leurs créanciers par la prompte réalisation de leur actif; 2° pour faire connaître les ventes et appeler les acquéreurs ; 3° dans l'intérêt de la douane. Elles consistent dans des annonces et affiches et dans un catalogue. Les articles 21 à 23 du décret du 12 mars 1859, qui les ont exigées, n'ont guère fait que reproduire l'article 4 du décret du 17 avril 1812.

258. Trois jours au moins avant la vente, le courtier doit publier les lieux, les jours, les heures et conditions de la vente, la nature et la quantité des marchandises, au moyen d'une annonce insérée dans l'un des journaux désignés pour les annonces judiciaires de la localité, et, en outre, au moyen d'affiches apposées à la Bourse, ainsi qu'à la porte du local où il doit être procédé à la vente et des magasins où les marchandises sont déposées.

Lepublic doit être admis à examiner et à vérifier les marchandises, deux jours, au moins, avant la vente ; toutes facilités doivent lui être données à cet égard. (Art. 21 du décret du 12 mars 1859.)

259. De plus, avant la vente, il doit être dressé et imprimé un catalogue des denrées et marchandises à vendre. Ce catalogue, signé du courtier chargé de l'opération, doit énoncer les marques, numéros, nature et quantité de chaque lot de marchandises, les magasins où elles sont déposées, les jours et les heures où elles pourront être examinées et les lieux, les jours et les heures où elles seront vendues. Le catalogue doit aussi mentionner les époques de livraison, les conditions de paiement, les tares, les avaries, et toutes les autres indications et conditions qui seront la base et la règle du

contrat entre les vendeurs et les acheteurs. (Art. 22 et 23 du décret du 12 mars 1859.) La circulaire de M. le Ministre de l'agriculture, du commerce et des travaux publics, en date du 12 avril 1859, ajoute que, parmi ces conditions, peut se trouver celle de l'adjudication *même sur une seule enchère;* mais, si le catalogue ne s'explique pas là-dessus, le vendeur conserve le droit de retirer sa marchandise, tant qu'elle n'aura pas été adjugée.

260. Ce catalogue doit être délivré à tout requérant. (Art 22 du décret du 12 mars.)

La douane doit également recevoir un exemplaire du catalogue. Ses préposés annotent alors sur les registres ceux des produits non prohibés à l'entrée par le tarif, qui, par application des conditions de la vente publique, ne doivent être vendus que sous réserve de réexportation. Le courtier qui rédigera le catalogue, devra faire une sérieuse attention, quand il inscrira cette condition de réexportation; car, la douane considère que, par le fait de la *mise en vente sous cette condition*, les propriétaires de la marchandise renoncent à la faculté d'acquitter les droits pour la consommation; elle refuse donc toute déclaration ultérieure pour cette destination. (Circulaire de M. le directeur des douanes, du 31 mars 1859.)

Cependant, les acheteurs peuvent demander à expédier sur un autre entrepôt les produits achetés sous cette réserve, ou à les réexporter par la voie du transit. La douane leur délivrera des acquits à caution; mais ces acquits mentionneront que ces produits ne peuvent être acquittés et porteront ces mots écrits en grosses lettres : *Prohibé à la consommation, Loi du* 28 *mai* 1858. De cette manière, l'obligation de réexporter ne peut être éludée nulle part. (Même circulaire.)

261. Ces formalités ne sont pas les seules que les cour-

tiers doivent remplir avant de procéder aux ventes. L'article 2 de la loi du 28 mai 1858 dit, en effet, qu'ils doivent se conformer aux dispositions prescrites par loi du 22 pluviôse an VII, concernant les ventes publiques de meubles. Il faut donc voir comment cette loi sera appliquée aux ventes dont nous nous occupons.

262. Le but de la loi du 22 pluviôse an VII a été d'assurer la surveillance de la régie de l'enregistrement pour les droits qui lui sont dus sur les ventes. La loi a voulu que cette administration fût avertie, par une déclaration préalable faite par le courtier *au bureau de l'enregistrement dans l'arrondissement duquel la vente a lieu.* (Art. 2.) Cette déclaration devra *toujours* être faite pour les ventes aux enchères ; les exceptions posées à la règle ne trouvent pas d'application dans notre matière.

Il résulte des termes de l'article 2 que la déclaration doit être faite dans *tous* les bureaux où la vente aura lieu. (Instruction générale du 8 septembre 1824.)

263. La forme de la déclaration est réglée par l'article 3 de la loi du 22 pluviôse, dans les termes suivants : « La déclaration sera inscrite sur un registre, qui sera tenu à cet effet, et « elle sera datée. Elle contiendra les noms, qualité et domicile « de l'officier, ceux du requérant, ceux de la personne dont le « mobilier (dans notre matière, lisez *la marchandise*) sera « mis en vente, et l'indication de l'endroit où se fera la vente, « et du jour de son ouverture. Elle sera signée par l'officier « public, et il lui en sera fourni une copie, sans autres frais « que le prix du papier timbré sur lequel cette copie sera dé- « livrée. Elle ne pourra servir que pour le mobilier de celui « qui y sera déterminé. »

L'article 4 ajoute que le registre doit être en papier non timbré, coté et paraphé, sans frais, par le juge de paix dans l'arrondissement duquel est situé le bureau de l'enregistrement.

Cette forme de la déclaration est absolument indispensable ; rien ne saurait y suppléer. La Cour de Cassation a cassé une décision qui avait jugé que l'enregistrement se trouvait suffisamment averti par une lettre missive. (Arrêt du 24 novembre 1806, ENREGISTREMENT C. PUGEAU.) Mais la déclaration ne doit pas nécessairement être faite par l'officier public en personne ; elle est valablement faite par un fondé de pouvoirs muni d'un mandat spécial, exprimant que l'officier public ne peut la faire lui-même, pourvu que cette procuration soit annexée à la déclaration. (Instruction générale du 31 août 1808, combinée avec l'instruction du 27 septembre 1830.) De plus, l'officier public n'est pas obligé de signer immédiatement le registre : il suffit qu'il s'engage, par lettre, à signer plus tard. (Instruction du 31 août 1808.)

264. Il est essentiel que la régie connaisse bien précisément les jours et heures de la vente. Si le jour fixé primitivement est changé, il faut une nouvelle déclaration. Quand la vente doit durer plusieurs jours, si le procès-verbal de chaque séance ne contient pas l'indication d'*un jour déterminé* pour la continuation de la vente, l'officier public doit également renouveler sa déclaration. Cela a été jugé ainsi par une décision ministérielle des finances, en date du 24 mars 1820, et par un arrêt de la Chambre des Requêtes de la Cour de Cassation, du 23 juillet 1828. (DAUFRESNE C. ENREGISTREMENT.)

265. L'officier public qui procède à une vente sans en avoir fait la déclaration, est puni d'une amende que la loi du 22 pluviôse an VII, article 7, fixait à 100 francs, et qui a été réduite à 20 francs par l'article 10 de la loi du 16 juin 1824.

SECTION II. — DE LA VENTE ET DES FORMALITÉS QUI L'ACCOMPAGNENT.

266. La vente est faite publiquement, aux enchères. Les enchères sont reçues et les adjudications faites par le courtier chargé de la vente.

267. L'adjudication est faite au plus offrant et dernier enchérisseur, conformément à l'article 624 du Code de procédure civile. Mais, dans les ventes de notre livre III, contrairement à ce qui a lieu pour les ventes faites par suite de saisie-exécution, l'adjudicataire n'est pas nécessairement tenu de payer comptant : cela dépend de la volonté des parties contractantes. Si l'adjudicataire ne paie pas le prix dans les délais fixés, les marchandises sont revendues à la folle enchère, à ses risques et périls, trois jours après une sommation qui lui aura été faite de payer, sans qu'il soit besoin d'aucun jugement. (Décret du 12 mars 1859, art. 27.)

Si le courtier fait crédit à l'acheteur, sans avoir consulté son vendeur, il répond du prix, même par corps, par application de l'article 2060, paragraphe 7, du Code Napoléon. Mais il peut exercer son recours contre l'adjudicataire, d'autant plus qu'il a qualité pour poursuivre le recouvrement du prix de vente.

L'officier public est, d'ailleurs, toujours responsable, envers les adjudicataires, de la livraison des objets achetés par eux.

268. L'officier public constate les enchères et les adjudications dans le procès-verbal de chaque séance, qu'il doit dresser sur un registre coté, paraphé et visé soit par un des juges du Tribunal de commerce, soit par le maire ou un adjoint, dans les formes ordinaires et sans frais. (Décret du 12 mars 1859, art. 26, et Code de commerce, art. 11.)

Les énonciations que doit contenir ce procès-verbal sont réglées par l'article 5 de la loi du 22 pluviôse an VII. D'après cet article, le courtier doit transcrire en tête du procès-verbal les déclarations qu'il a dû faire, suivant les règles indiquées dans la section précédente. Il inscrira ensuite, immédiatement, tous les objets de la vente, aussi bien ceux qui ne sont pas adjugés que ceux qui le sont. (Même article et ordonnance du 1er mai 1816.) Le prix des marchandises adjugées doit être écrit en toutes lettres et tiré hors ligne en chiffres, et cela sous peine d'amende, ainsi que l'a jugé une décision ministérielle des finances, en date du 16 janvier 1835.

269. Chaque séance est close et signée par l'officier public et par deux témoins domiciliés. (Loi du 22 pluviôse, art. 5.) La présence des deux témoins est indispensable ; ils ne sauraient être remplacés par un second courtier, car leur mission est de surveiller le courtier chargé de la vente. Du reste, on ne doit pas exiger que les témoins soient domiciliés *dans la commune* où se fait la vente, puisque cette condition n'est pas exigée par l'article précité. (Voir Dalloz, *Répertoire*, v° *Vente publique de meubles*, n° 84.) Il n'est pas non plus nécessaire que le procès-verbal soit signé par les adjudicataires. Toutefois, cette signature a pour utilité d'autoriser la délivrance d'une grosse du procès-verbal. (Jugement de Saint-Omer, du 4 septembre 1853, affaire LIBAUX.)

270. L'article 24 du décret du 12 mars 1859 exige une autre formalité, qui a de l'analogie avec la rédaction du procès-verbal. Il oblige, en effet, le courtier d'inscrire de suite, lors de la vente, les nom et domicile de l'acheteur, ainsi que le prix d'adjudication, sur le catalogue dont nous avons parlé dans la 1re Section, en regard de chaque lot.

271. Le procès-verbal de la vente doit être enregistré. A quel bureau? Est-ce à celui du domicile de l'officier public? ou bien à celui où la déclaration a été faite, c'est-à-dire à celui de l'arrondissement où la vente a eu lieu? L'article 6 de la loi du 22 pluviôse an VII dit que l'enregistrement doit avoir lieu à ce dernier bureau. Mais, comme il est de principe *général*, qu'un officier public doit faire enregistrer ses actes au bureau de son domicile, il est reconnu que c'est à ce bureau qu'il doit porter ses procès-verbaux. (Instruction générale du 15 mai 1807.) La disposition de l'article 6 de la loi du 22 pluviôse ne peut donc recevoir d'application qu'au cas où le bureau de la déclaration est en même temps celui du domicile.

272. Le droit d'enregistrement qui est dû pour les ventes publiques est un droit proportionnel. Ce droit est perçu sur le montant des sommes que contient *cumulativement le procès-verbal des séances à enregistrer*. (Loi de pluviôse, art. 6, § 2.) Sans cette disposition, la régie aurait pu conclure de ce que le procès-verbal de chaque séance doit être clos et signé, que l'adjudication de chaque lot doit être soumise à un droit particulier. Une telle prétention aurait été de nulle importance dans nos ventes, puisque les lots doivent être de 500 fr. au moins; mais elle aurait pu donner lieu à de graves abus pour les ventes publiques de *meubles*. Nous n'insisterons pas sur ces inconvénients ni sur les difficultés que soulève encore l'Enregistrement, malgré l'article 6 de la loi de pluviôse, parce que cela sort de notre matière. On pourra consulter à ce sujet Merlin (*Questions de droit*, v° *Vente publique de meubles*, § 2), et Dalloz (*Répertoire*, v° *Enregistrement*, §§ 2947 et suivants).

273. La quotité du droit d'enregistrement a varié suivant

les époques. La loi du 22 frimaire an VII, article 69, paragraphe 5, n° 1, fixait ce droit à 2 francs par 100 francs. Réduit
à 50 centimes par 100 francs par l'article 74 de la loi du
15 mai 1818, il a été abaissé à 10 centimes par 100 francs par
l'article 4 de la loi du 28 mai 1858. Cette dernière réduction diminue considérablement les frais des ventes publiques.
Est-il besoin de dire que, fort utile au commerce, elle constitue un des bienfaits de la loi nouvelle, et qu'elle a pour
objet de faciliter ces ventes ?

274. Les formalités que doivent remplir les courtiers sont
sanctionnées par diverses amendes prononcées par l'article 6
de la loi du 22 pluviôse an VII, combiné avec l'article 10 de
la loi du 16 juin 1824. Ainsi, le défaut de transcription, en
tête du procès-verbal, de la déclaration faite au bureau d'enregistrement est puni de 5 francs d'amende. Le courtier qui
n'a pas porté au procès-verbal un article adjugé, est puni de
20 francs d'amende par article, indépendamment de la restitution du prix. Si le prix de vente n'est pas écrit par lui en
toutes lettres, il est passible de 6 francs d'amende par article.

275. Les contraventions dont il s'agit doivent être prouvées par un procès-verbal ou par une enquête. Les procès-
verbaux sont dressés par les préposés de l'Enregistrement,
qui sont autorisés, par l'article 8 de la loi du 22 pluviôse
an VII, à se transporter dans tous les lieux où se font des
ventes publiques et à s'y faire représenter les procès-verbaux
des ventes et les copies des déclarations préalables. Ils peuvent même requérir l'assistance d'un officier municipal, ou
de l'agent, ou de l'adjoint de la commune ou de la municipa-
lité où se fait la vente.

Les procès-verbaux des contraventions doivent être rédigés sur le lieu même. S'ils étaient dressés après la vente,

au bureau du receveur, et sur la déclaration de témoins non assermentés, ils ne constitueraient pas une preuve légale; la régie devrait alors faire une enquête. (Arrêt de rejet de la Cour de cassation, en date du 4 juillet 1810, ENREGISTREMENT C. BROCARD.)

276. Un avis du Conseil d'Etat, du 22 août 1810, a décidé que les peines prononcées par la loi du 22 pluviôse an VII sont prescriptibles par un délai de deux ans, par application de l'article 61 de la loi du 22 frimaire an VII. Cette décision est fort importante. La solution qu'elle contient aurait pu être contestée, car la loi du 22 frimaire ne parle que de la prescription des droits d'enregistrement et non de la prescription des amendes. Le Conseil d'État s'est fondé sur ce motif principal, qu'il résulte de l'économie de cette dernière loi que la volonté du législateur a été d'assimiler les amendes aux droits.

277. Les contestations auxquelles peuvent donner lieu les ventes publiques en gros, faites en vertu de la loi du 28 mai 1858, doivent être portées devant les Tribunaux de commerce, d'après l'article 5 de cette loi. Il est clair, du reste, que le Tribunal de commerce compétent est celui du lieu où la vente a été faite.

LIVRE IV.

TEXTES RELATIFS

AUX MAGASINS GÉNÉRAUX ET AUX VENTES PUBLIQUES DE MARCHANDISES EN GROS.

Sommaire.

XIII. 31 mars 1860. Rapport à l'Empereur par le Ministre de l'Algérie et des colonies.

XIV. 31 mars 1860. Décret portant que les lois du 28 mai 1858 et le décret du 12 mars 1859 sont exécutoires en Algérie.

I

21 Mars 1848. — *Rapport* fait au Gouvernement de la République, par M. Garnier-Pagès, Membre du Gouvernement provisoire et Ministre des finances.

Citoyens, vos premiers décrets ont pourvu aux nécessités du trésor. Mais ce n'est là qu'une partie de l'immense tâche qui pèse sur le Gouvernement de la République. Une crise industrielle persiste, qui ruinerait bientôt les chefs d'industrie et les travailleurs, si nous n'y avisions avec promptitude.

Cette crise s'est manifestée sous deux aspects : l'encombrement des portefeuilles, l'encombrement des magasins.

Par la chute des principaux établissements de crédit, les négociants et les industriels se sont trouvés subitement destitués des moyens de se procurer les capitaux qui leur étaient nécessaires, en même temps que l'amoindrissement de la consommation les chargeait de marchandises invendues.

Préoccupés de cette double nécessité, vous avez, sur ma proposition, décrété l'établissement de comptoirs d'escompte à Paris et dans tous les grands centres agricoles, industriels et commerciaux. Unis dans une association puissante, le crédit de l'État, celui des particuliers, ont déjà rendu des services, et sont appelés, dans un prochain avenir, à exercer la plus féconde influence.

Aujourd'hui, vous devez faire pour la marchandise ce que vous avez fait pour le papier : elle a besoin d'issues, il faut lui en ouvrir. Un grand nombre de maisons recommandables et auxquelles se rattache par les liens les plus étroits l'existence de plusieurs milliers de travailleurs, tombent ou sont sur le point de tomber, quoique leur situation soit réellement favorable. Dans peu de jours, si nous n'y prenons garde, la situation pourrait s'aggraver. Les valeurs commerciales créées par les transactions antérieures s'épuisent, et, les échanges ayant diminué, elles ne se renouvellent que lentement.

En cet état de choses, j'ai pensé que le meilleur moyen de remédier au mal, c'était d'anticiper sur la consommation par la circulation. J'ai pensé qu'il fallait rendre la vie, pour le moment, à des valeurs aujourd'hui stagnantes, et voici ce que j'ai l'honneur de soumettre à vos délibérations.

Dans le but de mettre les chefs d'industrie en mesure de disposer, dès aujourd'hui, du prix de leurs marchandises, il serait établi à Paris et dans les départements des magasins généraux où les négociants et les industriels viendraient déposer les matières premières, marchandises et objets fabriqués dont ils seraient propriétaires. En échange de leurs dépôts, ils recevraient une reconnaissance extraite d'un registre à souche. Ce récépissé, indiquant la valeur vénale de la marchandise, estimée à dire d'experts, constaterait la propriété, qui serait transmissible par voie d'endossement.

Les porteurs des récépissés du magasin central seraient admis à les déposer en garantie au comptoir d'escompte de leur circonscription. Revêtus du timbre de la République, et représentant une valeur matérielle, solide, tangible, prochainement réalisable, les récépissés seraient regardés comme équivalents à une seconde signature. Je ne doute pas que cette seconde signature ne soit accueillie avec faveur par tous les grands établissements de crédit, et que les souscripteurs de billets si solidement garantis n'arrivent ainsi, par le seul intermédiaire des comptoirs d'escompte, aux grands réservoirs des capitaux.

Convaincu que cette mobilisation de valeurs aujourd'hui paralysées contribuera puissamment à revivifier l'industrie, le commerce, et, conséquemment, le travail, j'ai l'honneur, citoyens, de présenter à votre approbation le projet de décret suivant :

II

21-22 Mars 1848. — *Décret* qui prescrit l'établissement de magasins, généraux, où les négociants et les industriels pourront déposer les matières premières, marchandises et objets fabriqués, dont ils seront propriétaires.

Le Gouvernement provisoire décrète :

ART. 1er. Il sera établi à Paris, et dans toutes les villes où le besoin s'en fera sentir, des magasins généraux où les négociants et les industriels pourront déposer les matières premières, les marchandises, les objets fabriqués dont ils seront propriétaires.

ART. 2. Ces magasins pourront être établis d'urgence, par les commissaires du Gouvernement, sur la demande des Chambres de commerce ou des Conseils municipaux.

ART. 3. Il sera délivré aux déposants des récépissés revêtus : 1° du timbre de la République ; 2° du timbre des magasins où les marchandises auront été déposées.

Ces récépissés, extraits de registres à souche, transférant la propriété des objets déposés, seront transmissibles par voie d'endossement.

Ils seront passibles d'un droit fixe qui ne pourra dépasser 1 fr. 10 c.

ART. 4. Ces magasins seront placés sous la surveillance de l'État.

ART. 5. Les dispositions des lois antérieures ne seront pas applicables en ce qu'elles pourront avoir de contraire au présent décret.

ART. 6. Le Ministre des finances, le Ministre de l'intérieur, le Maire de Paris et le Ministre du commerce sont, en ce qui les concerne, chargés de l'exécution du présent décret.

III

26 MARS 1848. — *Arrêté* du Ministre des finances, qui détermine le mode de réception des marchandises ou matières premières dans les magasins ou dépôts publics, les mesures à prendre pour leur conservation, la forme des récépissés, l'expertise destinée à en constater la valeur, et la condition d'admission des récépissés à l'escompte.

Le Membre du Gouvernement provisoire, Ministre des finances,

Vu le décret du Gouvernement provisoire en date du 21 mars, portant qu'il sera établi des magasins, où les négociants et industriels pourront déposer leurs matières premières, marchandises et objets fabriqués, en échange de récépissés transmissibles par endossement ;

Vu le décret de ce jour, autorisant la Banque de France à accepter les récépissés des magasins publics comme troisième signature ;

Considérant que le but de cette mesure est de mobiliser la valeur desdites marchandises, de la convertir en titres négociables et admissibles dans les établissements de crédit, et de faciliter les prêts sur nantissement ;

Voulant assurer l'exécution dudit décret ;

Arrête :

ART. 1er. Dans toutes les villes où, en exécution du décret du 21 mars, il aura été établi des magasins généraux agréés par l'État, les négociants, commerçants et industriels pourront y déposer les matières premières, marchandises et objets fabriqués dont ils seront propriétaires, en se conformant au règlement de service intérieur desdits magasins.

Ces établissements seront placés sous la surveillance d'un délégué du Ministre des finances.

ART. 2. Lesdites marchandises, spécifiées dans un bordereau de dépôt, devront être de qualité loyale et marchande.

Elles seront assurées contre l'incendie.

ART. 3. Les marchandises déposées seront inscrites sur un registre spécial indiquant la date du dépôt, le nom et le domicile du déposant, l'espèce et la quantité des marchandises.

ART. 4. Des experts choisis par la Chambre de commerce, le Conseil municipal ou la Chambre consultative des Arts et Manufactures, parmi les négociants, et assistés d'un courtier de commerce ou d'un commissaire-priseur, détermineront, au cours du jour, la valeur vénale des marchandises déposées.

Le procès-verbal d'estimation, signé par les experts et par l'officier public, restera annexé au bordereau du dépôt, et la valeur constatée sera inscrite au registre spécial mentionné dans l'article qui précède.

Il sera alloué à l'officier public qui interviendra une simple vacation de 3 francs.

ART. 5. Un récépissé des marchandises déposées sera remis au déposant.

Ce récépissé, passible d'un droit fixe de 1 fr. 10 cent., sera extrait d'un registre à souche ; il exprimera : — la date du dépôt ; — le nom et le domicile du déposant ; — l'espèce et la quantité, tare déduite de la marchandise ; — la valeur mentionnée au procès-verbal d'estimation ; — et le montant des droits de douane, d'octroi ou autres dont elle peut être passible.

Les marchandises déposées pourront, à la demande du déposant, être divisées en plusieurs lots pour chacun desquels il sera délivré un récépissé distinct.

ART. 6. Les récépissés des marchandises déposées seront transmissibles par voie d'endossement.

L'administration des magasins sera tenue de représenter

les marchandises à toute réquisition du titulaire porteur du récépissé.

ᴀ Aʀᴛ. 7. Toute personne qui voudra prêter sur des marchandises déposées sera valablement saisie du privilége de nantissement par le transfert du récépissé à son ordre, et par la mention dudit transfert sur le registre dudit magasin avec indication de la somme prêtée.

Cette mention devra aussi être opérée dans le cas d'endossement pour transmission de la propriété des marchandises.

Aʀᴛ. 8. Les comptoirs nationaux d'escompte pourront admettre, comme seconde signature, le récépissé joint à un billet à ordre. Ce billet devra faire mention du récépissé.

L'appréciation de la somme à avancer sur le récépissé sera faite par le comptoir d'escompte ; la durée du prêt ne pourra excéder quatre-vingt-dix jours.

Aʀᴛ. 9. La Banque de France et ses comptoirs, ainsi que les banques départementales, pourront admettre les récépissés comme troisième signature.

Aʀᴛ. 10. L'emprunteur pourra toujours rentrer en possession du récépissé, en remboursant le montant du prêt au cessionnaire porteur.

Dans ce cas, celui-ci tiendra compte à l'emprunteur des intérêts à courir depuis le jour du remboursement jusqu'à l'échéance du prêt, sous déduction de l'intérêt de dix jours.

Aʀᴛ. 11. A défaut de payement à l'échéance, le cessionnaire porteur du récépissé pourra exercer son recours contre l'emprunteur et les endosseurs ou sur la marchandise déposée. Dans ce dernier cas, le Président du Tribunal de commerce, sur la simple production de l'acte de protêt, ordonnera la vente de la marchandise aux enchères.

IV

23-26 Aout 1843. — *Décret* relatif aux prêts sur dépôts de marchandises.

L'Assemblée nationale a adopté et le Chef du pouvoir exécutif promulgue le décret dont la teneur suit :

Art. 1er. Toute personne qui, en vertu des décret et arrêté des 21 et 26 mars dernier, aura prêté ou prêtera sur des marchandises déposées dans les magasins publics, sera valablement saisie du privilége de nantissement par le transfert du récépissé à son ordre, et par la mention dudit transfert sur le registre du magasin avec indication de la somme prêtée.

Le récépissé sera passible d'un droit fixe de 1 fr. pour tout droit d'enregistrement.

Art. 2. A défaut de paiement à l'échéance, le cessionnaire porteur du récépissé pourra exercer son recours contre l'emprunteur et les endosseurs ou sur la marchandise déposée. Dans ce dernier cas, le Président du Tribunal de commerce, sur la simple production de l'acte de protêt, ordonnera la vente de la marchandise aux enchères.

Toutefois les comptoirs nationaux d'escompte et sous-comptoirs de garantie, pourront exercer leurs droits conformément aux dispositions de l'article 9 du décret du 24 mars 1848, relatif aux sous-comptoirs ; ces dispositions s'appliquent non-seulement aux marchandises , mais encore aux titres et autres valeurs donnés en nantissement.

Art. 3. Il n'est pas dérogé par le présent décret au surplus des dispositions de l'arrêté ministériel en date du 26 mars 1848.

V

20 Février 1858. — *Rapport* fait à l'Empereur, par M. Rouher, Ministre de l'agriculture, du commerce et des travaux publics, sur le transfert et l'engagement des marchandises déposées dans les magasins généraux.

Sire,

Le Gouvernement de Votre Majesté, toujours préoccupé d'améliorer et de développer les institutions commerciales du pays, a porté, dans ces derniers temps, son attention particulière sur une question d'une haute importance : celle du transfert et de l'engagement des marchandises déposées dans les magasins généraux.

Que Votre Majesté daigne me permettre d'abord de mettre sous ses yeux ce qui existe en France et ce qui se pratique en Angleterre. Cette étude sommaire expliquera les réclamations qui se sont produites, et rendra plus facile le choix des mesures nécessaires pour leur donner une juste satisfaction.

En France, la création des magasins généraux pour le dépôt des marchandises, et des récépissés qui remplissent chez nous un rôle analogue à celui des warrants anglais, ne date que de la Révolution de février.

Le décret du Gouvernement provisoire du 21 mars 1848, pour dégager le prêt sur marchandises d'entraves inutiles, porte qu'il sera établi des magasins où les négociants et les industriels pourront déposer les matières premières, les marchandises, les objets fabriqués dont ils seront propriétaires, et qu'il leur sera délivré des récépissés transmissibles par voie d'endossement et passibles d'un droit fixe de 1 fr. 10 cent:

Le 27 mars suivant, le Ministre des finances prit un arrêté dont voici les dispositions principales :

Les magasins sont placés sous la surveillance d'un délégué de son département ;

On exige un bordereau des marchandises, qui doivent être loyales et marchandes, assurées, estimées par des experts assistés d'un officier public ;

On règle la forme et les mentions du récépissé, qui doit être extrait d'un registre à souche ;

On demande pour le nantissement et pour la transmission de la propriété, outre l'endossement, le transfert sur les registres de l'établissement ;

Les comptoirs nationaux d'escompte pourront admettre le récépissé avec un billet à ordre comme deuxième signature, et la Banque le peut pour la troisième signature ;

A défaut du payement à échéance, le cessionnaire porteur du récépissé peut exercer son recours sur la marchandise, et le Président du Tribunal de commerce doit, sur simple production de l'acte de protêt, ordonner la vente aux enchères.

Il convient d'ajouter qu'un décret du 25 mars, *relatif aux sous-comptoirs nationaux*, porte, article 9, que les établissements sont autorisés, après une simple mise en demeure, sans qu'il soit besoin d'aucune autorisation de justice, à faire procéder à la vente publique des marchandises qui leur ont été données en nantissement, et que tout acte qui aura pour effet de constituer le nantissement à leur profit et d'établir leurs droits comme créanciers sera enregistré au droit fixe de 2 fr. 20 cent.

L'arrêté du 27 mars, bien qu'il ne fût émané que du Ministre des finances, avait, d'après les pouvoirs délégués en ce moment, la force d'un acte du pouvoir exécutif suprême ;

mais, comme il empiétait, en certains points, sur le domaine législatif, on jugea utile de le faire confirmer, sur les points dont il s'agit, par un décret de l'Assemblée nationale ; ce décret-loi, en date du 23 août 1848, porte sur le mode de transmission de la propriété et du gage, sur le droit fixe d'un franc et sur la faculté de faire vendre sur simple production de protêt et ordonnance du président. Il confirme, en outre, au profit des sous-comptoirs, les priviléges résultant des articles 9 et 10 du décret précité du 25 mars 1848.

Vous le voyez, Sire, en France, la législation est minutieuse ; elle cherche à tout prévoir, et, si l'on rapproche ces conditions de celles qui régissent la vente publique des marchandises, on comprendra combien le régime créé en 1848 était peu propre à développer, ce qu'il avait cependant pour but, la circulation de la marchandise.

En Angleterre, au contraire, toutes les mesures prises ont, depuis de longues années, tendu à favoriser la mobilisation des matières premières et des objets fabriqués et à surexciter la vente.

Sous l'empire de ces mesures, voici comment l'institution fonctionne :

Une fois la marchandise déposée dans le dock (et toutes les marchandises qui composent le commerce si varié et si étendu du Royaume-Uni peuvent être ainsi déposées, à l'exception d'un petit nombre d'articles réputés dangereux), le warrant, récépissé descriptif de la marchandise, est créé au nom du dépositaire et à son ordre ; celui-ci l'endosse en blanc, et dès lors le titre circule, le plus souvent sans autre signature.

Il est rare que le warrant soit affecté, par un acte, à servir de gage à un emprunteur ; mais, par le fait, il est toujours un instrument de crédit. Déposé chez un banquier qui se trouve ainsi saisi de la marchandise, le warrant lui offre une garantie suffisante pour qu'il ouvre au négociant qui a fait le dépôt un compte courant qui lui permet d'entreprendre de nouvelles affaires.

Lorsque le commerçant veut rentrer en possession de sa marchandise, ou la vendre, il réclame le warrant au banquier, en remplaçant ce titre par un ou plusieurs autres, ou en remboursant les avances faites.

Quant à la vente de la marchandise, vente qui a lieu en général aux enchères publiques, le fonctionnement en est aussi parfaitement réglé dans l'intérêt du commerce.

Avant la vente, le warrant est envoyé aux docks pour être échangé contre un autre, au nom de la personne qui réclame l'échange. Ce nouveau titre, appelé *sale-warrant*, est accompagné d'un second, appelé *weight-note*.

Le weight-note est une copie du warrant ; on y porte la somme versée à compte par l'acheteur, et aussi la somme due ; il donne droit audit acheteur, auquel il est remis, de visiter la marchandise, de la faire échantillonner et vendre ; mais la délivrance de la marchandise ne lui est faite que sur la présentation simultanée du weight-note et du warrant.

Ce système si pratique, si bien combiné, n'est pas toutefois sans entraîner des inconvénients. La multiplicité des magasins, le peu de surface de quelques magasiniers, l'absence de tout contrôle, l'abus même de la liberté, ont donné naissance à des délits contre lesquels la justice est obligée de sévir, et qui, n'étant pas faciles à constater, ne le sont pas à réprimer. D'ailleurs, il ne faut pas vouloir transporter de toute pièce dans un pays la pratique d'un autre pays dont les mœurs, les habitudes sont profondément différentes, et où les mêmes institutions ne sauraient avoir les mêmes résultats.

Aussi, en France, ne demande-t-on pas la réforme du régime actuel des magasins généraux, tel qu'il a été créé en 1848, régime qui paraît mieux combiné et offrir plus de garanties que ce qui se passe en Angleterre. On se borne à appeler l'attention du législateur sur la nécessité de modifier en un certain nombre de points l'organisation actuelle du transfert et de l'engagement des marchandises déposées dans les magasins généraux.

Voici l'analyse des vœux les plus importants qui sont parvenus, à ce sujet, au Gouvernement de Votre Majesté.

1° L'arrêté du 27 mars 1848 porte que des experts choisis par la Chambre de commerce, le Conseil municipal ou la Chambre consultative des arts et manufactures, parmi les négociants, et assistés d'un courtier ou d'un commissaire-priseur, détermineront, au cours du jour, la valeur vénale des marchandises déposées.

L'obligation, pour un négociant, d'initier des tiers, et notamment des confrères, des concurrents, qui, souvent, s'occupent du même genre de commerce que lui, au détail de ses affaires, l'empêche nécessairement de recourir à l'emploi des warrants aussi fréquemment qu'il le désirerait. Il doit craindre qu'on considère sa situation comme embarrassée, que son crédit en souffre.

D'ailleurs, le prix d'une marchandise étant essentiellement variable, l'estimation faite à un jour donné devient erronée dans un temps plus ou moins rapproché.

Enfin l'évaluation par expert entraîne des lenteurs préjudiciables souvent au succès des opérations en cours.

On demande donc que l'énonciation de la valeur de la marchandise dans le warrant soit un simple renseignement non contrôlé lors du dépôt, et dont l'emprunteur aura à faire constater la réalité si le déposant a recours à l'emprunt.

2° La nécessité d'une inscription sur les registres des magasins pour transférer la propriété des marchandises a été également attaquée comme forçant le négociant à trahir le secret de ses actes. On voudrait qu'en pareil cas l'endossement seul fût reconnu suffisant.

3° Dans l'état actuel des choses, lorsqu'une marchandise est engagée, le prêteur porteur du warrant a contre son débiteur une action personnelle qu'il peut exercer avant de réaliser le gage; il en résulte pour l'emprunteur cette situation très-fâcheuse, qu'il perd la disposition de la marchandise et n'en charge pas moins son crédit. La position, au lieu de se simplifier, s'aggrave. On réclame donc la suppression des billets à ordre, qui font double emploi avec le transfert de la marchandise sans augmenter la garantie du porteur.

4° Un des obstacles qui se sont le plus opposés à ce que le commerce se servît des warrants, c'est la difficulté de réaliser le gage au moment où il est devenu réalisable. La liquidation de la marchandise est entourée de formalités nombreuses : il faudrait qu'elle fût expéditive, afin que le prêteur pût être assuré de rentrer dans ses avances à un moment donné. On demande, en conséquence, que tout porteur du warrant jouisse de la faculté accordée seulement jusqu'ici aux sous-comptoirs et aux comptoirs d'escompte, pour que, à l'expiration du temps convenu, il puisse vendre publiquement, sans autorisation de justice, après une simple mise en demeure.

5° Une autre entrave à l'amélioration du régime actuel résulte du privilége de la douane tel qu'il est constitué par la loi de 1791, sur les meubles et effets mobiliers des redevables. Le commerce voudrait que ce privilége ne portât que sur les marchandises non acquittées, au lieu de grever l'ensemble des marchandises appartenant à un même propriétaire. On fait remarquer, en effet, que, tant que ce privilége existera, et bien que l'administration des douanes en ait fait rarement usage, on trouvera difficilement à emprunter sur des marchandises, parce que le prêteur peut avoir son gage compromis par suite de la spécialisation sur ce gage du droit général de la douane.

6° Enfin on réclame que l'accès des grands établissements de crédit soit facilité aux porteurs de warrants, et que, dans les moments de crise, époque où cette faculté est particulièrement nécessaire, on puisse trouver aisément de l'argent sur la marchandise.

Ces vœux, Sire, ont été de ma part l'objet d'un examen attentif ; je les ai étudiés avec le concours d'hommes compétents, et j'ai été amené à reconnaître que, pour y donner satisfaction, il n'était pas suffisant de modifier sur quelques points la législation sur la matière, mais qu'il devenait nécessaire de la remanier d'ensemble.

Dans ce but, j'ai réuni les éléments d'un projet de loi qui me paraîtrait pouvoir en substance être conçu ainsi qu'il suit :

(Voir le projet de loi ci-joint.)

Ce projet, destiné à faciliter le transfert, l'engagement et la liquidation des marchandises déposées dans les magasins généraux, me paraît, en le combinant avec celui que j'ai l'honneur de soumettre en même temps à Votre Majesté, pour la réglementation des ventes publiques volontaires en gros, de nature à contribuer puissamment à l'essor du crédit commercial, qui doit tant déjà au règne de Votre Majesté.

VI

27 Mars 1858. — *Exposé de motifs* de deux projets de loi relatifs : le premier, aux négociations concernant les marchandises déposées dans les magasins généraux ; le deuxième, aux ventes publiques de marchandises en gros.

Messieurs,

Il existe en Angleterre deux institutions traitées avec une grande faveur par la législation, entrées depuis longtemps dans les mœurs, et qui rendent au commerce de très-grands services : ce sont les *warrants* et les *ventes publiques* en gros de marchandises.

Les *warrants* anglais sont les récépissés délivrés par les magasins publics connus sous le nom de docks, aux négociants qui leur déposent des marchandises. Ces récépissés, titres de propriétés pour le déposant, sont transmissibles par endossement au porteur, et permettent au propriétaire de la marchandise de l'engager ou de la vendre, de la faire circuler de main en main, à titre d'aliénation ou de nantissement, avec la plus grande facilité et sans aucuns frais de déplacement. Grâce à la mobilité complète donnée à la marchandise par ce procédé ingénieux, celle-ci n'est plus entre les mains du négociant qui la possède une valeur inerte, mais une valeur active presque à l'égal des espèces ; elle est au moins un moyen de crédit d'une très-grande efficacité, parce qu'il a une base tout à fait certaine.

Quant aux *ventes publiques en gros*, qui se définissent elles-mêmes et par leur nom, elles portent sur des masses de marchandises de toutes espèces si considérables, et elles se renouvellent si fréquemment, qu'elles ont fait de l'Angleterre le marché du monde. Elles permettent à ceux qui importent ou qui produisent des marchandises quelconques de les écouler à jour fixe et dans les conditions les plus favorables, puisque le grand concours d'acheteurs qu'elles attirent rend la vente certaine et porte la valeur des objets vendus au plus haut cours qu'ils puissent atteindre.

Ces deux institutions ont donc sur la propriété commerciale de l'Angleterre une action considérable. Tous ceux qui ont étudié ce pays le proclament hautement.

Les ventes publiques en gros existent aussi en France, et le système des *récépissés des marchandises déposées* dans les magasins publics, servant à vendre et à engager la marchandise qu'ils représentent sans la déplacer, a été introduit chez nous, en 1848, par un décret du Gouvernement provisoire.

Mais, il faut le dire, ces deux procédés commerciaux ne sont point entrés dans nos habitudes. Les ventes publiques en gros sont très-rares, et les warrants n'ont guère été employés jusqu'ici qu'à titre d'expédient, à défaut d'autres moyens de crédit, et dans les moments de crise. En 1848 et en 1857 ils paraissaient avoir rendu des services, mais des services momentanés et pour ainsi dire accidentels. Leur négociation n'est pas plus devenue une opération commerciale courante que les ventes publiques ne sont devenues des ventes habituelles.

Il serait facile cependant de comprendre que notre commerce pût trouver dans les *warrants* et dans les ventes publiques en gros de grandes facilités, et, toute proportion gardée, les mêmes bienfaits qu'en reçoit le commerce anglais, puisque leur résultat est de rendre les valeurs en marchandises toujours disponibles, et de fournir ainsi au commerce comme une augmentation de capital.

D'où vient que notre commerce ne les adopte pas, qu'il n'en use qu'avec une certaine répugnance et comme à son corps défendant.

De l'avis des hommes les plus compétents, cela tient aux défiances que ces deux opérations semblent inspirer au législateur, qui ne les a pas traitées chez nous, tant s'en faut, avec la même faveur qu'en Angleterre. En ce qui concerne les ventes publiques, les formalités, les frais et les lenteurs que leur oppose la législation, leur enlèvent le caractère commercial. En ce qui touche les warrants, le système formulé en 1848 semble porter de nombreuses traces de la défaveur avec laquelle le contrat de gage est traité par notre droit civil, et qui le suit même dans notre droit commercial, comme le constate M. Troplong dans son remarquable *Traité du nantissement*. Avec les dispositions défiantes qui régissent chez nous le système des *warrants*, il est resté une de ces opérations d'extrême ressource que l'emprunteur redoute pour son crédit, que le prêteur lui-même n'aime pas pour sa sûreté.

Le Gouvernement, toujours empressé de favoriser le développement du commerce, et de mettre la législation qui le régit en harmonie avec les besoins nouveaux, averti d'ailleurs par les réclamations des chambres de commerce des places les plus importantes, qu'il écoute toujours avec une grande sollicitude, a apporté à l'étude de la question tout le soin qu'elle mérite; il a fait rechercher s'il ne serait pas possible de simplifier la législation des *warrants* et des *ventes publiques*, en la dégageant des obstacles qui gênent ces sortes d'opérations, sans porter atteinte à des principes essentiels, et sans compromettre des intérêts plus respectables encore que ceux auxquels il s'agit de donner satisfaction.

Les deux projets de lois qui vous sont soumis sont le résultat de cette étude attentive faite dans un esprit de progrès et de prudence à la fois qui en a inspiré les dispositions.

Les deux projets ont une pensée commune; ils tendent tous

deux, mais par deux voies distinctes, à la solution du même problème qui se pose ainsi : faire que le détenteur d'une marchandise qui a besoin, pour faire honneur à ses engagements ou ne point arrêter ses opérations, de recouvrer le capital engagé dans cette marchandise et qu'elle représente, n'attende pas ce capital ; que la marchandise, qui est une valeur certaine, soit aussi, entre ses mains, une valeur toujours disponible et réalisable.

Dans ce but, le projet sur les dépôts de marchandises dans les magasins généraux la mobilise à ce point, qu'elle peut changer de mains avec la même facilité et aussi peu de frais qu'un billet de commerce, ce qui la rend susceptible d'engagement et de vente sans déplacement ; l'autre projet, celui des ventes publiques, ouvre à la marchandise un marché public permanent, où le concours des acheteurs rend la réalisation certaine et soutient les cours.

Les deux projets sont donc étroitement liés. Sous certains rapports même, l'un est la conséquence obligée de l'autre, et nous nous sommes crus autorisés à ne point les séparer dans l'exposé des motifs que nous avons l'honneur de vous présenter.

I. — PROJET DE LOI SUR LES NÉGOCIATIONS RELATIVES AUX MARCHANDISES DÉPOSÉES DANS LES MAGASINS GÉNÉRAUX.

Avant d'exposer les modifications que le projet vous propose d'apporter au régime des *récépissés*, établi chez nous en 1848 en imitation des *warrants* anglais, il convient de présenter une analyse exacte du système anglais, tel qu'il fonctionne. Elle fera mieux comprendre les améliorations que nous avons cherché à introduire dans la législation de la matière.

Les docks anglais, qui, comme on le sait, sont de vastes entrepôts ouverts à toutes espèces de marchandises exotiques et indigènes, délivrent au déposant un *récépissé descriptif* ou certificat de dépôt qu'on appelle *warrant*, auquel est annexée, quand le dépôt doit avoir une certaine durée, une seconde pièce qui constate le poids de la marchandise, et qu'on nomme *weight-note*.

Ces deux pièces constituent le titre de propriété du déposant.

Si celui-ci ne veut pas vendre sa marchandise, et qu'il n'ait pas besoin de s'en faire un moyen de crédit, il garde le *warrant* et le *weight-note* jusqu'au jour où, voulant retirer sa marchandise, il restitue les deux pièces au dock, qui, en échange, restitue à son tour la marchandise, en se faisant payer les frais de magasinage et autres qu'il a avancés.

S'il veut vendre et qu'il trouve acquéreur au comptant, il n'est nullement besoin de déplacer la marchandise. Le déposant remet à son acheteur le *warrant* et le *weight-note* endossés au porteur, et la transmission de ces deux pièces vaut, dans ce cas, transmission pure et simple de la propriété des marchandises qu'elles représentent.

Mais les cas qu'on vient d'indiquer sont les plus rares.

Habituellement le déposant, ou bien veut se procurer de l'argent sans vendre, ou bien vend à un tiers qui ne peut pas payer comptant. Voici alors ce qui se passe.

Le déposant ou acheteur s'adresse au courtier, à celui qui est chargé de la vente, et qui, en Angleterre, est banquier en même temps que courtier, et il lui demande une avance sur les marchandises déposées. Le courtier avance jusqu'à concurrence des trois quarts de la valeur de la marchandise et se fait remettre le warrant qu'il garde jusqu'à ce qu'il ait été remboursé.

Il reste au déposant le weight-note, qu'il conserve s'il ne vend pas, qu'il transmet à l'acheteur s'il a vendu.

L'acheteur, en recevant le weight-note qui lui transmet la propriété de la marchandise, sous l'obligation de payer l'avance dont elle est grevée, paie comptant le quart ou le cinquième du prix au courtier-banquier qui le remet au vendeur. Dès ce moment, en ce qui concerne le vendeur, l'opération de la vente est liquidée, sauf un solde pour lequel il est crédité chez le courtier-banquier. De son côté, l'acheteur est propriétaire de la marchandise, et il a pour payer le restant du prix un délai nommé *prompt*. Ce délai est constaté, aussi bien que l'à-compte payé et la somme restant due, sur le weight-note par le courtier-banquier qui a fait en même temps l'avance et la vente.

Si, à l'expiration du délai, ou même avant l'expiration du délai, le débiteur, que ce soit le déposant ou l'acheteur, est en mesure de payer l'avance, il se fait rendre le warrant par le courtier, se présente au dock muni des deux pièces que celui-ci a délivrées, et retire la marchandise.

Si le délai accordé expire sans que le courtier soit payé, la marchandise est vendue aux enchères, aux frais et risques du débiteur, sans formalités de justice et sans aucun retard, comme l'indique le nom même du délai qui lui est accordé (*prompt*).

Ainsi, comme on le voit, en Angleterre la marchandise circule de main en main sans frais de déplacement, au moyen de deux morceaux de papier qui la représentent, à peu près comme le billet de banque représente les espèces déposées dans les caves de la Banque, et qui se transmettent par simple endossement au porteur.

L'opération de la livraison est donc singulièrement facile et simple aussi bien en cas de vente qu'en cas de prêt sur nantissement. De plus, grâce aux dispositions qui, en cas d'engagement, permettent au prêteur, s'il n'est pas payé à l'échéance, de se rembourser, sans formalités, sans frais, sans retard, sur le prix de la marchandise qui se réalise immédiatement, la marchandise devient pour celui qui en est propriétaire le moyen de crédit le plus facile et le plus sûr, celui par conséquent qui lui assure du prêteur les conditions les plus favorables.

En Angleterre, le système n'est pas sans inconvénients et sans abus, qui tiennent à ce que, dans la législation anglaise actuelle, tout individu peut ouvrir des magasins publics librement, sans autorisation et sans contrôle du Gouvernement, avec droit de délivrer des warrants.

Disons en passant qu'il ne s'agit pas chez nous de pousser le système jusque-là. Les magasins autorisés et placés sous la surveillance du Gouvernement peuvent seuls, en France, délivrer des récépissés transmissibles par voie d'endossement. Il ne s'agit pas de changer cette disposition essentielle.

Il y a donc des inconvénients en Angleterre, nous en avons dit la cause principale. Eh bien ! malgré les abus et les inconvénients, l'institution est dans les mœurs, elle fonctionne dans de grandes proportions, les négociants les plus honorables en font usage, comme prêteurs et comme emprunteurs. C'est apparemment que, non-seulement elle répond à des besoins sérieux, mais aussi que, par la simplicité du mécanisme, elle se prête à toutes les nécessités du commerce, et enfin que, par la suppression de toutes formalités gênantes et coûteuses, et par la grande sécurité qu'elle offre aux prêteurs sans nuire aux garanties dues aux emprunteurs, tout le monde y a trouvé son compte et a été intéressé à en user, les prêteurs aussi bien que les emprunteurs.

Le système est encore chez nous loin de cette simplicité de mécanisme et de forme, de cette sécurité donnée à tous les intérêts.

Les dispositions qui le régissent sont écrites dans un décret du Gouvernement provisoire du 21 mars 1848, un arrêté du ministre des finances, valant décret d'après la législation du moment, en date du 26 du même mois, et enfin dans un décret de l'Assemblée Constituante des 23-26 août 1848. Voici celles de ces dispositions qui méritent de fixer l'attention du Corps Législatif, et qui excitent les réclamations.

L'article 3 du décret du 21 mars porte : qu'il est délivré aux déposants des récépissés extraits de registres à souche, *transmissibles par voie d'endossement et transférant la propriété des objets déposés.*

L'article 7 de l'arrêté du 26 mars ajoute : que *toute personne qui voudra prêter sur des marchandises déposées sera valablement saisie du privilége de nantissement par le transfert du récépissé à son ordre.*

Ainsi le titre est unique ; il est employé pour l'une et pour l'autre de ces deux opérations, *vente* ou *nantissement*, et, dans les deux cas, il doit être transféré par endossement à l'acheteur ou au prêteur. Or, habituellement, la marchandise n'est engagée que pour une partie de sa valeur, le quart, la moitié, les trois quarts au plus. Si, après avoir engagé sa marchandise partiellement, le déposant veut tirer parti par la vente du surplus de cette valeur, il ne peut pas, parce qu'il n'a plus le titre représentatif de sa propriété.

L'unité du titre est donc un obstacle à la vente en cas d'engagement préalable, même partiel.

L'article 7 de l'arrêté du 26 mars, dont nous venons de parler, subordonne de plus la validité du transfert du récépissé, aussi bien en cas de vente qu'en cas de nantissement, à l'inscription du transfert sur les registres du magasin. Il ne distingue même pas entre le premier transfert et ceux qui peuvent suivre.

On comprend la nécessité d'une inscription sur les registres pour le premier endossement fait à titre de nantissement, nous en dirons plus tard les motifs. Mais les hommes compétents déclarent que le récépissé ne pourra jamais être considéré comme une valeur courante de portefeuille si, à chaque négociation et à chaque endossement, le transfert doit être inscrit sur le registre du magasin, et qu'une telle prescription rend matériellement impossible la circulation du récépissé.

L'article 5 de l'arrêté du 26 mars exige qu'entre autres indications portées sur le récépissé pour guider le prêteur ou l'acheteur lorsque le récépissé lui est présenté, on énonce *la valeur de la marchandise*, non pas la valeur déclarée par le déposant, mais *la valeur vénale au cours du jour, telle qu'elle est constatée par une expertise* à laquelle, aux termes de l'article 4, procèdent, au moment du dépôt, *des experts choisis par la Chambre de commerce, le Conseil municipal ou la Chambre consultative des arts et manufactures, parmi les négociants, et assistés d'un courtier de commerce ou d'un commissaire-priseur.*

Cette formalité n'a pas seulement pour inconvénient de retarder la délivrance des récépissés, d'obliger le déposant à des pertes de temps et à des frais ; elle met de plus dans le secret de ses affaires des tiers, des confrères, des concurrents qui sauront désormais qu'il prend ses mesures pour pouvoir engager ses marchandises, c'est-à-dire qu'il éprouve des embarras.

L'article 11 de l'arrêté du 26 mars est encore un de ceux contre lesquels s'élèvent les réclamations. C'est l'article qui porte qu'*à défaut de paiement à l'échéance, le concession-naire porteur du récépissé pourra exercer son recours contre l'emprunteur et les endosseurs ou* (à son choix) *sur la marchandise déposée.*

Dans ce dernier cas, ajoute l'article, *le président du Tribunal de commerce, sur la simple production de l'acte de protêt, ordonnera la vente de la marchandise aux enchères.*

Les réclamations auxquelles donne lieu cet article portent aussi bien sur la première disposition que sur la seconde.

La première est considérée comme compromettante pour l'emprunteur, qui ne peut être intéressé à engager sa marchandise qu'à la condition de dégager d'autant son crédit personnel.

La seconde inquiète le prêteur, altère sa confiance dans le contrat, puisque la réalisation de la marchandise est subordonnée à la volonté du juge, qu'il n'est pas complétement sûr de pouvoir rentrer dans sa créance avec promptitude, et qu'en tout cas, pour obtenir l'ordonnance du juge, il est soumis à des frais, à des démarches et à des lenteurs. Et ces incertitudes, ces frais, ces lenteurs tournent, en définitive, contre l'emprunteur, car le prêteur s'en fait tenir compte nécessairement dans les conditions du prêt. Le Gouvernement d'alors avait senti lui-même les inconvénients de cette nécessité de recourir au président du Tribunal de commerce pour la vente de la marchandise. Car, aux termes de deux décrets, l'un du 24 mars, l'autre des 23 et 26 août 1848, les comptoirs d'escompte et les sous-comptoirs de garantie avaient été affranchis de cette nécessité, et pouvaient faire vendre les marchandises données en nantissement, huitaine après une simple mise en demeure, et sans autorisation de justice.

Telles sont les dispositions qui sont signalées comme les principaux obstacles qui s'opposent à ce que les *warrants* se naturalisent parmi nous, à ce que notre commerce les adopte comme une institution commerciale à l'usage de tous et non pas seulement à l'usage des négociants embarrassés, et à ce qu'elle devienne la base sérieuse du *crédit sur marchandises*.

Le Gouvernement, après plusieurs années d'élaboration et d'études, a pensé qu'il n'y avait pas d'inconvénients à débarrasser le système de ces obstacles, et il vous soumet, d'accord avec le Conseil d'État, un projet de loi qui a pour but de supprimer et de simplifier beaucoup la législation de la matière, comme vous allez en juger par l'exposé des dispositions nouvelles qui vous sont proposées.

Art. 1ᵉʳ. — Nous avons dit que les récépissés délivrés par les magasins généraux ont pour objet de faciliter la négociation, à titre de vente ou de nantissement, des marchandises déposées.

La première condition pour qu'ils soient acceptés avec confiance par celui qui veut acquérir la marchandise ou la recevoir en nantissement sous cette forme, c'est donc que le récépissé en contienne une description assez détaillée pour prévenir toute difficulté sur l'identité de la marchandise dont il est la représentation.

Ce n'est pas tout, il faut encore, pour que la négociation des récépissés devienne une opération usuelle et rapide, que les indications données par le récépissé, et certifiées par le préposé du magasin général, soient assez complètes pour que, dans le plus grand nombre des cas, et particulièrement en cas de prêt, la négociation puisse se faire sans vérification de la marchandise.

L'article 1ᵉʳ pose donc ce principe, que le récépissé doit énoncer avec les nom, profession et domicile du déposant, la nature de la marchandise et toutes les indications propres à en établir l'identité et à en déterminer la valeur. Mais, comme ces indications sont nombreuses et peuvent être différentes, suivant la nature de la marchandise, il a paru convenable de renvoyer au règlement d'administration publique le soin de les préciser et de les énumérer en tenant compte de tous les cas qui peuvent se présenter.

Ce qu'il importe de signaler au Corps Législatif, c'est que cet article supprime l'expertise de l'arrêté du 26 mars. Nous avons dit déjà que cette formalité qui entraînait des lenteurs et des frais, froissait le déposant par l'intervention de tiers dans ses affaires. Si l'on veut passer l'institution dans nos mœurs, il importe beaucoup de ménager certaines susceptibilités. Mais il faut ajouter, ce que démontrent la réflexion et l'expérience, que cette formalité est d'ailleurs tout à fait inutile, aussi bien lorsqu'il s'agit de vente que lorsqu'il s'agit de prêt.

S'il s'agit de vente, en effet, de deux choses l'une : ou bien la marchandise a un cours, et ce n'est pas l'estimation, c'est le cours qui en réglera la valeur ; ou bien la marchandise est de celles qui n'ont pas de cours ou qui, ayant un cours, sont sujettes à détérioration et à déchet, et dans ce cas, l'estimation au jour du dépôt ne saurait suffire à en déterminer la valeur au jour de la vente ; cette évaluation anticipée ne dispenserait pas l'acheteur d'une vérification matérielle qui seule peut lui permettre d'assigner un prix à la marchandise qu'il achète. Pour la vente, l'estimation est donc sans objet, et même, loin de rendre les ventes plus faciles, elle serait plutôt de nature à les entraver ; le vendeur et l'acheteur ayant un intérêt égal à débattre librement le prix de leur marché, l'estimation préalable est une gêne et une source de difficultés pour tous les deux.

Au point de vue du prêt, l'estimation préalable n'est pas

plus nécessaire. Si l'on considère que le prêt est toujours plus ou moins inférieur à la valeur intégrale du gage, il est à peu près indifférent au prêteur de connaître la valeur exacte de celui-ci. Ce qu'il a besoin de savoir, c'est la valeur approximative ; et les indications du récépissé sur la nature de la marchandise, son espèce, sa qualité, son poids, sa provenance, etc., etc., — bien entendu si le magasin est constitué de manière à lui donner des garanties sur l'authenticité de ses déclarations à cet égard, — lui permettent parfaitement d'apprécier cette valeur approximative et de déterminer en conséquence l'importance de la somme qu'il peut prêter.

Cet ordre d'idées a conduit non-seulement à supprimer l'expertise préalable, mais à ne pas même exiger la mention d'une valeur déclarée par le déposant. Il est évident qu'elle est encore moins concluante que la valeur expertisée. Il importe uniquement, on le répète, que les indications soient assez complètes pour que les personnes exercées auxquelles le récépissé s'adresse, puissent en déduire la valeur au cours du jour, ou, quand cela leur suffit, la valeur approximative.

Art. 2, 3 et 4. L'unité du titre est, comme nous l'avons déjà indiqué, l'un des inconvénients du système dans son état actuel. Les articles 2, 3 et 4 ont pour objet de remédier à cet inconvénient, en dédoublant le récépissé et en assignant nettement à chacun des deux titres son rôle spécial.

Le récépissé unique servait indifféremment d'instrument de vente ou d'emprunt. Le projet distingue entre ces deux natures d'opérations, et la marchandise déposée donne lieu à la création de deux titres, l'un sous le nom de *récépissé*, l'autre sous le nom de *bulletin de gage :* le premier particulièrement destiné à servir d'*instrument de vente*, et à transférer la propriété de la marchandise ; l'autre devant servir d'*in-*

strument de crédit, et, comme son nom l'indique, placer la marchandise à titre de gage entre les mains du prêteur.

Le mécanisme des opérations diverses auxquelles donneront lieu les marchandises déposées dans les magasins généraux sera donc celui-ci :

Le déposant veut-il emprunter sur sa marchandise?

Il détache le bulletin de gage et le transfère par endossement au prêteur. L'endossement du bulletin seul et séparé du récépissé vaut nantissement, et confère au prêteur sur la marchandise déposée tous les droits du créancier gagiste sur le gage ; ce gage suit le bulletin en quelques mains qu'il passe par l'effet des négociations successives dont il est l'objet.

Le déposant veut-il vendre ?

Si sa marchandise n'est grevée d'aucun engagement, il a entre les mains les deux titres ; il les transfère tous deux à l'acheteur, et, par cet endossement, la propriété de la marchandise passe purement et simplement de la tête du vendeur sur celle de l'acheteur.

Si la marchandise est engagée, il transfère à l'acheteur le récépissé qu'il a conservé, et l'acheteur devient encore propriétaire de la marchandise, mais au même titre que le vendeur, c'est-à-dire à charge de payer au porteur du bulletin le montant de la créance garantie par l'endossement du bulletin (1).

Il ne serait pas exact, toutefois, de dire que l'endossement

______

(1) En Angleterre, comme on l'a dit au commencement de l'exposé, le dock délivre également deux titres, le *warrant* et le *weigt-note*. Il y a toutefois cette différence avec les propositions du projet de loi, que le *warrant*, bien que semblable à notre *récépissé*, remplit en Angleterre la fonction que le projet de loi lui assigne au *bulletin de gage*, et que le *weight-note*, qui, en cas de vente, passe des mains du vendeur dans celles de l'acheteur, est l'instrument de la transmission de la marchandise, et à ce point de vue remplit la même fonction que notre *récépissé*.

du récépissé, avec ou sans le bulletin, transfère toujours et dans tous les cas la propriété de la marchandise. On peut supposer que l'endossement du récépissé aura ce résultat dans le plus grand nombre des cas. Mais si c'était là la conséquence légale et nécessaire de l'endossement du récépissé, on irait au delà du but. Le récépissé doit pouvoir être transféré à un autre titre qu'à titre de vente, et, par exemple, à titre de mandat pour vendre ou pour retirer la marchandise. Il faut donc laisser toute latitude à cet égard au propriétaire du récépissé, et, en conséquence, il suffit, comme le dit à dessein l'article 4, que l'endossement du récépissé confère à celui à qui il est transféré *le droit de disposer de la marchandise*, en d'autres termes qu'il équivaille, en langage commercial, à *un ordre de livraison*.

A quel titre le cessionnaire du récépissé pourra-t-il disposer ? C'est ce que dira le contrat préexistant à l'endossement, dont l'endossement n'est que l'exécution, et dont les conditions, qui peuvent être très-variées, ne pourraient pas trouver place dans l'endossement lui-même, sous peine de le compliquer beaucoup, et même de porter un certain préjudice au cédant, qui peut avoir intérêt à ce que ses arrangements avec son cessionnaire ne soient pas connus.

Le *droit de disposer* est d'ailleurs suffisant pour garantir les tiers qui ont eu affaire avec le porteur du récépissé relativement à la marchandise que ce récépissé représente. Le *droit de disposer* lui a permis de retirer valablement la marchandise ou de la vendre, et le magasinier ou l'acheteur, par conséquent, n'ont pas à s'occuper des conditions de l'endossement. Ces conditions n'importent qu'aux rapports entre le cédant et le cessionnaire du récépissé, et elles seront facilement établies, s'il y a contestation, de la manière usitée en matière commerciale, savoir, par les livres ou la correspondance.

Art. 5. Après avoir formulé le mécanisme du système, déterminé la fonction des deux titres mis entre les mains du déposant en échange de sa marchandise, et précisé la valeur de l'endossement dont ils peuvent être l'objet, il fallait régler les conditions de l'endossement.

En premier lieu, tout endossement doit être daté. La date est nécessaire, particulièrement à l'égard des tiers. Quant à la sanction de cette disposition, elle est dans l'article 147 du Code pénal, d'après lequel on peut considérer qu'une anti-date dans un acte commercial, faite dans un but frauduleux, constitue un faux en écriture de commerce.

Mais l'endossement du *bulletin de gage*, lorsqu'il est né-gocié séparément du récépissé, doit remplir en outre cer-taines conditions spéciales.

L'endossement du bulletin de gage négocié séparément du récépissé a tous les effets d'un acte de nantissement. Il doit donc contenir toutes les énonciations essentielles qui devraient se trouver dans l'acte de nantissement, s'il avait lieu séparé-ment, savoir : le montant de la créance garantie, la date de son échéance, et les nom, profession et domicile du créancier.

Cet endossement et celui du récépissé doivent-ils être trans-crits sur les registres du magasin? C'est ici que se présente la question soulevée par les réclamations du commerce con-tre l'article 7 de l'arrêté du 26 mars qui, comme on l'a dit plus haut, exige la mention du transfert du récépissé sur les re-gistres du magasin, aussi bien dans le cas d'endossement pour nantissement que dans celui d'endossement pour trans-mission de la propriété des marchandises.

En ce qui touche l'endossement du récépissé, valant dans le plus grand nombre des cas transmission de la propriété, ou tout au moins droit de disposer, on comprendrait qu'il y eût nécessité de le transcrire sur les registres, si cette formalité devait correspondre à quelque formalité analogue prescrite dans la vente ordinaire pour qu'elle ait tous ses effets, soit entre les parties, soit à l'égard des tiers; mais il n'en est pas ainsi. Pour que la vente ordinaire soit parfaite entre les parties, il suffit qu'il y ait accord entre elles sur la chose et sur le prix. (Art. 1583 du Code Napoléon.) Et à l'égard des tiers, la vente *commerciale* n'acquiert pas date certaine uniquement par l'enregistrement ou par l'un des moyens prévus par l'article 1328 du Code Napoléon, mais aussi par tous les moyens de preuve usités en matière commerciale, les livres, la correspondance, etc.

Au point de vue des principes du droit, l'inscription du récépissé sur les registres du magasin n'a donc rien de nécessaire. Et dans la pratique, loin de servir, elle nuit, puisqu'elle oblige à des formalités et à des démarches que le commerce redoute toujours.

Quant à l'endossement du bulletin, pour se conformer aux principes, il faut en prescrire la transcription. Il est, en effet, un acte de nantissement, et dans le plus grand nombre des cas il a lieu entre négociants résidant dans la même place. Or, l'article 95 du Code de commerce exige que quand le prêt sur nantissement a lieu entre négociants ayant la même résidence, l'acte de nantissement soit enregistré. La date ne lui paraît pas suffisamment établie par les livres et la correspondance. Régulièrement il faudrait donc l'enregistrement de l'endossement; mais on peut considérer que la transcription sur les registres du magasin en tient lieu et a les mêmes effets. Le préposé du magasin est une sorte d'officier public dont la direction offre toute garantie de sincérité.

La transcription de cet endossement aura d'ailleurs ce résultat utile qu'il permettra à ceux qui y auraient intérêt et droit, de recourir au magasin pour connaître d'une manière officielle et authentique quelle est l'importance de la créance dont la marchandise est grevée. Et il faut ajouter que cette formalité, n'ayant lieu qu'une fois, n'aura rien de bien gênant.

Nous disons que la formalité n'aura lieu qu'une fois, parce que nous entendons bien que l'inscription sur les registres du magasin ne peut être exigée comme une condition nécessaire que pour le premier endossement du bulletin. Les raisons qui le font demander pour le premier endossement n'existent plus pour les endossements ultérieurs. Tandis que le premier endossement constitue l'acte de nantissement, ceux qui suivent ne sont plus que des transferts du bénéfice de cet acte à des cessionnaires successifs, et entre leurs mains le bulletin est une sorte d'effet de commerce avec privilége sur certaines valeurs, qui circule comme tout autre effet de commerce. Aucun principe n'exige plus pour ces endossements ultérieurs que la date soit constatée par un officier public, et, en pratique, il serait impossible de l'exiger, si l'on veut que les bulletins se négocient couramment.

Art. 6. L'article 6 prévoit un cas qui se présentera plus ou moins souvent, mais qui se présentera certainement.

Le porteur d'un récépissé séparé du bulletin, c'est-à-dire le propriétaire de la marchandise engagée, peut avoir intérêt à retirer la marchandise du magasin sans attendre l'échéance de la dette dont elle est grevée. Il peut se faire que la marchandise soit menacée de dépréciation ou d'avarie, si le dépôt dans le magasin se prolonge, que le cours de la marchandise soit favorable, mais que la vente actuelle ne soit possible qu'à la condition d'une livraison immédiate. On ne saurait donc refuser au propriétaire de la marchandise engagée la faculté de la libérer à toute époque, même avant l'échéance de la dette, et par conséquent de payer celle-ci par anticipation.

Cela admis, deux hypothèses se présentent : le porteur du bulletin, c'est-à-dire le créancier, est connu ou il ne l'est pas ; et il arrivera très-souvent qu'il ne le soit pas, puisque nous avons reconnu l'impossibilité pratique d'exiger l'inscription ou la mention sur les registres du magasin des endossements du bulletin qui suivent le premier.

Si le créancier est connu, le propriétaire de la marchandise peut facilement se libérer ; et, dans ce cas, il a paru juste, il était d'ailleurs conforme aux dispositions qui régissent actuellement la matière et qui, sous ce rapport, ne paraissent pas avoir soulevé de réclamations, d'autoriser le propriétaire de la marchandise qui la libère par anticipation, à retenir sur le montant de la créance les intérêts à courir du jour du payement au jour de l'échéance, sauf une bonification de dix jours acquise au créancier.

Mais *le créancier peut n'être pas connu,* et, dans ce cas, comment le débiteur se libérera-t-il valablement ?

Fallait-il autoriser à déposer à la Caisse des dépôts et consignations ? On a été obligé de reconnaître que les règles imposées à cette Caisse pour le payement aux ayants droit des fonds qui lui sont déposés, — règles sages, protectrices, et parfaitement motivées par cette considération que les sommes qu'elle reçoit à titre de consignation sont des sommes litigieuses, — étaient cependant de nature à effrayer le commerce, et ne s'expliqueraient pas pour lui dans un cas où il ne s'agit pas de sommes débattues entre plusieurs ayants droit ?

Fallait-il autoriser le versement au magasin ? Après mûr examen, il a paru que cette solution de la difficulté était acceptable. Il faut admettre, en effet, que si l'institution du *crédit sur marchandises* déposées prend le développement qu'il est désirable de lui donner, les magasins publics seront de grands établissements largement fondés, et constitués financièrement de manière à présenter une très-grande sécurité au commerce, qui aura à leur confier des quantités de marchandises considérables, et souvent des marchandises d'une grande valeur sous un petit volume ; que la moindre infidélité dans le service de la consignation des créances garanties, en cas de payement par anticipation à des créanciers inconnus, compromettrait trop gravement l'ensemble de leurs opérations et par conséquent leur existence, pour qu'elle soit sérieusement à redouter ; enfin, que les magasins sont autorisés par le Gouvernement, placés sous sa surveillance, et qu'il est dans ses pouvoirs de leur imposer, au sujet des consignations, les règles les plus propres à prévenir tout dommage pour les intéressés.

Restait à régler, pour ce cas, la question des intérêts. Ils doivent évidemment, lorsque le créancier est inconnu, être consignés en totalité avec le capital de la créance. Il ne serait pas juste, puisqu'on n'a pas pu imposer au créancier l'obligation de se faire connaître, que lorsqu'il se présentera à l'échéance pour toucher son argent, on eût le droit de lui dire : « Votre créance a été payée entre les mains du magasinier « depuis telle époque, et elle a cessé de porter intérêt dix « jours après. » La circulation des bulletins comme valeurs de commerce serait rendue impraticable dans de telles conditions. Habituellement, d'ailleurs, lorsque le débiteur voudra anticiper, c'est qu'il y aura un grand avantage pour lui à libérer sa marchandise avant le terme. Il aura à apprécier si cet avantage est en rapport avec l'obligation de payer un excédant d'intérêts. Enfin, cette obligation le stimulera dans la recherche du porteur du bulletin, qu'avec le nom et le domicile du premier endosseur il sera le plus souvent possible de retrouver, si on y trouve son compte.

A l'occasion du règlement sur les mesures d'exécution, il y aura à examiner s'il ne serait pas utile d'ouvrir au porteur du bulletin qui voudrait éviter la consignation, la faculté de se faire inscrire au magasin, et d'obliger ainsi le débiteur à payer entre ses mains.

Art. 7. L'article 7 supprime l'obligation de recourir au président du Tribunal de commerce pour faire vendre la marchandise aux enchères, en cas de non-payement à l'échéance.

Dans le contrat de nantissement en matière civile, la vente du gage ne peut avoir lieu sans qu'elle ait été *ordonnée en justice*, c'est-à-dire par un jugement du Tribunal. L'article 11 de l'arrêté du 26 mars 1848 ne va pas jusque-là ; il se borne à déclarer que le *président du Tribunal de commerce, sur la simple production de l'acte de protêt, ordonnera la vente de la marchandise aux enchères*. Ce n'est donc qu'un visa du président du Tribunal, qui, d'après les termes impératifs de l'article, ne paraît pas pouvoir se refuser à ordonner la vente, si le protêt est régulier. On reconnaissait, et il fallait bien reconnaître, que l'on ne pouvait pas laisser au juge l'appréciation de l'opportunité de la vente; qu'il s'agit, en effet, du recouvrement d'une dette commerciale, qui est toujours favorable, qui doit être prompt, facile, exempt de formalités, parce que si la dette n'est pas payée à l'échéance, le créancier est mis à son tour dans l'impossibilité de remplir ses engagements.

Mais alors on est amené à se demander si la formalité réduite à un simple visa de l'acte de protêt par le juge, vaut les frais et les lenteurs qu'elle entraîne, et finalement à conclure qu'elle n'a pas d'intérêt sérieux, et qu'on peut la supprimer sans inconvénients. On vous propose donc de décider que huit jours après le protêt, il pourra être procédé à la vente aux enchères sans formalités de justice.

Art. 8. L'article 8 mérite de fixer l'attention du Corps Législatif. Il contient deux améliorations qui seront appréciées par le commerce.

En premier lieu, il affranchit la marchandise engagée du privilége général de la Douane sur l'ensemble des meubles et effets mobiliers des redevables, tel qu'il est constitué par l'article 22, titre XIII, de la loi des 6-22 août 1791, et il le réduit aux droits spécialement dus par la marchandise elle-même. L'administration des Douanes, qui n'a jamais usé que dans des cas extrêmement rares de ce privilége général, reconnaît que son atténuation, dans les limites proposées, ne compromet point d'une manière sérieuse les intérêts du Trésor. Et, d'un autre côté, il est certain que ce privilége général, pouvant éventuellement absorber la valeur entière de la marchandise, était une grave atteinte à la sécurité que le gage doit présenter.

L'article 8 contient de plus une disposition qui supprime la faculté pour le prêteur d'actionner personnellement l'emprunteur avant d'avoir discuté le gage. D'après le projet, le prêteur n'aurait de recours contre l'emprunteur et les endosseurs qu'après avoir préalablement fait vendre la marchandise, et pour le cas où sa réalisation n'aurait pas produit une valeur suffisante pour payer la totalité de la créance.

On a remarqué avec raison que la disposition actuelle met l'emprunteur dans une situation fâcheuse; qu'il a perdu la disposition de la marchandise en la donnant en nantissement, et qu'il n'en a pas moins chargé son crédit. Sa position, loin de se simplifier, s'est compliquée.

Du reste, bien que l'emprunteur soit affranchi par le projet du recours du prêteur dans tout autre cas que celui où la marchandise ne suffit pas à payer la dette, les garanties du prêteur n'en demeurent pas moins considérables et suffisantes, puisque, d'une part, il a toujours le droit de ne prêter sur la marchandise que ce qu'elle lui paraît pouvoir payer dans les éventualités les plus fâcheuses, et que, d'autre part, on aura supprimé, si vous approuvez les articles précédents, toutes les formalités qui pouvaient retarder et compromettre la réalisation de la marchandise, c'est-à-dire le payement.

En ce qui touche les endosseurs, une disposition spéciale était nécessaire pour empêcher que l'obligation de discuter le gage préalablement n'entraînât, pour le porteur du bulletin, la perte de son recours contre eux par l'expiration des délais assez courts dans lesquels, aux termes du Code de commerce, il doit être exercé, sous peine de déchéance. D'après les articles 165 et suivants de ce Code, le porteur d'un effet de commerce ne conserve son recours contre son cédant qu'à la condition de lui faire notifier le protêt et de le citer en jugement dans les quinze jours qui suivent la date du protêt, sauf les délais de distance. Or, ce délai de quinzaine, dans l'espèce, peut facilement expirer avant que la vente soit réalisée, par conséquent, avant que le porteur du bulletin sache si son recours contre les endosseurs est ouvert. Il était donc juste de ne faire courir le délai dont il s'agit, que du jour de la réalisation de la vente.

D'un autre côté, il n'était pas possible de permettre au porteur du bulletin de prolonger indéfiniment son droit de recours contre les endosseurs en ajournant la vente : cela eût été contraire à la loi commerciale qui veut que la situation de l'endosseur soit promptement fixée. Il était convenable, dès lors, d'obliger le porteur à faire vendre dans un délai déterminé, qui a paru pouvoir, sans inconvénient, être fixé à un mois. S'il se présentait des cas où il y eût un intérêt sérieux à ajourner la vente au delà de ce terme pour obtenir un meilleur prix, il pourrait toujours être avisé par des arrangements particuliers, que faciliterait sans doute l'intérêt commun des endosseurs et du propriétaire de la marchandise, à ne pas la faire vendre dans des conditions trop mauvaises.

Art. 10. En cherchant à améliorer et à simplifier le mode nouveau de prêts sur marchandises dont nous nous occupons, nous ne pouvions omettre ce qui concerne les rapports de l'institution avec nos grands établissements de crédit, dont le concours est assurément ce qui peut le plus efficacement favoriser son développement et son assimilation avec les habitudes françaises.

L'article 10 s'est attaché à simplifier ces rapports et à faciliter l'accès de ces grands établissements aux porteurs de bulletins. C'est dans ce but qu'il supprime l'obligation du billet à ordre qui, d'après les articles 8 et 9 de l'arrêté du 26 mars, devrait être joint au récépissé présenté à la Banque et aux comptoirs d'escompte. Le bulletin lui-même devra être considéré et accepté par les établissements de crédit, aussi bien que par les particuliers, comme un effet de commerce, comme un billet à ordre ; il en a, en effet, tous les caractères. On maintient de plus la dispense d'une signature dont il jouit en ce moment, en sorte que les comptoirs d'escompte continueront à le recevoir avec une seule signature, la Banque avec deux signatures. Le privilége sur la marchandise donnée en gage par l'émission du bulletin n'offre-t-il pas, en effet, une garantie aussi sérieuse que la meilleure signature ?

Nous passons sur les articles 9 et 11, qui s'expliquent d'eux-mêmes.

Art. 12. L'article 12 seul comporte de courtes observations. C'est celui qui est relatif aux droits de timbre et d'enregistrement auxquels sont soumis les récépissés et les bulletins.

Le droit de timbre est dû par le récépissé et par le bulletin, mais dans des conditions différentes, en raison de la différence de caractère des deux titres.

Le récépissé, entre les mains du déposant, est un certificat de propriété ; s'il est transmis, il vaut habituellement vente. A ce double point de vue, il rentre dans la classe des actes assujettis au timbre de dimension par l'article 12 de la loi du 13 brumaire an VII.

Le bulletin de gage, tant qu'il n'est pas transmis séparément du récépissé, n'a aucun rôle qui l'assujettisse à un droit de timbre ; mais, par sa négociation au profit de celui qui reçoit la marchandise en gage pour garantie de la somme qu'il avance, et qui jouit de la faculté de le transférer lui-même par endossement, il devient, comme nous l'avons dit déjà plusieurs fois, un véritable effet de commerce, et comme tel il est évidemment du nombre des actes que l'article 1er de la loi du 5 juin 1850 assujettit au timbre proportionnel de 50 c. par 1,000 fr. Il n'y a pas de raison pour le traiter, au point de vue de l'impôt, plus favorablement qu'un effet de commerce ordinaire.

Il est d'ailleurs conforme aux règles de la matière, que le timbre de dimension soit apposé sur le récépissé au moment de sa création, ce qui, dans la pratique, aura lieu en timbrant d'avance les récépissés sur le registre à souche des magasins, et que le timbre proportionnel auquel sont assujettis les bulletins de gage transférés séparément des récépissés, mais qui ne peut pas être appliqué d'avance, soit remplacé par un visa pour timbre donné au moment du premier endossement du bulletin.

Quant aux droits d'enregistrement, ils sont fixés de la manière suivante :

Lorsque le récépissé reste entre les mains du déposant, en tant que certificat de propriété, il ne donne ouverture, d'après les principes généraux de l'enregistrement, qu'à un droit fixe. Lorsqu'il est transféré et qu'il opère transmission de la propriété, régulièrement, selon les mêmes principes, il devrait donner lieu à un droit proportionnel de 2 p. 100. Mais cette perception n'était point conciliable avec l'esprit du projet de loi, qui est de favoriser ces sortes d'opérations, et l'on a pensé qu'il n'y avait pas lieu de rien changer au droit d'enregistrement actuel, qui est de 1 franc seulement.

Les bulletins de gage devront nécessairement, de leur côté, être assujettis au droit d'enregistrement de 50 centimes par 100 francs établi par l'article 69, paragraphe 2, n° 6 de la loi du 22 frimaire an VII, pour les billets à ordre et les effets négociables ou de commerce autres que les lettres de change.

Ces propositions n'aggravent pas la situation des négociants qui auront à faire des opérations sur les marchandises déposées dans les magasins généraux; car, dans l'état actuel des choses, les récépissés délivrés conformément au décret du 21 mars 1848 supportent le droit de timbre de dimension, et, lorsqu'il y a lieu, un droit fixe d'enregistrement égal à celui auquel le projet assujettit les récépissés nouveaux; et les effets négociés sous la garantie de ces récépissés sont passibles des mêmes droits proportionnels de timbre et d'enregistrement qu'on propose de percevoir sur les bulletins de gage.

Il faut ajouter que, comme le caractère dès récépissés et bulletins est celui d'actes sous seing privé, les droits d'enregistrement ne peuvent être exigés, d'après l'article 23 de la loi du 22 frimaire an VII, que, lorsqu'on veut en faire usage, soit par acte public, soit en justice, ou devant toute autre autorité constituée, et que, par conséquent, ils seront rarement nécessaires.

Nous terminons ici, Messieurs, l'exposé des motifs du projet de loi sur les négociations concernant les marchandises déposées dans les magasins généraux.

Si vous l'adoptez, vous aurez mis le mécanisme de l'institution de crédit introduite en France par le décret du 21 mars 1848, en harmonie avec tous les besoins du propriétaire de marchandises déposées ; — simplifié les formalités du système, — donné au prêteur des sûretés très-efficaces, et par cela même assuré à l'emprunteur les conditions les plus favorables ; — vous aurez enfin fait tout ce que peut faire, ce semble, la législation, sans méconnaître aucun principe et sans compromettre aucun intérêt sérieux, pour ouvrir définitivement aux habitudes françaises un nouveau moyen de crédit d'une grande puissance, dont nos voisins ont tiré le meilleur parti et dont notre commerce sera appelé à faire librement l'épreuve.

II. — PROJET DE LOI SUR LES VENTES PUBLIQUES DE MARCHANDISES EN GROS.

Il serait curieux et intéressant d'exposer les détails pratiques et les résultats économiques de la vente publique en Angleterre. Mais le temps et l'espace manquent. Il suffira de dire d'une manière générale que, dans ce pays, ce mode de vente, employé sur une très-grande échelle, quoique restreinte de fait à certaines natures de marchandises, parmi lesquelles les produits exotiques et les matières premières nécessaires aux fabriques tiennent la première place, est extrêmement profitable aux vendeurs, aux acheteurs et au public :

Aux vendeurs, parce qu'ils peuvent mettre leurs marchandises en face d'un grand concours d'acheteurs, et qu'ils vendent, dès lors, dans les conditions les plus favorables ;

Aux acheteurs, parce que, pouvant obtenir directement

de celui qui les produit, ou qui les importe, les objets de vente au détail ou les matières premières de fabrication dont ils ont besoin, ils les reçoivent dégagés de la plus grande partie de ces frais d'intermédiaires, commissionnaires, marchands en gros et en demi-gros, qui grèvent si notablement la marchandise ;

Au public enfin, parce qu'il paye nécessairement à meilleur compte les objets qu'il consomme, lorsque le marchand auquel il les achète a pu se les procurer de première main. On a fait remarquer avec raison que la suppression d'une partie des frais d'intermédiaires sur les matières premières achetées par les fabriques, exerce une influence sérieuse sur le bon marché de certains produits de fabrication anglaise, contre lesquels nous ne pouvons pas lutter malgré l'infériorité du prix de notre main-d'œuvre.

Parmi les grands services que les ventes publiques rendent à l'Angleterre, il ne faut pas omettre l'immense mouvement d'affaires qu'amène l'affluence des étrangers attirés par ces sortes de ventes, l'augmentation incessante des revenus de la douane et l'aliment considérable fourni à la marine.

En présence de bienfaits si précieux et si multiples que nos voisins d'outre-Manche doivent aux ventes publiques, et qui sont également fort considérables en Hollande et dans les villes anséatiques, où elles sont aussi très-pratiquées, on comprend que nos principales chambres de commerce, celles surtout des villes qui se livrent au commerce exotique, comme Marseille, Bordeaux, Nantes, Dunkerque, Paris, insistent pour que les ventes publiques obtiennent plus de liberté que ne leur en accorde notre législation, et le caractère commercial qu'elles n'ont pas en ce moment.

C'est encore une facilité que le Gouvernement juge utile de donner au commerce et qui n'a point semblé devoir entraîner de sérieux inconvénients, à la condition toutefois de conserver certaines garanties dont vous comprendrez facilement l'importance.

L'examen successif des articles nous permettra de signaler celles des restrictions qui peuvent être supprimées et celles qu'il a paru opportun de maintenir.

ART. 1er. Aux termes des décrets des 22 novembre 1811 et 17 avril 1812, qui régissent les ventes volontaires en gros, ces sortes de ventes ne peuvent avoir lieu qu'en vertu d'une autorisation du tribunal de commerce, donnée sur requête.

Le courtier chargé de la vente doit déposer au greffe une déclaration portant que *les marchandises sont la propriété du négociant qui demande l'autorisation de les vendre aux enchères, ou bien qu'elles lui ont été adressées du dehors par des marchands ou négociants qui l'ont autorisé à les réaliser par la voie de la vente publique ; ou bien encore que le produit de la vente doit servir à rembourser des avances faites, ou à payer des acceptations accordées par suite de l'envoi desdites marchandises.*

L'article 3 du décret du 17 avril 1812 ajoute que *néanmoins, et malgré les cas ci-dessus énoncés, les Tribunaux de commerce sont juges de la validité des motifs.*

De plus, toutes espèces de marchandises ne peuvent pas être vendues aux enchères, même avec l'autorisation du Tribunal de commerce. La vente ne peut être autorisée qu'autant qu'elle porte, à Paris, sur des marchandises désignées au tableau annexé au décret de 1812, — dans les autres villes de l'Empire, sur des marchandises comprises dans des états dressés par les Tribunaux et Chambres de commerce et approuvés par le Ministre du commerce.

Le tableau annexé au tableau de 1812 peut d'ailleurs, en vertu de l'ordonnance du 1er juillet 1818, être modifié par simple arrêté du Ministre du commerce, après avis de la Chambre et du Tribunal de commerce.

L'autorisation du Tribunal de commerce était sans doute motivée par cette triple considération : qu'elle serait une protection pour le commerce établi, qu'elle préviendrait les fraudes des négociants de mauvaise foi voulant dérober leur actif à leurs créanciers, et enfin qu'elle contribuerait à prévenir les crises qui peuvent résulter de réalisations de marchandises faites avec imprudence, et dans des proportions de nature à écraser le marché.

Il est juste de protéger le commerce établi ; mais cette considération, qui avait surtout de l'importance pour les ventes aux enchères *en détail*, et qui a beaucoup préoccupé les auteurs de la loi du 25 juin 1841, relative à cette nature de ventes, a bien peu d'intérêt dans la question des ventes aux enchères *en gros*.

Le règlement d'administration publique à intervenir pour l'exécution de la loi n'omettra assurément aucune des dispositions propres à empêcher que la vente en gros ne dégénère en vente au détail; et, dès lors, quels sont les commerçants établis qui pourraient avoir à souffrir des facilités données aux ventes publiques en gros? Ce ne sont pas assurément les commerçants en détail ni les fabricants, qui, au contraire, y trouveront avantage, comme en Angleterre, par les rapports directs qu'elles établiront entre eux et les producteurs. Ceux qui pourraient avoir à en souffrir seraient les commerçants en gros ou en demi-gros. Mais, d'une part, ils sont relativement peu nombreux, et, d'autre part, comme le progrès des ventes publiques ne peut avoir lieu qu'avec une certaine lenteur, les maisons de commerce en gros et en demi-gros, dont elles pourraient compromettre les intérêts, auront tout le temps de se transformer.

Faut-il s'inquiéter des fraudes possibles de la part des débiteurs de mauvaise foi qui veulent faire disparaître leur actif ? Pas davantage, ce semble, à la condition que le règlement d'administration publique prescrira toutes les mesures de publicité qu'exige l'intérêt des créanciers.

Reste la crainte des crises causées par des ventes trop fréquentes et trop considérables, qui, à certains moments, amèneraient une forte dépréciation dans les prix.

C'est là une considération fort sérieuse et qui mérite de préoccuper le législateur. Elle a de l'importance, surtout en ce qui concerne les marchandises fabriquées. Une dépréciation subite et trop considérable des objets fabriqués peut compromettre l'existence des manufactures et priver tout à coup de travail de grandes masses d'ouvriers. L'humanité d'abord, la politique ensuite, commandent de prévenir avant tout de tels résultats. Mais les objets fabriqués sont précisément exclus de la nomenclature des marchandises qu'il sera permis de vendre aux enchères, telle qu'elle est établie dans le tableau annexé au projet de loi. Cette nomenclature ne comprend, en dehors des marchandises exotiques destinées à la réexportation, que des denrées alimentaires ou des matières premières nécessaires aux fabriques. Or, réduit aux crises qui peuvent se produire sur les denrées alimentaires et sur les matières premières nécessaires aux fabriques, le danger est singulièrement atténué. On peut même penser qu'en ce cas il présente d'importantes compensations et qu'il se corrige lui-même.

En effet, s'il y a souffrances ou désastres pour les négociants qui sont obligés de vendre leurs marchandises dans ces moments de dépréciation extrême, les fabriques, les consommateurs, le plus grand nombre enfin, profitent de cette baisse. Et, quant au commerce lui-même, il se liquide ; et, de toutes les circonstances fâcheuses où le commerce peut se trouver, la moins mauvaise, en définitive, c'est celle où, même au prix de sacrifices, il peut se liquider ; car il peut alors réparer ses désastres en reprenant ses opérations.

Enfin, quelle que soit la portée du péril des crises, ce n'est pas l'intervention du Tribunal de commerce qui peut les prévenir. La situation des Tribunaux de commerce, le point de vue de l'intérêt privé dans lequel les maintiennent forcément leurs occupations habituelles, ne les rendent pas juges compétents des besoins de l'intérêt général. Aussi, d'après la déclaration des Chambres de commerce, est-il sans exemple qu'un Tribunal de commerce ait refusé l'autorisation de vendre.

La seule protection efficace contre les crises véritablement périlleuses, se trouve dans une nomenclature limitative des marchandises susceptibles d'être vendues aux enchères, annexée à la loi, et dans le droit réservé au Gouvernement de modifier cette nomenclature par un décret rendu en Conseil d'État, soit pour la restreindre, soit pour l'étendre, au fur et à mesure des besoins qui se produiront.

Nous vous proposons donc, et par ces motifs, de conserver la nomenclature limitative comme une garantie sérieuse et suffisante donnée aux intérêts généraux, et de supprimer l'autorisation du Tribunal de commerce qui, comme l'expérience l'a prouvé, n'a d'autres résultats que de gêner le commerce et de lui imposer des frais.

Les dispositions qui suivent s'expliquent d'elles-mêmes, et n'ont besoin que de courtes explications.

Art. 2. La législation sur les courtiers, telle qu'elle a été interprétée par la Cour de cassation, ne leur permet pas de procéder à la vente publique des marchandises en dehors du mur d'enceinte de la ville où ils sont établis ; elle ne leur permet même pas d'y procéder à la Bourse, sur échantillons, lorsque les marchandises dont ces échantillons sont extraits sont déposées dans des magasins situés hors du mur d'enceinte. Dans ce cas, les commisseurs-priseurs, les huissiers ou les greffiers ont seuls qualité pour faire la vente.

Cette jurisprudence nuit sérieusement aux ventes sous un double rapport. — Les frais sont plus considérables, les droits du commissaire-priseur étant de 6 p. 100, tandis que ceux du courtier ne sont que de 1 p. 100. — De plus, le courtier connaît la marchandise, est en rapports habituels avec ceux qui l'achètent. Il n'en est pas de même des commissaires-priseurs ou greffiers, qui ne se livrent pas habituellement à ces sortes d'opérations.

Il était donc favorable aux ventes publiques d'autoriser les courtiers établis dans une ville où siége un Tribunal de commerce, à procéder à ces ventes dans tout le ressort de ce Tribunal, à moins, bien entendu, qu'il n'existe une autre compagnie de courtiers dans la localité où a lieu la vente.

Art. 3. L'article 3 place entre les mains du Ministre, la Chambre et le Tribunal de commerce entendus, le pouvoir de fixer les droits de courtage, droit attribué aux Tribunaux de commerce par l'article 11 du décret de 1812. C'est là une attribution gouvernementale.

Art. 4. Le droit d'enregistrement des ventes publiques en gros, fixé primitivement à 2 p. 100, avait été réduit à 50 centimes par 100 francs par l'article 74 de la loi du 15 mai 1818. Nous proposons, pour favoriser l'impulsion à donner à ces sortes de vente, de l'abaisser encore et de le fixer à 10 centimes par 100 francs. Ce n'est pas un sacrifice que fait le Trésor. Dans l'état actuel des choses, le droit de 50 centimes ne produit qu'une somme insignifiante. Si les ventes publiques prennent du développement par la loi nouvelle, le droit de 10 centimes sera évidemment plus productif que ne l'est en ce moment le droit de 50 centimes.

Nous n'avons pas besoin de faire remarquer au Corps Législatif que toutes les dispositions réglementaires utiles et conformes à l'esprit de la loi nouvelle, qui se trouvaient dans le décret de 1812 et dans les ordonnances du 1er juillet 1818 et 9 avril 1819, qu'on propose d'abroger, seront replacées dans le règlement d'administration publique qui sera fait pour l'exécution de la loi.

En résumé, le projet de loi sur les ventes publiques conserve, de la législation existante, ce qui est essentiel à la protection de l'intérêt général, la disposition qui peut seule efficacement servir à garantir le commerce contre l'abus des ventes publiques appliquées à certaines natures de marchandises où elles pourraient déterminer ou favoriser des crises dangereuses. Mais il a paru qu'on ne créait aucun péril en laissant toute latitude pour le reste aux ventes publiques; qu'en un mot, — aussi bien pour faciliter l'exécution de la loi précédente, dont une des dispositions principales suppose que la vente publique fonctionnera avec toute sa liberté d'action, que pour satisfaire à la pensée générale qui domine les deux projets, de donner à la *valeur marchandise* une grande puissance de circulation, — il fallait placer les ventes publiques dans des conditions véritablement commerciales; et, dans ce but, on vous propose de réduire notablement les droits, d'assurer à ces sortes de ventes, dans tous les cas, le concours des officiers publics spécialement aptes aux opérations commerciales; enfin, et principalement, de supprimer la nécessité d'une autorisation préalable.

Ce projet, Messieurs, et celui dont nous vous avons entretenus d'abord, doivent, à notre avis, être favorables à l'essor du crédit commercial, qui doit tant, déjà, au Gouvernement de l'Empereur. Il ne faut pas, assurément, se faire d'illusions et penser que l'institution des warrants et celle des ventes publiques puissent prendre chez nous, avec rapidité surtout, et par le seul fait d'une modification intelligente apportée à notre législation, le développement immense qu'elles ont reçu chez nos voisins, et qui est dû particulièrement à ce que l'Angleterre est devenue l'entrepôt du monde. Mais, toutes proportions gardées, ces deux institutions peuvent incontestablement rendre de grands services au crédit commercial, si elles sont comprises et adoptées par notre commerce. Or, le législateur devait intervenir pour supprimer tous obstacles inutiles et toutes dispositions de défiance mal fondée de nature à en décourager l'usage. C'est ce que nous vous proposons de faire. Et maintenant, la voie étant rendue facile et sûre, le commerce y entrera, sans doute, avec confiance, et y fera les progrès que comportent nos besoins, nos mœurs et notre génie national.

III. — PROJET DE LOI SUR LES NÉGOCIATIONS CONCERNANT LES MARCHANDISES DÉPOSÉES DANS LES MAGASINS GÉNÉRAUX.

ART. 1er. Les récépissés délivrés, conformément au décret du 21 mars 1848, à ceux qui déposent des marchandises dans les magasins généraux établis avec l'autorisation du Gouvernement, énoncent les nom, profession et domicile du déposant, ainsi que la nature de la marchandise déposée et les indications propres à en établir l'identité et à en déterminer la valeur.

ART. 2. A chaque récépissé de marchandises est annexé

un bulletin de gage contenant les mêmes mentions que le récépissé.

Art. 3. Les récépissés et les bulletins de gage peuvent être transférés par voie d'endossement, ensemble ou séparément.

Art. 4. L'endossement du bulletin séparé du récépissé vaut nantissement de la marchandise au profit du cessionnaire du bulletin.

L'endossement du récépissé transmet au cessionnaire le droit de disposer de la marchandise, à la charge par lui, lorsque le bulletin n'est pas transféré avec le récépissé, de payer la créance garantie par le bulletin, ou d'en laisser payer le montant sur le prix de la vente de la marchandise.

Art. 5. L'endossement du récépissé et du bulletin, transférés ensemble ou séparément, doit être daté.

L'endossement du bulletin séparé du récépissé doit en outre énoncer le montant intégral, en capital et intérêts, de la créance garantie, la date de son échéance, et les nom, profession et domicile du créancier.

Le premier cessionnaire du bulletin doit immédiatement faire transcrire l'endossement sur les registres du magasin, avec les énonciations dont il est accompagné. Il est fait mention de cette transcription sur le bulletin.

Art. 6. Le porteur du récépissé séparé du bulletin peut, même avant l'échéance, payer la créance garantie par le bulletin.

Ce payement est fait au porteur du bulletin, s'il est connu, et, dans ce cas, ce porteur n'a droit aux intérêts que jusqu'au onzième jour qui suit le payement.

Si le porteur du bulletin n'est pas connu, la somme due, y compris les intérêts jusqu'à l'échéance, est consignée entre les mains du préposé du magasin général, qui en demeure responsable, et cette consignation libère la marchandise.

Art. 7. A défaut de payement à l'échéance, le porteur du bulletin séparé du récépissé peut, huit jours après le protêt, et sans aucune formalité de justice, faire procéder à la vente publique aux enchères et en gros de la marchandise engagée, dans les formes et par les officiers publics indiqués dans la loi du . . . . . .

Art. 8. Il est payé de sa créance, sur le prix, directement et sans formalité de justice, par privilége et préférence à tous créanciers, sans autre déduction que celle : 1º des contributions indirectes, des taxes d'octroi et des droits de douane dus par la marchandise ; 2º des frais de vente, de magasinage et autres faits pour la conservation de la chose.

Il n'a de recours contre l'emprunteur et les endosseurs qu'après avoir exercé ses droits sur la marchandise, et en cas d'insuffisance.

Les délais fixés par les articles 165 et suivants du Code de commerce pour l'exercice du recours contre les endosseurs, ne courent que du jour où la vente de la marchandise est réalisée.

Le porteur du bulletin perd en tout cas son recours contre les endosseurs, s'il n'a pas fait procéder à la vente dans le mois qui suit la date du protêt.

Art. 9. Les porteurs de récépissés et de bulletins ont sur les indemnités d'assurance dues , en cas de sinistres, les mêmes droits et priviléges que sur la marchandise assurée.

Art. 10. Les établissements publics de crédit peuvent recevoir les bulletins de gage comme effets de commerce, avec dispense d'une des signatures exigées par leurs statuts.

Art. 11. Celui qui a perdu un récépissé ou un bulletin peut demander et obtenir par ordonnance du juge, en justifiant de sa propriété par ses livres et en donnant caution, un duplicata s'il s'agit de récépissé, le payement de la créance garantie s'il s'agit de bulletin.

Art. 12. Les récépissés sont timbrés ; ils ne donnent lieu pour l'enregistrement qu'à un droit fixe de 1 franc.

Sont applicables aux bulletins endossés séparément des récépissés, les dispositions du titre 1ᵉʳ de la loi du 5 juin 1850, et de l'article 69, paragraphe 2, n° 6 de la loi du 22 frimaire an VII.

L'endossement d'un bulletin de gage séparé du récépissé non timbré ou visé pour timbre conformément à la loi, ne peut être transcrit ou mentionné sur les registres du magasin, sous peine, contre le dépositaire des registres, d'une amende égale au montant du droit auquel le bulletin est soumis.

Les dépositaires des registres des magasins généraux sont tenus de les communiquer aux préposés de l'enregistrement, selon le mode prescrit par l'article 54 de la loi du 22 frimaire an VII, et sous les peines y énoncées.

Art. 13. Un règlement d'administration publique prescrira les mesures qui seraient nécessaires à l'exécution de la présente loi.

Art. 14. Est abrogé l'arrêté du 26 mars 1848.

Sont également abrogés, en ce qu'ils ont de contraire à la présente loi, les décrets des 21 mars et 23-26 août 1848.

Le présent projet de loi a été délibéré et adopté par le Conseil d'État, dans ses séances des 20 et 22 mars 1858.

IV. — PROJET DE LOI SUR LES VENTES PUBLIQUES DE MARCHANDISES EN GROS.

Art. 1ᵉʳ. La vente volontaire aux enchères, en gros, des marchandises comprises au tableau annexé à la présente loi, peut avoir lieu par le ministère des courtiers, sans autorisation du Tribunal de commerce.

Ce tableau peut être modifié, soit d'une manière générale, soit pour une ou plusieurs villes, par un décret rendu dans la forme des règlements d'administration publique et après avis des Chambres de commerce.

Art. 2. Les courtiers établis dans une ville où siége un Tribunal de commerce, ont qualité pour procéder aux ventes régies par la présente loi, dans toute localité dépendant du ressort de ce tribunal où il n'existe pas de courtiers.

Ils se conforment aux dispositions prescrites par la loi du 22 pluviôse an VII, concernant les ventes publiques de meubles.

Art. 3. Le droit de courtage pour les ventes qui font l'objet de la présente loi est fixé, pour chaque localité, par le Ministre de l'agriculture, du commerce et des travaux publics, après avis de la Chambre et du Tribunal de commerce; mais, dans aucun cas, il ne peut excéder le droit établi dans les ventes de gré à gré, pour les mêmes sortes de marchandises.

Art. 4. Le droit d'enregistrement des ventes publiques en gros est fixé à 10 centimes pour 100 francs.

Art. 5. Les contestations relatives aux ventes sont portées devant le Tribunal de commerce.

Art. 6. Il est procédé aux ventes dans des locaux spécialement autorisés à cet effet, après avis de la Chambre et du Tribunal de commerce.

Art. 7. Un règlement d'administration publique prescrira les mesures nécessaires à l'exécution de la présente loi.

Il déterminera notamment les formes et les conditions de l'autorisation des locaux où auront lieu les ventes publiques en gros.

Art. 8. Sont abrogés l'article 6 de la loi du 25 juin 1841, les décrets du 22 novembre 1811 et du 17 avril 1812, les ordonnances des 1ᵉʳ juillet 1818 et 9 avril 1819, et toutes autres dispositions contraires à la présente loi.

Ce projet de loi a été délibéré et adopté par le Conseil d'État, dans sa séance du 22 mars 1858.

TABLEAU

Des marchandises qui peuvent être vendues en gros, aux enchères publiques,

POUR ÊTRE ANNEXÉ A LA LOI DU ......

1° MARCHANDISES EXOTIQUES :

Denrées alimentaires, matières premières nécessaires aux fabriques, et tout produit quelconque destiné à la réexportation.

2° MARCHANDISES INDIGÈNES :

Grains, graines et farines.	Vins et esprits.
Légumes secs et fruits secs.	Savons.
Cires et miel.	Produits chimiques.
Sucres bruts.	Cuirs et peaux bruts.
Laines.	Poils, crins et soies d'animaux.
Chanvres et lins.	Graisse, suif et stéarine.
Soies.	Houille et coke.
Racines et produits tinctoriaux.	Bois et matériaux de construction.
Huiles.	Métaux bruts.

VII

30 Avril 1858. — *Rapports* faits au Corps Législatif, au nom de la Commission (1) chargée d'examiner deux projets de loi relatifs :
Le premier, aux négociations concernant les marchandises déposées dans les magasins généraux,
Le second, aux ventes publiques de marchandises en gros,

PAR M. ANCEL, DÉPUTÉ AU CORPS LÉGISLATIF.

I. — PROJET DE LOI CONCERNANT LES MARCHANDISES DÉPOSÉES DANS LES MAGASINS GÉNÉRAUX.

MESSIEURS,

Les deux projets de lois soumis à vos délibérations ont pour but de développer en France deux institutions qui concourent depuis longtemps à la prospérité commerciale de l'Angleterre : ce sont les prêts sur warrants, et les ventes publiques de marchandises en gros.

Les warrants rendent au commerce anglais ce service considérable : un négociant qui a reçu des marchandises peut, en les consignant dans un dock ou dans un magasin public, se procurer immédiatement de l'argent sur ces marchandises, en donnant pour gage à son prêteur, qui est ordinairement le courtier lui-même, le récépissé ou warrant délivré par le dock ou par le magasin, et qui constate ses droits sur la marchandise.

---

(1) Cette Commission était composée de MM. Schneider, *président;* Ancel, *secrétaire;* Latour-du-Moulin, Garnier, Darimon, Josseau, de Saint-Paul, Darblay, Legrand, Nogent-Saint-Laurent, Randoing, Canaple, Larrabure, Fleury.

Une sorte de compte courant, garanti par un ou plusieurs warrants, s'établit entre le négociant et son banquier : si à l'échéance du warrant le banquier n'est pas remboursé, et s'il n'est pas certain de la solvabilité de son débiteur, il vend la marchandise aux enchères, sans formalités de justice et sans retard.

Quand le négociant qui emprunte sur sa marchandise, au moyen d'un warrant, veut néanmoins la vendre, il se fait délivrer par le dock une autre pièce appelée *weight-note* (note de poids), qui indique le montant de l'avance dont la marchandise est grevée. Il transfère ce weight-note à l'acheteur, qui lui paye le surplus de la valeur de la marchandise que le courtier banquier n'a pas avancée, et cet acheteur, devenu propriétaire de la marchandise, reste obligé de rembourser au courtier le montant de son avance, dans un délai nommé *prompt*.

Si à l'expiration de ce délai, ou même avant, l'acheteur paye la somme due au courtier, il se fait remettre le warrant, et, porteur des deux pièces, il peut retirer la marchandise du dock ou du magasin. Si le délai expire sans que le courtier prêteur ait été remboursé, la marchandise est vendue, comme nous l'avons dit.

Ainsi la marchandise, qui est une valeur toujours certaine, mais souvent inerte dans les mains de son propriétaire, parce qu'elle ne pourrait être vendue qu'au prix d'un sacrifice excessif, devient, au moyen de cette institution, dont le mécanisme est si simple, une ressource toujours disponible et réalisable ; elle circule sans déplacement, et procure au négociant le crédit le plus facile, le plus sûr, et par conséquent le moins coûteux.

Quant aux ventes publiques en gros, que leur nom définit suffisamment, elles comprennent des quantités de marchandises considérables, et ont créé en Angleterre, en Hollande, à Hambourg, ces marchés dominants qui attirent les grands achats, règlent les cours, et impriment pour ainsi dire aux autres places le mouvement de leurs affaires.

Les ventes publiques en gros existent aussi en France, mais entourées de formalités qui en restreignent singulièrement l'usage et l'importance.

Quant au système des récépissés de marchandises déposées dans des magasins publics servant à vendre et à engager la marchandise qu'ils représentent sans la déplacer, il a été introduit en France par un décret du Gouvernement provisoire, en 1848.

Ce système fonctionne dans plusieurs de nos grandes places de commerce, où il a rendu, malgré les formes gênantes qui le compliquent, des services réels dans des moments difficiles, quand le besoin d'obtenir au moins une partie de la valeur de la marchandise, qui ne pouvait se vendre qu'à des prix ruineux, se faisait impérieusement sentir. Mais l'expérience a prouvé que l'introduction chez nous de *ce crédit de la marchandise* avait été trop timide en 1848, et que l'institution ainsi restreinte pouvait bien fournir au commerce quelques millions qu'il se décide à lui demander dans les temps de crise, mais qu'elle était bien loin de créer chez nous cet accroissement considérable du capital commercial qu'en obtiennent si facilement nos voisins.

Le Gouvernement s'est préoccupé justement de ces résultats incomplets. Sans prétendre transporter en France une organisation et des facilités extrêmes, que l'Angleterre doit à un ensemble d'usages et de coutumes séculaires qu'il pourrait être périlleux d'essayer chez nous, il a voulu supprimer les entraves que notre législation met au développement des emprunts des marchandises et à celui des ventes publiques en gros.

Les deux lois proposées tendent donc à améliorer ce qui se pratique ; à supprimer les formalités, les lenteurs et les frais qui découragent de l'usage des emprunts. L'analyse sommaire du régime qu'elles inaugurent, comparé à celui d'aujourd'hui, en fera sentir les avantages.

Le récépissé, titre unique délivré jusqu'alors au déposant, sert à volonté pour la vente ou pour le nantissement ; et, dans les deux cas, il doit être transféré par endossement à l'acheteur ou au prêteur. Il suit de là que le déposant qui n'a emprunté qu'une partie de la valeur réelle de sa marchandise, se trouve dans l'impossibilité de tirer parti, pour la vente, du surplus de la valeur non engagée, puisqu'il n'a plus de titre représentatif de sa propriété. L'article 7 de l'arrêté du 26 mars 1848 exige, de plus, que chaque transfert du récépissé soit inscrit sur les registres du magasin : la nécessité d'une inscription sur les registres, pour le premier endossement du titre, se comprend ; mais l'obligation de renouveler cette inscription à chaque négociation rend impossible la circulation du récépissé.

Le projet de loi crée deux titres qui seront délivrés au déposant : 1° le récépissé, qui reste l'instrument de vente, et transfère la propriété de la marchandise ; 2° le bulletin de gage, qui devient l'instrument de crédit, et sert à placer, comme l'indique son nom, la marchandise à titre de gage entre les mains du prêteur.

L'arrêté du 26 mars 1848 exige aussi que le récépissé énonce la valeur de la marchandise *au cours du jour, telle qu'elle est constatée par des experts choisis par la Chambre de commerce, le Conseil municipal ou la Chambre consultative des arts ou manufactures, parmi les négociants, et assistés d'un courtier de commerce ou d'un commissaire-priseur.*

Le projet de loi supprime avec raison cette formalité, qui n'entraîne pas seulement des lenteurs et des frais, mais qui peut froisser le déposant et même lui nuire, en faisant ainsi intervenir dans la marche des affaires des tiers et peut-être des concurrents.

Il reste bien entendu, toutefois, que le prêteur et l'emprunteur seront parfaitement libres de recourir à une expertise amiable, s'ils le désirent, pour fixer la valeur de la marchandise, qui peut souvent être variable ou indécise; et, cette expertise devant le plus souvent être confiée à un courtier, il serait à propos que le règlement d'administration publique, qui interviendra pour organiser l'application de la loi, établît qu'il ne sera dû, dans ce cas, au courtier appelé, qu'une vacation dont le Tribunal de commerce de la localité fixera la quotité.

Enfin, dans le système actuel, *à défaut de paiement à l'échéance, le concessionnaire porteur du récépissé peut exercer son recours contre l'emprunteur et les endosseurs, ou sur la marchandise déposée (à son choix); dans ce dernier cas, le président du Tribunal de commerce, sur la simple production de l'acte de protêt, ordonnera la vente de la marchandise aux enchères.*

La loi nouvelle ne laisse plus au prêteur la faculté d'actionner la personne de l'emprunteur avant d'avoir discuté le gage; elle ne lui accorde, ainsi qu'aux endosseurs, le recours qu'après la vente de la marchandise, et dans le cas où le produit n'aura pas suffi pour payer les frais et la créance.

L'obligation de recourir au président du Tribunal de commerce pour obtenir l'autorisation de vendre la marchandise, en cas de non-paiement à l'échéance, avait été déjà en partie supprimée; le projet autorise le porteur du bulletin de gage à faire procéder, huit jours après le protêt, à la vente de la marchandise, sans aucune formalité judiciaire.

Remarquons encore que l'un des articles de la loi affranchit la marchandise engagée du privilége général de la douane, qui, aux termes de l'article 22, titre XIII, de la loi des 6 et 22 août 1791, frappe l'ensemble des meubles et des effets mobiliers appartenant aux redevables; ce privilége sera réduit au montant des droits spécialement dus par la marchandise elle-même. C'est là une concession libérale et importante, dont le commerce appréciera le bienfait.

Les deux projets de loi ont excité vivement l'attention du monde commercial. On a senti qu'ils répondent à des besoins permanents et à des besoins de circonstance.

Des hommes distingués dans les affaires, des esprits spéciaux, ont produit leurs opinions. Les uns auraient voulu un système plus libéral, plus rapproché de celui de l'Angleterre, où les warrants sont plutôt régis par des usages que par des lois. D'autres, au contraire, auraient été plus prévoyants que les lois proposées; ils auraient aimé à régler d'avance des faits, des circonstances possibles. Les mêmes impressions se retrouvent dans divers amendements proposés par plusieurs de nos honorables collègues.

La Commission a sérieusement examiné les opinions qui lui ont été soumises; elle a approfondi les systèmes divers; et, inclinant vers le régime le plus libéral, compatible avec nos mœurs et nos habitudes commerciales, elle a cru que le plus sûr moyen de le préparer, c'était de ne pas s'efforcer de tout prévoir. Nous avons pensé que la meilleure loi serait celle qui, se bornant à poser les principes généraux, laisserait aux faits leur élasticité, aux circonstances leur mobilité, et que tracer d'avance un cercle restreint à des institutions de crédit aussi nouvelles encore parmi nous, ce serait s'exposer à en arrêter l'essor et peut-être à en paralyser les bienfaits. Nous croyons qu'il faut s'en remettre, sur beaucoup de points, aux faits pratiques et à l'expérience, et que la jurisprudence elle-même se créera à plusieurs égards en raison des nécessités que le temps et l'usage viendront révéler. D'un autre côté, nous n'avons pas cru que le régime des warrants et celui des ventes publiques pussent être établis en France avec la liberté absolue que leur laissent les lois anglaises. Quand il s'agit d'emprunter les institutions de crédit d'un pays dont la constitution commerciale et financière diffère de la nôtre à tant d'égards, il faut redouter les innovations précipitées, sans rendre impossibles les satisfactions qu'exigera l'avenir.

Les deux projets de lois nous ont paru renfermer les principes de cette double condition, et nous les avons approuvés sous la réserve de certaines modifications et de quelques additions que le Conseil d'État a toutes acceptées. L'exposé des motifs si complet qui nous a été présenté explique l'économie de chacun des articles ; nous ne nous occuperons que de ceux qui ont donné lieu à des changements.

L'article 1ᵉʳ du projet ne conservant qu'une partie des dispositions du décret du 21 mars 1848, votre Commission a pensé qu'il était plus simple de reproduire en entier les dispositions conservées, au lieu de se borner à viser le décret. On évitera ainsi l'obligation de recourir à son texte, et la rédaction de la loi sera à la fois plus régulière et plus complète. Le Conseil d'État a adopté cette proposition.

Ainsi que nous l'avons dit déjà, la Commission, sans avoir voulu admettre le principe d'une liberté absolue pour l'établissement des magasins généraux, tel qu'il existe en Angleterre, sans même avoir posé des conditions dont l'accomplissement donnerait le droit d'ouvrir ces magasins, ainsi que le demandait un amendement de l'honorable M. Javal, a compris que l'administration devra se montrer large et libérale dans la concession de ces autorisations.

Nous n'avons pas pensé qu'un monopole dût être consacré; plusieurs magasins, même spéciaux au même genre de marchandises, pourront se fonder, si l'intérêt de la localité l'exige. MM. les Commissaires du Gouvernement ont partagé notre impression ; ils nous ont assuré que toutes les dispositions du règlement à intervenir seraient conçues au point de vue de l'intérêt le plus général.

Nous avons demandé et obtenu que l'autorisation d'établir un magasin ne fût accordée, que la *Chambre de commerce ou le Conseil des manufactures des arts et métiers entendus.*

Il nous a semblé, d'une part, que les localités trouveraient dans cette disposition un moyen plus facile d'obtenir l'ouverture des magasins qui pourraient être utiles au mouvement de leurs affaires ; et que, de l'autre, le Gouvernement, toujours éclairé, refuserait plus sûrement la création d'établissements inutiles, ou même préjudiciables au véritable intérêt public.

La dénomination de *magasin général* a été conservée parce qu'elle nous a paru être la plus conforme à l'esprit de la loi, et exprimer le mieux l'ensemble des conditions morales, matérielles et financières qui doivent constituer ces sortes d'établissements. Cette définition n'empêchera nullement un magasin général d'être spécial à une sorte de marchandise.

L'article 2 désigne sous le nom de *bulletin de gage* l'instrument de crédit délivré au déposant. Cette appellation a excité des susceptibilités dans le sein de votre Commission, et aussi dans le monde commercial. Elle a paru rappeler un ordre de prêts très-différent de ceux qui font l'objet de la loi. Nous avons pensé que nous pouvions emprunter à l'Angleterre les termes d'une législation dont nous lui empruntons la pratique, et que le mot *warrant*, si bien compris déjà par les hommes d'affaires, pouvait être inscrit utilement dans notre vocabulaire commercial. Un amendement de l'honorable M. Javal nous a aussi proposé cette substitution. Toutefois, il importait beaucoup de préciser exactement, avant de l'employer, le sens et la portée que nous entendions donner à l'expression *warrant*, substituée dans tout le cours de la loi à celle de *bulletin de gage;* il fallait d'abord confondre les deux expressions dans une même signification pour ne plus employer que le terme préféré. Le Conseil d'État a adopté pleinement notre double proposition, et l'article 2 sera rédigé ainsi :

A chaque récépissé de marchandises est annexé, sous la dénomination de warrant, un bulletin de gage, contenant les mêmes mentions que le récépissé.

L'honorable M. Busson proposait de dire à l'article 4 : « L'endossement du récépissé transmet au cessionnaire *la propriété* de la marchandise, au lieu de : *le droit de disposer* de la marchandise. »

Votre Commission a maintenu la rédaction du projet du Gouvernement, en raison même de son élasticité. Elle croit que le récépissé doit pouvoir être transféré à un autre titre que celui de vente ; à titre de mandat, par exemple, pour vendre ou pour retirer la marchandise. Les mots *droit de disposer* nous ont paru réserver tous les droits et rendre complétement la pensée de la loi, qui veut surtout faciliter la circulation de la marchandise.

Le fonctionnement de la loi rencontrait dans la rédaction première de l'article 6 un obstacle sérieux.

Le premier paragraphe de cet article autorise *le porteur du récépissé séparé du warrant à payer, même avant l'échéance, la créance garantie par ce warrant.* Mais il ne faut pas oublier que les intérêts ont été ajoutés au capital sur le warrant au taux primitif de l'emprunt; or, ce taux a pu être élevé et se réduire successivement, à mesure que le warrant s'est pour ainsi dire fortifié par les signatures qu'il a reçues. On peut supposer qu'à la Banque de France, ou même chez tout autre porteur du warrant, l'escompte sera à 4 p. 100 au moment où le porteur du récépissé voudra se libérer, tandis que l'intérêt a été inscrit sur le warrant au taux de 6 p. 100. Il est évident que le détenteur du warrant ne peut pas être tenu de bonifier les intérêts anticipés, au taux de 6 p. 100, alors que l'escompte de la Banque est à 4 p. 100.

Le second paragraphe de l'article du projet disait, sans se préoccuper de cette difficulté, *que le paiement serait fait au porteur du warrant s'il était connu, et que, dans ce cas, ce porteur n'aurait droit aux intérêts que jusqu'au onzième jour qui suivrait le paiement.* Puis le troisième ajoute : *Si le porteur du bulletin n'est pas connu, la somme due, y compris les intérêts jusqu'à l'échéance, est consignée entre les mains du préposé du magasin général, qui en demeure responsable, et cette consignation libère la marchandise.*

Disons de suite que, dans la rédaction définitive, nous avons proposé au Conseil d'État, qui a accepté, de substituer aux mots *entre les mains du préposé*, ceux : A L'ADMINISTRATION DU MAGASIN GÉNÉRAL. On comprend, en effet, que c'est cette administration, et non pas la personne du *préposé*, qui doit demeurer responsable.

Quant à la difficulté posée, la majorité de votre Commission a cru que le moyen le plus pratique de la résoudre était de dire : que si le porteur du warrant se trouve connu, le porteur du récépissé, c'est-à-dire le débiteur qui veut se libérer, pourra s'entendre avec lui sur la différence des intérêts. On peut croire que généralement ils transigeront. Si, au contraire, le porteur du warrant n'est pas connu, ou si le débiteur et lui n'ont pu se mettre d'accord, ce dernier aura à décider s'il lui convient d'attendre l'échéance pour payer et rentrer en possession de sa marchandise, ou s'il préfère consigner la somme entière dans les mains de l'administration du magasin. Cette solution nous a semblé réserver le droit qu'a le débiteur de rembourser sa dette avant l'échéance, ce qu'il fera soit par un accord avec le porteur du warrant, soit en consignant la somme due si ce porteur est absent, ou s'ils n'ont pas pu s'entendre.

Cette nécessité de consigner la totalité des intérêts n'arrêtera pas sérieusement le débiteur qui voudra se libérer, car la différence du taux annuel de l'intérêt ne portera jamais que sur une durée assez courte, et, réduite en chiffres, elle ne saurait balancer l'avantage qu'il pourra avoir à recouvrer la libre disposition de sa marchandise.

D'un autre côté, nous avons cru qu'il pouvait être injuste, et très-préjudiciable à la mise en pratique de la loi, de laisser le porteur du warrant, c'est-à-dire le prêteur, exposé à un remboursement anticipé du capital, qu'un taux d'intérêt favorable et d'une durée déterminée, l'avait décidé à placer sur marchandises. Nous croyons qu'en donnant aux prêteurs toute sécurité, nous pourrons en accroître le nombre, et favoriser ainsi indirectement les emprunteurs.

Le Conseil d'Etat a adopté cet ordre d'idées; d'accord avec lui, le deuxième paragraphe de l'article a été supprimé, et le troisième rédigé ainsi :

« *Si le porteur du warrant n'est pas connu, ou si, étant connu, il n'est pas d'accord avec le débiteur sur les conditions auxquelles aurait lieu l'anticipation du paiement, la somme due, y compris les intérêts jusqu'à l'échéance, est consignée à l'administration du magasin général, qui en*

demeure responsable, et cette consignation libère la mar-
chandise. »

Ici se présentait une de ces questions dont nous avons cru plus prudent de laisser la solution à la pratique et aux faits à venir : celle de savoir pour le compte de qui périrait la somme déposée, dans le cas où elle serait soustraite et où le magasin dépositaire, venant à faillir, n'aurait plus les moyens de la rembourser.

Il nous a paru d'abord que cette circonstance se présenterait rarement, parce que personne ne confiera un dépôt de quelque importance à un magasin général qui ne serait pas réputé parfaitement sûr et solvable.

Mais, le cas échéant, nous avons pensé qu'il convenait de laisser au droit commun, c'est-à-dire à l'appréciation des tribunaux, le soin de décider si, en raison des faits et des circonstances, la perte devra incomber au débiteur déposant ou au créancier.

Art. 7. Cet article nous avait paru présenter deux lacunes essentielles. Il autorise « le porteur du warrant, séparé du récépissé, à faire procéder huit jours après le protêt, sans formalité de justice, à la vente de la marchandise, etc. » Nous nous sommes demandé quelle serait la situation de l'emprunteur-souscripteur du warrant qui, à l'échéance, a remboursé le montant de son emprunt, et évité ainsi le protêt.

Sans doute, la marchandise ne peut pas être vendue sans ce warrant dont il est porteur ; mais il faut que lui-même puisse tirer parti de ce titre à une échéance déterminée pour recouvrer ce qui lui est dû. On ne peut pas le priver de la force d'action qui lui est conférée par ce protêt, qu'il a eu le mérite d'éviter. Il nous a semblé que le warrant acquitté prouve suffisamment qu'il l'a remboursé, et qu'il est juste de lui attribuer sur la marchandise les mêmes droits que ceux qui seraient résultés pour lui du protêt.

L'honorable M. Busson avait proposé de dire que trois jours au moins avant la vente de la marchandise, sommation d'y assister serait faite au propriétaire de la marchandise engagée.

Votre Commission a jugé que le porteur du récépissé sait, depuis l'origine, à quelle époque la marchandise pourra être vendue, et que c'est à lui à surveiller cette époque comme le porteur d'une traite en surveille l'échéance.

Le Conseil d'État a approuvé cette première observation de votre Commission sur l'article 7, et un second paragraphe, rédigé comme suit est ajouté à cet article :

Dans le cas où le souscripteur primitif du warrant l'a remboursé, il peut faire procéder à la vente de la marchandise, comme il est dit au paragraphe précédent, contre le porteur du récépissé, huit jours après l'échéance, et sans qu'il soit besoin d'aucune mise en demeure.

La seconde lacune signalée était que le porteur du warrant, séparé du récépissé, aura bien rarement avancé la totalité de la valeur de la marchandise dont la vente lui fera cependant toucher le prix entier.

Si le porteur du récépissé est connu, l'excédant qui lui revient pourra lui être compté ; mais s'il est inconnu, l'obligation de déposer cet excédant, comme dans l'article 6, à l'administration du magasin général, nous a paru devoir être imposée au porteur du warrant.

Nous avons donc proposé au Conseil d'État l'amendement suivant, qu'il a adopté, en le plaçant comme deuxième paragraphe de l'article 8 (les trois derniers paragraphes de l'article 8 primitif formeront l'article 9, et les articles subséquents montent d'un numéro) :

« *Si le porteur du récépissé ne se présente pas lors de la*

*vente de la marchandise, la somme excédant celle qui est
due au porteur du warrant sera consignée à l'administration du magasin général, comme il est dit à l'article 6.* »

L'honorable M. Arman demandait que les « bénéfices du
premier paragraphe de l'article 8, attribués au porteur de la
lettre de gage, devinssent applicables à la consignation faite à
des particuliers dans la même ville, à la charge par le consignataire de donner à ses avances une date certaine par des
justifications commerciales régulières. » Votre Commission
n'a pas cru pouvoir introduire incidemment, dans une loi
tout à fait distincte, une modification législative aussi importante que celle demandée par notre collègue.

Un membre de la Commission demandait que le prêteur
conservât à son choix, en cas de non-paiement à l'échéance,
la faculté d'actionner personnellement le débiteur, ou de discuter le gage. Nous avons pensé que l'obligation faite au prêteur de ne recourir contre les emprunteurs et les endosseurs
qu'après avoir exercé ses droits sur la marchandise et en
cas d'insuffisance, est un des bienfaits de la loi. C'est au prêteur à n'avancer sur la marchandise qu'une somme qui le
laisse à l'abri de toute éventualité, et il est juste que l'emprunteur qui perd la disposition de sa marchandise, quand il
la donne en nantissement, décharge proportionnellement son
crédit.

Votre Commission n'a pas, du reste, entendu infirmer le
droit qu'auront toujours les parties de stipuler que la responsabilité personnelle pourra être réclamée, avant même la garantie de la marchandise.

Nous avons dans l'article 11, devenu l'article 12, supprimé, d'accord avec le Conseil d'État, l'obligation de justifier
de la propriété du récépissé, ou du warrant perdu, *par des*

livres. L'un ou l'autre de ces titres peut se trouver dans les mains d'un capitaliste qui n'aura pas de livres, et tous les moyens de justification de propriété devront être admis.

MM. les Commissaires du Gouvernement ont pensé, comme nous, qu'au troisième paragraphe de l'article 12, devenu article 13, *l'administration du magasin* devait être substituée au *dépositaire des registres*, attendu qu'elle peut seule offrir la responsabilité qu'exige l'article.

Le Conseil d'État a décidé avec raison, et comme conséquence de l'adoption de notre article 1ᵉʳ, que l'article final de la loi dirait : « Sont abrogés le décret du 21 mars 1848 et l'arrêté du 26 mars *de la même année*. Est également abrogé, en ce qu'il a de contraire à la présente loi, le décret des 23-26 août 1848. »

Tel est l'ensemble des modifications que nous avons proposées au Conseil d'État, et qui ont été accueillies avec un esprit de conciliation, et aussi avec une bienveillance pour les intérêts en discussion, que nous aimons à proclamer.

Mais, nous le répétons, c'est avant tout un règlement d'administration publique intelligent et simple qui fera le succès de la loi.

L'intérêt public n'est presque pas mêlé à cette législation ; ce sont des intérêts privés qui ont en face d'eux d'autres intérêts privés ; il convient de s'en remettre beaucoup à leur vigilance, à leur sens pratique, pour aplanir la plupart des difficultés qui apparaissent.

Le fonctionnement des warrants et les services qu'ils ont rendus eussent été bien différents, si beaucoup de formalités inutiles ne les avaient pas entravés.

La loi actuelle ne sera pas le dernier perfectionnement de cette institution chez nous, mais elle est un grand progrès, qu'il ne faut pas atténuer par des prescriptions et par des règles qui en paralyseraient le bienfait.

II. — Projet de loi sur les ventes publiques de marchandises en gros.

Nous avons dit déjà que les ventes publiques en gros rendent de grands services en Angleterre, en Hollande et dans les villes anséatiques. Elles offrent au négociant le moyen de réaliser ses marchandises à des prix relativement favorables, parce que la publicité même de la vente attire de nombreux acheteurs ; et, d'un autre côté, le consommateur paie moins cher les marchandises déchargées en partie des frais dont les grèvent naturellement les intermédiaires.

Ainsi ce mode de vente est profitable au public ; il tend, par la réduction des prix, à accroître la consommation, à la maintenir au niveau de la production et même à prévenir ces encombrements de produits qui, trop souvent, ne peuvent plus s'écouler que par des ventes forcées et des liquidations ruineuses.

En effet, dans les pays où les ventes publiques sont périodiques, les négociants ou les sociétés commerciales chargés de marchandises, les présentent à la vente, quel que soit leur prix de revient ; les cours s'établissent sur une large échelle qui devient la base régulatrice : on ne peut réaliser qu'à perte, mais presque toujours on préfère réaliser. La consommation, excitée par les bas prix, ramène des affaires plus courantes, et l'on a évité cette impossibilité de liquider le marché, qui est la pire des extrémités, car elle multiplie les ruines.

A un autre point de vue plus général encore, les ventes publiques attirent dans les pays où elles sont nationalisées une affluence considérable d'étrangers, un mouvement d'affaires proportionné, des transports pour la marine marchande, et des revenus pour les douanes.

Pourquoi la France, si bien assise sur les deux mers les plus importantes de l'Europe, et dont les marchés sont aujourd'hui reliés à tout le continent par des chemins de fer, reste-t-elle déshéritée de cet élément commercial qui contribue à la fortune de pays rivaux ?

Il est permis de l'imputer en partie à une législation prodigue d'obstacles, qui, pour protéger, dit-on, les commerçants établis, pour empêcher les fraudes de ceux qui voudraient soustraire leur actif à leurs créanciers, pour prévenir enfin les crises pouvant résulter de ventes de marchandises faites mal à propos, et dans des proportions écrasantes pour le marché, entoure les ventes publiques volontaires de formalités fiscales et tellement compliquées, que ces ventes n'ont plus lieu que dans de rares circonstances, et ne font presque plus partie des institutions commerciales du pays. Nous exceptons les ventes de marchandises faites à l'importation pour cause d'avaries , et qui sont régies par une législation spéciale.

La loi qui vous est soumise se propose d'ouvrir des voies nouvelles, de rendre faciles et peu coûteuses les ventes publiques de marchandises en gros, et de faire ainsi jouir le commerce français des avantages que des pays voisins doivent à cette institution.

Cette loi est d'ailleurs la conséquence obligée de celle relative aux prêts sur warrants. Il y a entre ces deux lois une solidarité réelle, car il fallait bien, après avoir facilité les emprunts sur marchandises, rendre aussi plus économique et plus simple la liquidation de ces marchandises, et faciliter ainsi la libération des emprunteurs.

L'examen successif des articles du projet en fera ressortir les changements qu'il apporte au régime actuel.

L'article 1er dispense de l'autorisation préalable du Tribunal de commerce, exigée jusqu'alors pour les ventes publiques. On a pensé, avec raison, que cette autorisation ne remédiait pas aux inconvénients que nous venons d'énumérer, ou qu'elle pouvait être suppléée. Ainsi, le règlement d'administration publique qui interviendra pour régler l'exécution de la loi, pourra contenir, dans l'intérêt du commerce établi, des prescriptions propres à empêcher que la vente en gros ne dégénère en vente au détail, et à prévenir une concurrence que les petits commerçants supporteraient difficilement. Ce même règlement pourra exiger, dans l'intérêt des créanciers, toutes les mesures de publicité nécessaires pour empêcher la fraude des débiteurs de mauvaise foi, qui essaieraient de dérober leur actif au moyen d'une vente publique.

Quant aux crises résultant de l'avilissement des prix, causé par des ventes trop répétées ou trop considérables, ce n'est pas l'intervention du Tribunal de commerce qui les préviendrait jamais.

L'article décide que les ventes publiques ne porteront que sur des marchandises désignées au tableau annexé à la loi, et qui, en dehors des marchandises exotiques destinées à la réexportation, ne sont que des denrées alimentaires ou des matières premières nécessaires aux fabriques. C'est là une sage précaution contre la concurrence dominante que les ventes publiques en gros pourraient faire au commerce de détail. Votre Commission aurait désiré, toutefois, que quelques articles fussent ajoutés à la nomenclature du tableau. M. le directeur général des douanes a insisté pour que ce tableau ne fût pas augmenté quant à présent, le Gouvernement s'étant réservé la faculté de le modifier par un décret rendu en Conseil d'État, au fur et à mesure des besoins qui se produiront, et en ayant égard aux demandes des Chambres de commerce ; les intérêts et les nécessités pouvant d'ailleurs varier d'une localité à l'autre.

Nous persistons à croire que d'autres marchandises devront être ultérieurement admises au bénéfice des ventes publiques ; mais, nous en remettant aussi aux indications de l'avenir, nous avons maintenu le tableau et écarté un amendement de l'honorable M. de Champagny, qui proposait d'y ajouter les bestiaux.

Les ventes publiques volontaires seront confiées aux courtiers qui possèdent en effet, seuls, les connaissances spéciales qu'exigent ces grandes opérations. L'article 2 étend leur privilége à toutes les localités dépendant du ressort du Tribunal de commerce où il n'existe pas de courtiers.

Enfin, l'article 3 du projet dit que le droit de courtage, pour les ventes qui font l'objet de la loi, sera fixé par le Ministre de l'agriculture, du commerce et des travaux publics, après avis de la Chambre et du Tribunal de commerce, et que dans aucun cas il ne pourra excéder le droit établi dans les ventes de gré à gré pour les mêmes marchandises.

Ces dispositions sont essentiellement conformes au caractère commercial de la loi.

Votre Commission aurait désiré qu'elles fussent étendues aux ventes ordonnées par la justice consulaire, comprenant les marchandises portées au tableau, ainsi que les navires.

Des amendements réclamant cette extension nous ont été proposés par nos honorables collègues MM. Arman, Curé, Javal et le baron Roguet.

Les Chambres de commerce de Bordeaux, du Havre, de Marseille se sont vivement associées à cette demande.

MM. les Commissaires du Gouvernement ont été frappés

comme nous des considérations de compétence et d'économie qui militent en faveur de l'emploi des courtiers. On sait, en effet, que les droits du commissaire-priseur sont de 6 p. 100, tandis que ceux du courtier ne s'élèvent qu'à 1 p. 100. Ainsi, les frais d'une vente judiciaire grèvent à la fois d'une perte qui pourrait être évitée, le débiteur malheureux et ses créanciers. Les commissaires-priseurs ne sont pas d'ailleurs en rapports habituels avec ceux qui achètent les marchandises portées au tableau ou les navires, et ils n'ont pas naturellement les connaissances que réclame ce genre d'affaires. Nous croyons qu'une disposition législative, que le Conseil d'État n'a pas cru devoir introduire incidemment dans la loi qui nous occupe, devra modifier le régime actuel, et rendre chaque genre d'affaires à ses agents légitimes; et en attendant nous avons entendu, d'accord avec le Conseil d'État, que les attributions actuelles des courtiers ne fussent, en ce qui concerne les ventes, aucunement diminuées; c'est-à-dire que les ventes publiques volontaires créées par la loi actuelle se feront par leur ministère, et qu'ils conserveront entiers les droits d'intervention que leur assurent dans toutes autres ventes les lois antérieures.

Le Conseil d'État a donc admis que les lois, décrets et ordonnances énoncés dans l'article 8, et dont l'abrogation aurait réduit les attributions des courtiers, resteront maintenus, *en ce qui touche les ventes publiques de marchandises faites par autorité de justice.* S'il en eût été autrement, le commerce se trouverait privé de l'intervention des courtiers dans plusieurs cas très-usuels, et le projet de loi produirait, pour les ventes publiques non volontaires, un résultat inverse et bien contraire à son esprit, ainsi que le fait remarquer justement M. le baron Roguet dans son amendement.

L'article 4 du projet réduit à 10 centimes pour 100 francs

le droit d'enregistrement des ventes publiques, fixé aujourd'hui à 50 centimes. C'est une facilité d'économie accordée aux ventes publiques, sans sacrifice pour le Trésor; car, ainsi que le fait remarquer l'exposé des motifs, le droit de 50 centimes donne, dans l'état de choses présent, un produit presque nul que le droit de 10 centimes excédera évidemment, pour peu que le système des ventes publiques prenne quelque extension.

Il est d'accord, avec MM. les Commissaires du Gouvernement, que *les locaux spécialement autorisés pour les ventes publiques*, tels que les prescrit l'article 6, sont la Bourse ou toute autre salle désignée, comme il est dit, dans laquelle les marchandises se vendront sur échantillon.

Nous insistons vivement, comme nous l'avons fait à propos de la première loi, pour que le règlement d'administration publique annoncé par l'article 7, soit conçu dans l'esprit le plus libéral et le plus conciliant. Toutes mesures restrictives ou gênantes compromettraient le succès de la loi, et laisseraient l'usage des ventes publiques aussi rare qu'il l'est aujourd'hui. MM. les Commissaires du Gouvernement nous ont donné, à cet égard, des assurances que nous nous sommes plu à enregistrer.

Nous avons terminé, Messieurs, l'examen des deux lois. En les votant, vous seconderez la sagesse du Gouvernement, qui les a demandées avec tant d'à-propos, et vous doterez le commerce français de facilités nouvelles et puissantes.

Sans présumer que ces deux institutions puissent atteindre chez nous les développements que leur a imprimés en Angleterre l'immense mouvement des importations et celui des affaires, n'oublions jamais que nos grands ports tiennent au continent; qu'ils peuvent, grâce aux chemins de fer, envoyer au centre de l'Europe, à des conditions de temps et d'économie plus favorables que les ports anglais, les produits qu'ils reçoivent. Pourquoi donc ne pas espérer que des traités de commerce et des tarifs sagement combinés, ne créeront pas chez nous quelques-uns de ces grands marchés qui sont l'orgueil et la force du commerce anglais?

Enfin, Messieurs, ces deux lois ne préviendront pas sans doute ces grands troubles financiers, ces crises commerciales parfois si douloureuses; mais nous pouvons croire qu'il leur sera donné d'en atténuer la violence, et de conjurer bien des ruines.

Nous avons donc l'honneur de vous proposer l'adoption des deux projets de lois ainsi rédigés.

III. — PROJET DE LOI SUR LES NÉGOCIATIONS CONCERNANT LES MARCHANDISES DÉPOSÉES DANS LES MAGASINS GÉNÉRAUX.

Nouvelle rédaction adoptée par la Commission et le Conseil d'État.

ART. 1ᵉʳ. *Les magasins généraux établis en vertu du décret du 21 mars 1848, et ceux qui seront créés à l'avenir, recevront les matières premières, les marchandises et les objets fabriqués, que les négociants et industriels voudront y déposer.*

Ces magasins sont ouverts, les Chambres de commerce ou les Chambres consultatives des arts et manufactures entendues, avec l'autorisation du Gouvernement, et placés sous sa surveillance.

Des récépissés délivrés aux déposants énoncent leur nom, profession et domicile, ainsi que la nature de la marchandise déposée, et les indications propres à en établir l'identité et à en déterminer la valeur.

ART. 2. *A chaque récépissé de marchandises est annexé,*

sous la dénomination de warrant, *un bulletin de gage, contenant les mêmes mentions que le récépissé.*

ART. 3. Les récépissés et les *warrants* peuvent être transférés par voie d'endossement, ensemble ou séparément.

ART. 4. L'endossement du *warrant* séparé du récépissé vaut nantissement de la marchandise au profit du cessionnaire du *warrant*.

L'endossement du récépissé transmet au cessionnaire le droit de disposer de la marchandise, à la charge par lui, lorsque le *warrant* n'est pas transféré avec le récépissé, de payer la créance garantie par le *warrant*, ou d'en laisser payer le montant sur le prix de la vente de la marchandise.

ART. 5. L'endossement du récépissé et du *warrant*, transférés ensemble ou séparément, doit être daté.

L'endossement du *warrant* séparé du récépissé doit en outre énoncer le montant intégral, en capital et intérêts, de la créance garantie, la date de son échéance, et les nom, profession et domicile du créancier.

Le premier cessionnaire du *warrant* doit immédiatement faire transcrire l'endossement sur les registres du magasin, avec les énonciations dont il est accompagné. Il est fait mention de cette transcription sur le *warrant*.

ART. 6. Le porteur du récépissé séparé du *warrant* peut, même avant l'échéance, payer la créance garantie par le *warrant*.

Si le porteur du warrant n'est pas connu, ou si, étant connu, il n'est pas d'accord avec le débiteur sur les conditions auxquelles aurait lieu l'anticipation de paiement, la somme due, y compris les intérêts jusqu'à l'échéance, est consignée à l'administration du magasin général, qui en demeure responsable, et cette consignation libère la marchandise.

          LIVRE IV. — TEXTES.

Art. 7. A défaut de paiement à l'échéance, le porteur du *warrant* séparé du récépissé peut, huit jours après le protêt, et sans aucune formalité de justice, faire procéder à la vente publique aux enchères et en gros de la marchandise engagée, dans les formes et par les officiers publics indiqués dans la loi du.....

Dans le cas où le souscripteur primitif du warrant l'a remboursé, il peut faire procéder à la vente de la marchandise, comme il est dit au paragraphe précédent, contre le porteur du récépissé, huit jours après l'échéance, et sans qu'il soit besoin d'aucune mise en demeure.

Art. 8. *Le créancier* est payé de sa créance sur le prix, directement et sans formalité de justice, par privilége et préférence à tous créanciers, sans autre déduction que celle : 1° des contributions indirectes, des taxes d'octroi et des droits de douane dus par la marchandise ; 2° des frais de vente, de magasinage et autres, faits pour la conservation de la chose.

Si le porteur du récépissé ne se présente pas lors de la vente de la marchandise, la somme excédant celle qui est due au porteur du warrant sera consignée à l'administration du magasin général, comme il est dit à l'article 6.

Art. 9. *Le porteur du warrant* n'a de recours contre l'emprunteur et les endosseurs qu'après avoir exercé ses droits sur la marchandise, et en cas d'insuffisance.

Les délais fixés par les articles 165 et suivants du Code de commerce pour l'exercice du recours contre les endosseurs, ne courent que du jour où la vente de la marchandise est réalisée.

Le porteur du *warrant* perd en tout cas son recours contre les endosseurs, s'il n'a pas fait procéder à la vente dans le mois qui suit la date du protêt.

Art. 10. Les porteurs de récépissés et de *warrants* ont sur les indemnités d'assurances dues, en cas de sinistres, les mêmes droits et priviléges que sur la marchandise assurée.

Art. 11. Les établissements publics de crédit peuvent recevoir les *warrants* comme des effets de commerce, avec dispense d'une des signatures exigées par leurs statuts.

Art. 12. Celui qui a perdu un récépissé ou un *warrant* peut demander et obtenir par ordonnance du juge, en justifiant de sa propriété et en donnant caution, un duplicata s'il s'agit de récépissé, le paiement de la créance garantie s'il s'agit du *warrant*.

Art. 13. Les récépissés sont timbrés ; ils ne donnent lieu pour l'enregistrement qu'à un droit fixe de 1 franc.

Sont applicables aux *warrants* endossés séparément des récépissés, les dispositions du titre Iᵉʳ de la loi du 5 juin 1850, et de l'article 69, paragraphe 2, n° 6, de la loi du 22 frimaire an VII.

L'endossement d'un *warrant* séparé du récépissé non timbré ou visé pour timbre conformément à la loi, ne peut être transcrit ou mentionné sur les registres du magasin, sous peine, contre *l'administration du magasin*, d'une amende égale au montant du droit auquel le *warrant* est soumis.

Les dépositaires des registres des magasins généraux sont tenus de les communiquer aux préposés de l'enregistrement, selon le mode prescrit par l'article 54 de la loi du 22 frimaire an VII, et sous les peines y énoncées.

Art. 14. Un règlement d'administration publique prescrira les mesures qui seraient nécessaires à l'exécution de la présente loi.

Art. 15. *Sont abrogés le décret du 21 mars 1848, et l'arrêté du 26 mars de la même année.*

Est également abrogé, en ce qu'il a de contraire à la présente loi, le décret des 23-26 août 1848.

IV. — PROJET DE LOI SUR LES VENTES PUBLIQUES DE MARCHANDISES
EN GROS.

Nouvelle rédaction adoptée par la Commission et le Conseil d'État.

ART. 1er. La vente volontaire aux enchères, en gros, des marchandises comprises au tableau annexé à la présente loi, peut avoir lieu par le ministère des courtiers, sans autorisation du Tribunal de commerce.

Ce tableau peut être modifié, soit d'une manière générale, soit pour une ou plusieurs villes, par un décret rendu dans la forme des règlements d'administration publique, et après avis des Chambres de commerce.

ART. 2. Les courtiers établis dans une ville où siége un Tribunal de commerce, ont qualité pour procéder aux ventes régies par la présente loi, dans toute localité dépendant du ressort de ce Tribunal où il n'existe pas de courtiers.

Ils se conforment aux dispositions prescrites par la loi du 22 pluviôse an VII, concernant les ventes publiques de meubles.

ART. 3. Le droit de courtage pour les ventes qui font l'objet de la présente loi est fixé, pour chaque localité, par le Ministre de l'agriculture, du commerce et des travaux publics, après avis de la Chambre et du Tribunal de commerce; mais, dans aucun cas, il ne peut excéder le droit établi dans les ventes de gré à gré, pour les mêmes sortes de marchandises.

ART. 4. Le droit d'enregistrement des ventes publiques en gros est fixé à 10 centimes pour 100 francs.

ART. 5. Les contestations relatives aux ventes sont portées devant le Tribunal de commerce.

ART. 6. Il est procédé aux ventes dans des locaux spécialement autorisés à cet effet, après avis de la Chambre et du Tribunal de commerce.

Art. 7. Un règlement d'administration publique prescrira les mesures nécessaires à l'exécution de la présente loi.

Il déterminera notamment les formes et les conditions *des autorisations prévues par l'article* 6.

Art. 8. Les décrets du 22 novembre 1811 et du 17 avril 1812, et les ordonnances des 1er juillet 1818 et 9 avril 1819, sont abrogés *en ce qui concerne les ventes régies par la présente loi ; ils sont maintenus en ce qui touche les ventes publiques de marchandises faites par autorité de justice.*

TABLEAU

Des marchandises qui peuvent être vendues en gros, aux enchères publiques,

POUR ÊTRE ANNEXÉ A LA LOI DU......

1° MARCHANDISES EXOTIQUES :

Denrées alimentaires, matières premières nécessaires aux fabriques, et tout produit quelconque destiné à la réexportation.

2° MARCHANDISES INDIGÈNES :

Grains, graines et farines.	Vins et esprits.
Légumes secs et fruits secs.	Savons.
Cires et miel.	Produits chimiques.
Sucres bruts.	Cuirs et peaux bruts.
Laines.	Poils, crins et soies d'animaux.
Chanvres et lins.	Graisse, suif et stéarine.
Soies.	Houille et coke.
Racines et produits tinctoriaux.	Bois et matériaux de construction.
Huiles.	Métaux bruts.

VIII

28 Mai 1858. — *Loi* sur les négociations concernant les marchandises
déposées dans les magasins généraux.

Art. 1er. Les magasins généraux établis en vertu du décret
du 21 mars 1848, et ceux qui seront créés à l'avenir, recevront les matières premières, les marchandises et les objets
fabriqués que les négociants et industriels voudront y déposer.

Ces magasins sont ouverts, les Chambres de commerce ou
les Chambres consultatives des arts et manufactures entendues, avec l'autorisation du Gouvernement, et placés sous sa
surveillance.

Des récépissés délivrés aux déposants énoncent leurs nom,
profession et domicile, ainsi que la nature de la marchandise
déposée, et les indications propres à en établir l'identité et à
en déterminer la valeur.

Art. 2. A chaque récépissé de marchandises est annexé,
sous la dénomination de *warrant*, un bulletin de gage contenant les mêmes mentions que le récépissé.

Art. 3. Les récépissés et les warrants peuvent être transférés par voie d'endossement, ensemble ou séparément.

Art. 4. L'endossement du warrant séparé du récépissé vaut
nantissement de la marchandise au profit du cessionnaire du
warrant.

L'endossement du récépissé transmet au cessionnaire le
droit de disposer de la marchandise, à la charge par lui, lorsque le warrant n'est pas transféré avec le récépissé, de payer
la créance garantie par le warrant, ou d'en laisser payer le
montant sur le prix de la vente de la marchandise.

Art. 5. L'endossement du récépissé et du warrant, transférés ensemble ou séparément, doit être daté.

L'endossement du warrant séparé du récépissé doit en outre énoncer le montant intégral, en capital et intérêts, de la créance garantie, la date de son échéance, et les nom, profession et domicile du créancier.

Le premier cessionnaire du warrant doit immédiatement faire transcrire l'endossement sur les registres du magasin, avec les énonciations dont il est accompagné. Il est fait mention de cette transcription sur le warrant.

Art. 6. Le porteur du récépissé séparé du warrant peut, même avant l'échéance, payer la créance garantie par le warrant.

Si le porteur n'est pas connu ou si, étant connu, il n'est pas d'accord avec le débiteur sur les conditions auxquelles aurait lieu l'anticipation de paiement, la somme due, y compris les intérêts jusqu'à l'échéance, est consignée à l'administration du magasin général, qui en demeure responsable, et cette consignation libère la marchandise.

Art. 7. A défaut de paiement à l'échéance, le porteur du warrant séparé du récépissé peut, huit jours après le protêt, et sans aucune formalité de justice, faire procéder à la vente publique aux enchères et en gros de la marchandise engagée, dans les formes et par les officiers publics indiqués dans la loi du 28 mai 1858.

Dans le cas où le souscripteur primitif du warrant l'a remboursé, il peut faire procéder à la vente de la marchandise, comme il est dit au paragraphe précédent, contre le porteur du récépissé, huit jours après l'échéance, et sans qu'il soit besoin d'aucune mise en demeure.

Art. 8. Le créancier est payé de sa créance sur le prix, directement et sans formalités de justice, par privilége et préférence à tous créanciers, sans autre déduction que celle, 1º des contributions indirectes, des taxes d'octroi et des droits de douane dus par la marchandise ; 2º des frais de vente, de magasinage et autres faits pour la conservation de la chose.

Si le porteur du récépissé ne se présente pas lors'de la vente de la marchandise, la somme excédant celle qui est due au porteur du warrant est consignée à l'administration du magasin général, comme il est dit à l'article 6.

ART. 9. Le porteur du warrant n'a de recours contre l'emprunteur et les endosseurs qu'après avoir exercé ses droits sur la marchandise, et en cas d'insuffisance.

Les délais fixés par les articles 165 et suivants du Code de commerce, pour l'exercice du recours contre les endosseurs, ne courent que du jour où la vente de la marchandise est réalisée.

Le porteur du warrant perd en tous cas son recours contre les endosseurs, s'il n'a pas fait procéder à la vente dans le mois qui suit la date du protêt.

ART. 10. Les porteurs de récépissés et de warrants ont sur les indemnités d'assurances dues, en cas de sinistres, les mêmes droits et priviléges que sur la marchandise assurée.

ART. 11. Les établissements publics de crédit peuvent recevoir les warrants comme effets de commerce, avec dispense d'une des signatures exigées par leurs statuts.

ART. 12. Celui qui a perdu un récépissé ou un warrant peut demander et obtenir par ordonnance du juge, en justifiant de sa propriété et en donnant caution, un duplicata s'il s'agit de récépissé, le paiement de la créance garantie s'il s'agit du warrant.

ART. 13. Les récépissés sont timbrés ; ils ne donnent lieu pour l'enregistrement qu'à un droit fixe de 1 franc.

Sont applicables aux warrants endossés séparément des récépissés les dispositions du titre Ier de la loi du 5 juin 1850 et de l'article 69, paragraphe 2, n° 6, de la loi du 22 frimaire an VII.

L'endossement d'un warrant séparé du récépissé non timbré ou non visé pour timbre conformément à la loi, ne peut être transcrit ou mentionné sur les registres du magasin, sous peine, contre l'administration du magasin, d'une amende égale au montant du droit auquel le warrant est soumis.

Les dépositaires des registres des magasins généraux sont tenus de les communiquer aux préposés de l'enregistrement, selon le mode prescrit par l'article 54 de la loi du 22 frimaire an VII, et sous les peines y énoncées.

Art. 14. Un règlement d'administration publique prescrira les mesures qui seraient nécessaires à l'exécution de la présente loi.

Art. 15. Sont abrogés le décret du 21 mars 1848 et l'arrêté du 26 mars de la même année.

Est également abrogé, en ce qu'il a de contraire à la présente, le décret des 23-26 août 1848.

IX

28 Mai 1858. — *Loi* sur les ventes publiques de marchandises en gros.

Art. 1er. La vente volontaire aux enchères, en gros, des marchandises comprises au tableau annexé à la présente loi, peut avoir lieu par le ministère des courtiers, sans autorisation du Tribunal de commerce.

Ce tableau peut être modifié, soit d'une manière générale, soit pour une ou plusieurs villes, par un décret rendu dans la forme des règlements d'administration publique et après avis des Chambres de commerce.

Art. 2. Les courtiers établis dans une ville où siége un Tribunal de commerce ont qualité pour procéder aux ventes régies par la présente loi, dans toute localité dépendant du ressort de ce Tribunal où il n'existe pas de courtiers.

Ils se conforment aux dispositions prescrites par la loi du 22 pluviôse an VII, concernant les ventes publiques de meubles.

Art. 3. Le droit de courtage pour les ventes qui font l'objet de la présente loi est fixé, pour chaque localité, par le Ministre de l'agriculture, du commerce et des travaux publics, après avis de la Chambre et du Tribunal de commerce ; mais, dans aucun cas, il ne peut excéder le droit établi dans les ventes de gré à gré, pour les mêmes sortes de marchandises.

Art. 4. Le droit d'enregistrement dés ventes publiques en gros est fixé à 10 centimes pour 100 francs.

Art. 5. Les contestations relatives aux ventes sont portées devant le Tribunal de commerce.

Art. 6. Il est procédé aux ventes dans des locaux spécialement autorisés à cet effet, après avis des Chambres de commerce et du Tribunal de commerce.

Art. 7. Un règlement d'administration publique prescrira les mesures nécessaires à l'exécution de la présente loi.

Il déterminera notamment les formes et les conditions des autorisations prévues par l'article 6.

Art. 8. Les décrets du 22 novembre 1811 et du 17 avril 1812, et les ordonnances des 1er juillet 1818 et 9 avril 1819, sont abrogés en ce qui concerne les ventes régies par la présente loi ; ils sont maintenus en ce qui touche les ventes publiques de marchandises faites par autorité de justice.

TABLEAU

Des marchandises qui peuvent être vendues en gros, aux enchères publiques,

POUR ÊTRE ANNEXÉ A LA LOI DU 28 mai 1858.

1° MARCHANDISES EXOTIQUES :

Denrées alimentaires, matières premières nécessaires aux fabriques, et tout produit quelconque destiné à la réexportation.

2° MARCHANDISES INDIGÈNES :

Grains, graines et farines.	Vins et esprits.
Légumes secs et fruits secs.	Savons.
Cires et miel.	Produits chimiques.
Sucres bruts.	Cuirs et peaux bruts.
Laines.	Poils, crins et soies d'animaux.
Chanvres et lins.	Graisse, suif et stéarine.
Soies.	Houille et coke.
Racines et produits tinctoriaux.	Bois et matériaux de construction.
Huiles.	Métaux bruts.

X

12 Mars 1859. — *Décret* relatif à l'exécution des deux lois du 28 mai 1858.

Napoléon,

Par la grâce de Dieu et la volonté nationale, Empereur des Français,

A tous, présents et à venir, salut :

Sur le rapport de notre ministre secrétaire d'État au département de l'agriculture, du commerce et des travaux publics ;

Vu la loi du 28 mai 1858, sur les négociations concernant les marchandises déposées dans les magasins généraux, et notamment l'article 14, ainsi conçu :

« Art. 14. Un règlement d'administration publique prescrira les mesures qui seraient nécessaires à l'exécution de la présente loi ; »

Vu les articles 6 et 7 de la loi, à la même date, sur les ventes publiques de marchandises en gros, lesdits articles ainsi conçus :

« Art. 6. Il est procédé aux ventes dans les locaux spécialement autorisés à cet effet, après avis de la Chambre et du Tribunal de commerce.

« Art. 7. Un règlement d'administration publique prescrira les mesures nécessaires à l'exécution de la présente loi.

« Il déterminera notamment les formes et les conditions des autorisations prévues par l'article 6. »

Vu l'ordonnance royale du 24 décembre 1839, et la lettre de notre Ministre des finances, du 2 février 1859 ;

Notre Conseil d'État entendu,

Avons décrété et décrétons ce qui suit :

TITRE Ier. — DISPOSITIONS COMMUNES AUX MAGASINS GÉNÉRAUX ET AUX SALLES DE VENTES PUBLIQUES.

ART. 1er. Toute demande ayant pour objet l'autorisation d'ouvrir un magasin général ou une salle de ventes publiques, est adressée au Ministre de l'agriculture, du commerce et des travaux publics, par l'intermédiaire du préfet, avec l'avis de ce fonctionnaire et celui des corps désignés dans les lois du 28 mai 1858.

Le Ministre des finances est consulté, lorsque l'établissement projeté doit être placé dans des locaux soumis au régime de l'entrepôt réel, ou recevoir des marchandises en entrepôt fictif.

Les autorisations sont données par décrets rendus sur l'avis de la section des travaux publics, de l'agriculture et du commerce du Conseil d'État.

L'établissement peut être formé spécialement pour une ou plusieurs espèces de marchandises.

ART. 2. Toute personne qui demande l'autorisation d'ouvrir un magasin général, ou une salle de ventes publiques, doit justifier de ressources en rapport avec l'importance de l'établissement projeté.

Les exploitants de magasins généraux ou de salles de ventes publiques peuvent être soumis, pour la garantie de leur gestion, à un cautionnement, dont le montant est fixé par l'acte d'autorisation et proportionné, autant que possible, à la responsabilité qu'ils encourent.

Ce cautionnement est versé à la caisse des dépôts et consignations. Il peut être fourni en valeurs publiques françaises, dont les titres sont également déposés à la caisse des dépôts et consignations.

ART. 3. Les propriétaires ou exploitants sont responsables

de la garde et de la conservation des marchandises qui leur sont confiées, sauf les avaries et les déchets naturels provenant de la nature et du conditionnement des marchandises ou des cas de force majeure.

Art. 4. Il est interdit aux exploitants de magasins généraux et de salles de ventes de se livrer directement ou indirectement, pour leur propre compte ou pour le compte d'autrui, à aucun commerce ou spéculation ayant pour objet les marchandises.

Ils peuvent se charger des opérations et formalités de douanes et d'octroi, déclaration de débarquement et d'embarquement, soumissions et déclarations d'entrée et sortie d'entrepôt, transferts et mutations ;

Des règlements de fret et autres entre les capitaines et les consignataires, sous réserve des droits des courtiers et de leur intervention dans la mesure prescrite par les lois ;

Des opérations de factage, camionnage et gabarrage extérieur.

Ils peuvent également se charger de faire assurer les marchandises dont ils sont détenteurs au moyen, soit de polices collectives, soit de polices spéciales, suivant les ordres des intéressés.

Ils peuvent, en outre, être autorisés à se charger de toutes opérations ayant pour objet de faciliter les rapports du commerce et de la navigation avec l'établissement.

Art. 5. Il leur est interdit, à moins d'une autorisation spéciale de l'administration, de faire directement ou indirectement, avec des entrepreneurs de transports, sous quelque dénomination ou forme que ce puisse être, des arrangements qui ne seraient pas consentis en faveur de toutes les entreprises ayant le même objet.

Les règlements particuliers prévus par l'article 9 doivent

contenir les dispositions nécessaires pour assurer la plus complète égalité entre les diverses entreprises de transports, dans leur rapport avec chaque établissement.

ART. 6. Les exploitants des magasins généraux et des salles de ventes sont tenus de les mettre, sans préférence ni faveur, à la disposition de toute personne qui veut opérer le magasinage ou la vente de ses marchandises, dans les termes des lois du 28 mai 1858.

ART. 7. Les magasins généraux et les salles de ventes publiques sont soumis aux mesures générales de police concernant les lieux publics, affectés au commerce, sans préjudice des droits du service des douanes, lorsqu'ils sont établis dans des locaux placés, sous le régime de l'entrepôt réel, ou lorsqu'ils contiennent des marchandises en entrepôt fictif.

ART. 8. Les tarifs établis par les exploitants, afin de fixer la rétribution due pour le magasinage, la manutention, la location de la salle, la vente, et généralement pour les divers services qui peuvent être rendus au public, doivent être imprimés et transmis, avant l'ouverture des établissements, au Préfet et aux corps entendus sur la demande d'autorisation.

Tous les changements apportés aux tarifs doivent être d'avance annoncés par des affiches et communiqués au Préfet et aux corps ci-dessus désignés. Si ces changements ont pour objet de relever les tarifs, ils ne deviennent exécutoires que trois mois après qu'ils ont été annoncés et communiqués comme il vient d'être dit.

La perception des taxes doit avoir lieu indistinctement et sans aucune faveur.

ART. 9. Chaque établissement doit avoir un règlement particulier, qui est communiqué à l'avance, ainsi que tous les changements qui y seraient apportés, comme il est dit à l'article précédent.

Art. 10. La loi, le présent décret, le tarif et le règlement particulier sont et demeurent affichés à la principale porte et dans l'endroit le plus apparent de chaque établissement.

Art. 11. En cas de contravention ou d'abus commis par les exploitants, de nature à porter un grave préjudice à l'intérêt du commerce, l'autorisation accordée peut être révoquée par un acte rendu dans la même forme que cette autorisation, et les parties entendues.

Art. 12. Les propriétaires ou exploitants de magasins généraux et de salles de ventes publiques, qui veulent céder leur établissement, sont tenus d'en faire d'avance la déclaration au Ministre de l'agriculture, du commerce et des travaux publics, et de faire connaître le nom du concessionnaire.

TITRE II. — DISPOSITIONS PARTICULIÈRES AUX MAGASINS GÉNÉRAUX ET AUX RÉCÉPISSÉS ET WARRANTS.

Art. 13. Les récépissés de marchandises et les warrants y annexés sont extraits d'un registre à souche.

Art. 14. Dans le cas où un courtier est requis pour l'estimation des marchandises, il n'a droit qu'à une vacation dont la quotité est fixée, pour chaque place, par le Ministre de l'agriculture, du commerce et des travaux publics, après avis du Tribunal de commerce.

Art. 15. A toute réquisition du porteur du récépissé et du warrant réunis, la marchandise déposée doit être fractionnée en autant de lots qu'il lui conviendra et le titre primitif remplacé par autant de récépissés et de warrants qu'il y aura de lots.

Art. 16. Tout cessionnaire du récépissé ou du warrant peut exiger la transcription, sur les registres à souche dont ils sont extraits, de l'endossement fait à son profit, avec indication de son domicile.

Art. 17. A toute époque, l'administration du magasin général est tenue, sur la demande du porteur du récépissé ou du warrant, de liquider les dettes et les frais énumérés à l'article 8 de la loi du 28 mai 1858, sur les négociations de marchandises, et dont le privilége prime celui de la créance garantie sur le warrant. Le bordereau de liquidation délivré par l'administration du magasin général relate les numéros du récépissé et du warrant auxquels il se réfère.

Art. 18. Sur la présentation du warrant protesté, l'administration du magasin général est tenue de donner au courtier désigné pour la vente par le porteur du warrant toutes facilités pour y procéder.

Elle ne délivre la marchandise de l'acheteur que sur le vu du procès-verbal de la vente et moyennant : 1° la justification du payement des droits et frais privilégiés, ainsi que du montant de la somme prêtée sur le warrant ; 2° la consignation de l'excédant, s'il en existe, revenant au porteur du récépissé, dans le cas prévu par le dernier paragraphe de l'article 8 de la loi.

Art. 19. Outre les livres ordinaires de commerce et le livre des récépissés et warrants, l'administration du magasin général doit tenir un livre à souche destiné à constater les consignations qui peuvent lui être faites en vertu des articles 6 et 8 de la loi.

Tous ces livres sont cotés et parafés par première et dernière, conformément à l'article 11 du Code de commerce.

ART. 20. Il est procédé aux ventes publiques à la Bourse ou dans les salles autorisées conformément au présent décret ; toutefois le courtier est autorisé à vendre sur place, dans le cas où la marchandise ne peut être déplacée sans préjudice pour le vendeur, et où, en même temps, la vente ne peut être convenablement faite que sur le vu de la marchandise.

ART. 21. Le lieu, les jours, les heures et les conditions de la vente, la nature et la quantité de la marchandise doivent être, trois jours au moins à l'avance, publiés au moyen d'une annonce dans l'un des journaux désignés pour les annonces judiciaires de la localité, et, en outre, au moyen d'affiches apposées à la Bourse, ainsi qu'à la porte du local où il doit être procédé à la vente, et du magasin où les marchandises sont déposées.

Deux jours au moins avant la vente, le public doit être admis à examiner et vérifier les marchandises, et toutes facilités doivent lui être données à cet égard.

ART. 22. Avant la vente, il est dressé et imprimé un catalogue des denrées et marchandises à vendre, lequel porte la signature du courtier chargé de l'opération. Ce catalogue est délivré à tout requérant.

ART. 23. Le catalogue énonce les marques, numéros, nature et quantité de chaque lot de marchandises, les magasins où elles sont déposées, les jours et les heures où elles peuvent être examinées, et le lieu, les jours et les heures où elles seront vendues.

Sont mentionnées également les époques de livraison, les conditions de payement, les tares, avaries et toutes les

autres indications et conditions qui seront la base et la règle du contrat entre les vendeurs et les acheteurs.

ART. 24. Lors de la vente, le courtier inscrit immédiatement sur le catalogue, en regard de chaque lot, les nom et domicile de l'acheteur, ainsi que le prix d'adjudication.

ART. 25. Les lots ne peuvent être, d'après l'évaluation approximative et selon le cours moyen des marchandises, audessous de cinq cents francs.

Ce minimum peut être élevé ou abaissé, dans chaque localité, pour certaines classes de marchandises, par arrêté du Ministre de l'agriculture, du commerce et des travaux publics, rendu après avis de la Chambre de commerce ou de la Chambre consultative des arts et manufactures.

ART. 26. Les enchères sont reçues et les adjudications faites par le courtier chargé de la vente.

Le courtier dresse procès-verbal de chaque séance sur un registre coté et parafé conformément à l'article 11 du Code de commerce.

ART. 27. Faute par l'adjudicataire de payer le prix dans les délais fixés, la marchandise est revendue, à la folle enchère et à ses risques et périls, trois jours après la sommation qui lui a été faite de payer, sans qu'il soit besoin de jugement.

ART. 28. Nos ministres secrétaires d'État aux départements de l'agriculture, du commerce et des travaux publics, et des finances, sont chargés, chacun en ce qui le concerne, de l'exécution du présent décret.

XI

31 Mars 1859. — *Circulaire* de M. le Directeur général des douanes (nº 581).

Deux lois, promulguées sous la date du 28 mai 1858, ont pour objet de développer en France deux institutions qui se lient l'une à l'autre et qui peuvent être d'un haut intérêt pour le commerce : l'une est relative aux négociations concernant les marchandises déposées dans les magasins généraux ; l'autre autorise les ventes publiques de marchandises en gros. J'annexe à la présente, avec une ampliation de ces lois, un décret, en date du 12 mars 1859, contenant les dispositions réglementaires destinées à en assurer l'exécution.

Les explications qui vont suivre feront connaître l'économie générale de ces nouvelles mesures ; comment, à l'égard des marchandises étrangères passibles des droits et des sucres indigènes non encore libérés d'impôt, elles doivent se concilier avec l'application de la législation des douanes et celle des contributions indirectes ; enfin, dans quels cas et dans quelles limites l'intervention de ces deux services peut avoir à se produire.

NÉGOCIATIONS CONCERNANT LES MARCHANDISES DÉPOSÉES DANS LES MAGASINS GÉNÉRAUX.

La nouvelle loi sur les magasins généraux maintient, pour ceux qui ont été créés en vertu du décret du 21 mars 1848 et pour ceux qui seront établis à l'avenir, l'affectation qui leur avait été assignée tout d'abord. Ainsi, comme l'énonce l'article 1er, § 1er, de la loi, ces magasins recevront les matières premières, les marchandises et les objets fabriqués que les négociants et industriels voudront y déposer.

Au moment où les magasins généraux furent institués, en 1848, il s'agissait de pourvoir aux nécessités d'une crise extraordinaire. Dans l'adoption des mesures prises alors à la hâte, on s'était attaché, avant tout, à procurer au commerce les ressources de crédit dont il avait besoin, par les moyens les plus prompts, et en faisant céder toute autre considération. Ainsi, contrairement au principe qui régit les entrepôts réels, les marchandises nationales ou nationalisées par le payement des droits d'entrée avaient été admises dans ces établissements en vue de l'application du régime des warrants ; mais cette disposition avait pour le commerce lui-même cet inconvénient, que dans la plupart des localités les entrepôts réels étaient insuffisants pour contenir à la fois les produits étrangers qui obligatoirement devaient y être placés et les produits nationaux qu'on y présentait. Depuis que les choses sont rentrées dans une situation normale, des magasins généraux distincts et séparés ont pu être successivement institués pour les marchandises que la loi ne place pas sous la garde permanente et sous la clef de la douane et des contributions indirectes, et en dernier lieu, par une décision de S. Exc. le Ministre des finances en date du 12 juillet 1855, les entrepôts réels ont été rendus exclusivement à leur destination spéciale.

Il doit continuer d'en être ainsi partout à l'avenir.

Toutefois, il demeure entendu que les marchandises étrangères d'entrepôt fictif pourront, au gré du commerce, ou être déposées dans les magasins généraux, ou être transférées, comme l'avait autorisé la circulaire du 22 mars 1848, n° 2231, dans les entrepôts réels, là où les locaux de ces établissements seront assez spacieux pour les recevoir.

Aux termes de l'article 1er, § 2, de la loi, « les magasins « généraux sont ouverts, les Chambres de commerce ou les « Chambres consultatives des arts et manufactures entendues,

« avec l'autorisation du Gouvernement et placés sous sa sur-
« veillance. » D'un autre côté, le décret rendu pour l'exécution de la loi porte, article 1er : « Les demandes en autorisation
« de magasins généraux sont adressées au Ministre de l'agri-
« culture, du commerce et des travaux publics, par l'intermé-
« diaire du Préfet, avec l'avis de ce fonctionnaire et celui des
« corps désignés dans la loi du 28 mai 1858.

« Le Ministre des finances est consulté lorsque l'établis-
« sement projeté doit être placé dans des locaux soumis au
« régime de l'entrepôt réel ou recevoir des marchandises en
« entrepôt fictif.

« Les autorisations sont données par décrets rendus sur
« l'avis de la section des travaux publics, de l'agriculture et
« du commerce, du Conseil d'État.

« L'établissement peut être formé spécialement pour une ou
« plusieurs espèces de marchandises. »

L'avis du département des finances a été réservé ainsi pour
garantir contre toute disposition qui pourrait être en opposition avec les intérêts du Trésor ou la régularité des opérations :
cette réserve aura notamment pour objet, d'une part, d'empêcher que les entrepôts réels ne soient détournés de leur affectation spéciale ; d'autre part, de mettre obstacle à ce que des
magasins généraux ne puissent être constitués pour recevoir
des marchandises d'entrepôt fictif hors de l'enceinte des villes.
C'est donc à ce double point de vue que les directeurs, lorsqu'ils seront consultés par l'Administration, auront particulièrement à s'expliquer et à fournir des renseignements.

Pour compléter ce qui reste à dire touchant l'organisation
des magasins généraux, ajoutons que d'après l'article 7 du
décret réglementaire, ces magasins « sont soumis aux me-
« sures générales de police concernant les lieux publics affectés
« au commerce, *sans préjudice des droits du service des*

« *douanes*, lorsqu'ils sont établis dans des locaux placés sous « le régime de l'entrepôt réel ou lorsqu'ils contiennent des « marchandises en entrepôt fictif. » Les termes mêmes de cette autre réserve suffisent pour indiquer que les entrepôts réels, où des marchandises seront constituées en dépôt sous récépissés, n'en demeureront pas moins placées, à l'égard de ces marchandises, sous la complète surveillance du service des douanes. Dès lors, aucun autre service relevant des autorités locales ne saurait y donner des ordres qui pourraient être en opposition avec ceux de l'Administration, entraver l'action de son service ou mettre obstacle à l'accomplissement de ses règlements. De même, les marchandises d'entrepôt fictif déposées sous le régime des récépissés demeurent soumises aux règles qui s'appliquent, dans les cas ordinaires, à cette sorte d'entrepôt.

Il demeure, d'ailleurs, entendu que ces réserves en faveur du service des douanes ne portent aucune atteinte au droit qu'ont les intéressés de se faire représenter les marchandises en entrepôt, de les y faire examiner, échantillonner, estimer, etc., comme cela se pratique, d'ailleurs, déjà aujourd'hui.

Une autre observation doit ici trouver sa place. Dans le même ordre de considérations qui, en 1848, avait fait déroger momentanément au principe de la spécialité des entrepôts réels, l'Administration, regardant alors comme un devoir impérieux de donner, dans la mesure la plus large, le concours qui lui était demandé pour conjurer les périls de la situation, avait adhéré sans hésitation à ce que ses agents fussent chargés près les magasins généraux de fonctions étrangères à leurs attributions. Elle avait admis, par exemple, que ces agents fussent investis des fonctions de contrôleurs sous-délégués et même de directeurs gérants. Il ne peut plus évidemment en être de même sous l'empire de la nouvelle législation. En effet, les agents des douanes et des contributions indirectes ne sauraient tenir un mandat quelconque et être placés sous l'autorité des compagnies ou des particuliers à qui des autorisations auront été accordées pour l'établissement de magasins généraux.

En conséquence, le service des douanes, pour les marchandises étrangères, et le service des contributions indirectes, pour les sucres indigènes non acquittés n'auront désormais à prendre aucune part quelconque aux actes des compagnies ou des particuliers exploitant les magasins généraux. Le service se bornera, à l'égard seulement des marchandises déposées dans les entrepôts, à certifier sur les récépissés ou warrants, quand la demande lui en sera faite, l'existence de ces marchandises en entrepôt.

Ce certificat même ne devra jamais être donné que pour les produits *en entrepôt réel* qui sont placés sous la clef et sous la garde de la douane, à l'exclusion, par conséquent, des marchandises placées en entrepôt fictif dans des magasins dont le commerce seul a la clef.

Il n'est pas nécessaire d'ajouter que le certificat ainsi délivré par le service pour les marchandises d'entrepôt réel n'a de valeur que comme attestation de l'existence desdites marchandises en magasin au moment même où le récépissé ou le warrant sera visé. Il ne peut valoir non plus que comme reproduction des indications portées sur les sommiers d'entrepôt, sans que le service ait à procéder obligatoirement au recensement de la marchandise, ni à rechercher si celle-ci a, pendant son séjour en entrepôt, éprouvé ou non des déficit ou déchets, par suite de détournement, dessiccation, coulage, etc., ou même une détérioration complète.

En d'autres termes, le commerce ne doit pas perdre de vue que le service des douanes et des contributions indirectes ne

détient pas dans l'intérêt des propriétaires les marchandises placées dans les entrepôts réels ; il les garde seulement en garantie des droits du Trésor, droits qui, en principe, sont dus même sur les déficit. Il appartient dès lors à ceux qui acceptent des récépissés ou warrants de s'édifier par eux-mêmes sur la nature, la qualité et la quantité réelles des produits dont la propriété leur est transférée ou qui leur sont données en nantissement. A cet égard, toutes facilités doivent être mises à la disposition du commerce. Dans tous les cas, et comme l'énonce l'article 3 du décret réglementaire, c'est aux propriétaires ou exploitants des magasins généraux à répondre seuls, à tous les points de vue qui intéressent les tiers, et dans les limites posées par cet article, de la garde et de la conservation des marchandises qui leur sont confiées.

Le 3ᵉ paragraphe de l'article 1ᵉʳ et l'article 2 de la loi règlent la teneur des récépissés et des warrants, lesquels doivent en outre, d'après l'article 13 du décret, être extraits d'un registre à souche.

L'arrêté du 26 mars 1848 imposait l'obligation, pour toute marchandise déposée sous le régime des magasins généraux, d'en faire constater la valeur vénale, au cours du jour, par des experts choisis par la Chambre de commerce, le Conseil municipal ou la Chambre consultative des arts et manufactures, assistés d'un courtier ou d'un commissaire-priseur. Cette estimation entraînait des lenteurs et des frais ; elle ne pouvait d'ailleurs procurer toujours des indications certaines, puisque le prix d'une marchandise est essentiellement variable ; enfin elle avait pour inconvénient grave d'initier des tiers, et quelquefois des concurrents, dans le secret des opérations de transfert ou de prêt, et d'éloigner les négociants, dont le crédit pouvait ainsi être compromis, d'user du régime des dépôts. Désormais l'énonciation de la valeur sur les récépissés ou warrants demeurera un simple renseignement non contrôlé lors du dépôt, sauf aux intéressés à en faire constater la réalité, s'ils le jugent convenable, par l'entremise d'un courtier, ainsi qu'il est dit dans l'article 14 du décret. Dans tous les cas, le service des douanes doit demeurer complétement étranger à cette fixation de la valeur des marchandises, même alors qu'elles sont placées sous sa main dans les entrepôts, comme à toutes les autres opérations relatives à la délivrance des récépissés ou warrants.

On voit par l'article 3 de la loi que les « récépissés et les « warrants peuvent être transférés par voie d'endossement, « ensemble ou séparément. »

D'après l'article 4, « l'endossement du warrant séparé du « récépissé vaut nantissement de la marchandise au profit du « cessionnaire du warrant.

« L'endossement du récépissé transmet au cessionnaire le « droit de disposer de la marchandise, à la charge par lui, « lorsque le warrant n'est pas transféré avec le récépissé, de « payer la créance garantie par le warrant ou d'en laisser « payer le montant sur le prix de la vente de la marchandise. »

Comme le porte l'article 15 du décret : « A toute réquisi- « tion du porteur du récépissé et du warrant réunis, la mar- « chandise déposée doit être fractionnée en autant de lots qu'il « lui conviendra et le titre primitif est remplacé par autant « de récépissés et de warrants qu'il y aura de lots. »

Aux termes de l'article 5 de la loi : « L'endossement du « récépissé et du warrant transférés ensemble ou séparément « doit être daté.

« L'endossement du warrant séparé du récépissé doit en « outre énoncer le montant intégral, en capital et intérêts, « de la créance garantie, la date de son échéance et les nom, « profession et domicile du créancier.

« Le premier cessionnaire du warrant doit immédiatement
« faire transcrire l'endossement sur les registres du magasin,
« avec les énonciations dont il est accompagné. Il est fait
« mention de cette transcription sur le warrant. »

Les dispositions de l'article ci-dessus se trouvent complétées par l'article 16 du décret, ainsi conçu : « Tout cession-
« naire du récépissé ou du warrant peut exiger la transcrip-
« tion, sur les registres à souche dont ils sont extraits, de
« l'endossement fait à son profit avec indication de son do-
« micile. »

Les dispositions de la loi et du décret rappelées dans les
huit paragraphes qui précèdent indiquent la manière dont les
récépissés et les warrants devront fonctionner ; ces dispositions sont éminemment propres à faciliter les opérations de
transfert et de prêt. J'ai dû les citer textuellement, afin de
mieux faire comprendre les instructions que j'ai à donner sur
ce point au service.

Le récépissé, pour celui qui en est porteur, est le titre de
propriété de la marchandise. Le warrant n'est qu'un bulletin
de gage indiquant que la marchandise est engagée pour une
créance dont le chiffre est déterminé.

Pour les produits existant en entrepôts réels ou fictifs, le
service des douanes, s'il s'agit de marchandises étrangères,
le service des contributions indirectes, s'il s'agit de sucres
indigènes non acquittés, ne peuvent, sur la production du
récépissé endossé (réuni au warrant ou séparé du warrant),
se refuser, quand la demande leur en est faite, à inscrire les
marchandises au nom de la personne à qui le récépissé a été
transféré. Seulement, en rappelant sur les registres le numéro et la date du récépissé, on devra, pour les marchandises
d'entrepôt réel, faire signer le nouveau propriétaire sur les
sommiers, et pour les marchandises d'entrepôt fictif, ou en-

treposées sous soumissions, exiger de nouveaux engagements et de nouvelles cautions. Ces formalités remplies, le transfert, pour le service, est réputé consommé, sans que les anciens entrepositaires, dont les comptes doivent être annulés, aient à intervenir pour faire acte de cession. Un nouveau mode de transfert se trouve ainsi ajouté pour les marchandises déposées dans les entrepôts sous le régime des magasins généraux, aux autres modes tracés pour les transferts s'accomplissant dans les conditions ordinaires.

Sous l'application des anciennes dispositions, l'article 7 de l'arrêté du 26 mars 1848 exigeait que chaque endossement de récépissé fût inscrit sur les registres des magasins généraux. Le renouvellement, à chaque négociation, de cette inscription rendait impossible le plus souvent la circulation du récépissé, et avait l'inconvénient grave de trahir le secret des opérations. Comme on l'a vu, le § 3, article 5, de la nouvelle loi impose *au premier cessionnaire seulement du warrant* l'obligation de faire transcrire l'endossement sur les registres du magasin et de faire mentionner cette transcription sur le warrant. Si l'article 16 du décret réglementaire porte que tout cessionnaire du récépissé ou du warrant peut exiger la transcription, sur les registres à souche dont ils sont extraits, de l'endossement fait à son profit, cette transcription, hors le cas déterminé par l'article 5 de la loi, est purement facultative.

Il suit de ces dispositions que les marchandises placées en entrepôt réel ou fictif, sous le régime des magasins généraux, pourront cesser d'appartenir aux premiers propriétaires inscrits sur les sommiers d'entrepôt et passer successivement en plusieurs mains, sans que le service en soit informé, sans que, dès lors, il ait à connaître les nouveaux propriétaires.

Néanmoins, ce système ne saurait avoir, dans aucun cas, pour conséquence d'affaiblir les droits ni de gêner l'action du service à l'égard des marchandises déposées sous sa clef, et qui restent soumises aux prescriptions de la législation spéciale des douanes.

Ainsi, les agents des douanes doivent, comme on l'a déjà dit, demeurer absolument étrangers soit à la délivrance des récépissés et des warrants, soit au fractionnement de ces titres, qui aura lieu fréquemment. Dès lors, tant qu'un transfert n'a pas été opéré régulièrement, ces agents ne peuvent reconnaître d'autres propriétaires de la marchandise entreposée que les négociants au nom desquels l'inscription a été faite régulièrement aux sommiers d'entrepôt, sans avoir à rechercher si ces négociants ont été ou non dépossédés par des warrants ou récépissés.

Par suite, et dans le même ordre d'idées, les employés ne pourront se refuser, toutes les fois qu'ils en seront requis, à recevoir les déclarations soit de mutation de propriété, soit d'acquittement de droits, soit de sortie d'entrepôt à toute autre destination, qui leur seront faites par ces mêmes négociants. C'est, en effet, exclusivement à l'exploitation des magasins généraux, qui délivre les récépissés, perçoit les droits de magasinage et détient en réalité la marchandise, qu'il appartient d'intervenir, s'il y a lieu, et en vertu de sa responsabilité, pour garantir de détournement et de dol les tiers détenteurs des récépissés et des warrants.

D'après les motifs mêmes qui viennent d'être indiqués, c'est aussi contre les seules personnes inscrites sur les sommiers d'entrepôt que, dans le cas où les entrepôts n'auraient pas été vidés dans les délais déterminés par la loi, on devra poursuivre, savoir : pour les marchandises d'entrepôt réel, la vente de celles-ci, par application des articles 14 de la loi du 17 mai 1826 et 20 de la loi du 9 février 1832, et pour les marchandises d'entrepôt fictif, le payement des droits par voie de contrainte. C'est pareillement contre les mêmes personnes qu'à l'égard des marchandises d'entrepôt fictif il y aura lieu de verbaliser en cas de soustraction ou de mutation de magasin non autorisée.

L'article 6 de la loi indique comment le porteur du récépissé séparé du warrant peut, même avant l'échéance, payer la créance garantie par le warrant. Je n'ai point à m'occuper de cette disposition, à l'exécution de laquelle le service demeure étranger.

L'une des facilités importantes que la loi a entendu constituer en faveur des prêteurs a été d'accélérer et d'exonérer de frais la réalisation des marchandises au moment où est arrivé le terme assigné pour le remboursement des avances qui ont été faites sur gage. Tel est l'objet de l'article 7 de cette loi, lequel est ainsi conçu :

« A défaut de payement à l'échéance, le porteur du war-
« rant séparé du récépissé peut, huit jours après le protêt, et
« sans aucune formalité de justice, faire procéder à la vente
« publique aux enchères et en gros de la marchandise enga-
« gée, dans les formes et par les officiers publics indiqués
« dans la loi du 28 mai 1858 (sur les ventes publiques).

« Dans le cas où le souscripteur primitif du warrant l'a
« remboursé, il peut faire procéder à la vente de la marchan-
« dise, comme il est dit au paragraphe précédent, contre le
« porteur du récépissé, huit jours après l'échéance, et sans
« qu'il soit besoin d'aucune mise en demeure. »

Les agents du service devront, dans les deux cas prévus par l'article précédent, sur la réquisition écrite du chef de l'exploitation des magasins généraux, ou bien seulement, dans le premier cas, sur la justification du protêt, et, dans le second cas, sur la production du warrant acquitté, donner toutes facilités pour la vente des produits, en se conformant aux règles

indiquées plus loin pour les ventes de marchandises en gros.
Je ferai remarquer, d'ailleurs, qu'avant la vente, celui à la requête duquel elle s'opérera devra être substitué sur les registres d'entrepôt aux entrepositaires dépossédés, signer à leur
place les déclarations, et, s'il s'agit de marchandises en entrepôt fictif, être astreint à l'obligation de souscrire une nouvelle soumission et de donner une nouvelle caution, de
manière à ce que les droits du Trésor demeurent toujours
garantis.

On avait signalé comme l'une des causes qui ont pû détourner le commerce d'user du régime des dépôts sur récépissés
ou warrants le privilége général attribué au Trésor par l'article 22, titre XIII, de la loi du 22 août 1791 sur l'ensemble des
meubles et effets mobiliers des redevables. En vue de satisfaire
aux vœux unanimement exprimés à ce sujet par le commerce
et les établissements de crédit, ce privilége est réduit, pour les
marchandises déposées dans les magasins généraux, au montant des droits spécialement dus par ces marchandises ; c'est
ce qui résulte du paragraphe 1er de l'article 8 de la loi, lequel s'exprime ainsi :

« Le créancier est payé de sa créance, sur le prix, directe-
« ment et sans formalité de justice, par privilége et préférence
« à tous créanciers sans autre déduction que celle : 1° des con-
« tributions indirectes, des taxes d'octroi et des droits de
« douane dus par la marchandise ; 2° des frais de vente,
« de magasinage et autres faits pour la conservation de la
« chose. »

L'article 17 du décret réglementaire porte que « à toute
« époque, l'Administration du magasin général est tenue,
« sur la demande du porteur du récépissé ou du warrant, de
« liquider les dettes et les frais énumérés à l'article 8 de la
« loi du 28 mai 1858 sur les négociations de marchandises

« et dont le privilége prime celui de la créance garantie sur le
« warrant. »

Toutes les fois que la demande leur en sera faite, les agents
des douanes et des contributions indirectes fourniront aux gérants des magasins généraux les renseignements nécessaires
pour établir la liquidation des droits dont la marchandise se
trouve grevée au moment où le renseignement est demandé.

Les articles 9, 10, 11 et 12 de la loi renferment des dispositions d'un grand intérêt pour le commerce, mais qui ont
trait à des points complétement étrangers au service. Je ne
m'y arrête pas.

L'article 13, § 1er, de la loi porte que les récépissés sont
timbrés et que leur *enregistrement* est soumis à un droit
fixe d'un franc.

Le même article, § 2, rend applicables aux warrants endossés et séparés des récépissés les dispositions du titre Ier de la
loi du 5 juin 1850 et de l'article 69, § 2, n° 6, de la loi du
22 frimaire an VII.

La perception des droits de timbre et d'enregistrement à
opérer en vertu de ces deux paragraphes de l'article 13 ne peut
regarder les agents des douanes et des contributions indirectes, qui n'ont pas à y prendre part ; mais ces agents s'assure-
ront que ceux des titres qui devront leur être produits dans
certains cas sont régulièrement timbrés.

Il me reste à appeler l'attention du service sur l'article 4
du décret réglementaire, lequel, tout en interdisant aux exploitants de magasins généraux de se livrer directement, pour
leur propre compte ou pour le compte d'autrui, à aucun commerce ou spéculation ayant pour objet les marchandises, les
autorise cependant, entre autres dispositions, à se charger des
opérations et formalités de douane et d'octroi, déclarations de
débarquement et d'embarquement, soumissions et déclara-

tions d'entrée et sortie d'entrepôt, transferts et mutations, etc. Seulement, les exploitants des magasins généraux ne pourront exercer ces diverses attributions qu'en vertu de pouvoirs réguliers délivrés par les négociants intéressés.

L'article 15 et dernier de la loi abroge le décret du 21 mars 1848 et l'arrêté du 26 du même mois. Il abroge également, en ce qu'il a de contraire aux nouvelles dispositions, le décret des 23-26 août 1848.

En attendant que les magasins généraux déjà créés aient pu être constitués sur les bases résultant de la nouvelle législation, et jusqu'à ce qu'il ait été possible de pourvoir au remplacement des employés des douanes ou des contributions indirectes qui ont été investis de fonctions près ces magasins par la direction du mouvement général des fonds au ministère des finances, ces employés conserveront provisoirement lesdites fonctions.

VENTES PUBLIQUES DE MARCHANDISES EN GROS.

Ainsi que l'explique le rapport présenté au Corps législatif au sujet de la loi sur les ventes publiques en gros, le système de ces ventes, qui se pratique notamment en Angleterre, en Hollande et à Hambourg, a eu pour avantage d'y créer des marchés dominants qui attirent les grands achats, règlent les cours et impriment, pour ainsi dire, aux autres places le mouvement de leurs affaires. Les ventes publiques existent déjà en France ; mais il s'agissait de les dégager des charges et des gênes qui en ont jusqu'ici plus ou moins entravé le développement.

Un remaniement dans la législation sur les ventes publiques était, en outre, le corollaire obligé des modifications apportées dans le régime des magasins généraux.

La nouvelle loi, rendue en vue de donner satisfaction à ces intérêts, dispose, article 1ᵉʳ : « La vente volontaire aux en-« chères, en gros, des marchandises comprises au tableau an-« nexé peut avoir lieu par le ministère des courtiers, sans auto-« risation du Tribunal de commerce.

« Ce tableau peut être modifié, soit d'une manière générale, « soit pour une ou plusieurs villes, par un décret rendu dans « la forme des règlements d'administration publique et après « avis des Chambres de commerce. »

Tout d'abord, je crois utile d'expliquer qu'il n'est rien changé par la présente loi aux dispositions de celle du 21 avril 1818, articles 51 à 58, qui régissent les ventes en douane, en vue d'obtenir le bénéfice d'une réfaction de droits sur les marchandises étrangères avariées par suite d'événements de mer.

D'après le tableau joint à la loi, les produits exotiques (et ce sont, avec les sucres indigènes non acquittés, les seuls dont l'Administration ait à s'occuper) qui peuvent être vendus en gros, aux enchères publiques, sont les denrées alimentaires et les matières premières nécessaires aux fabriques ; puis, tout produit quelconque destiné à la réexportation.

Les deux premières catégories de ces marchandises (les denrées alimentaires et les matières premières) pourront ainsi être vendues, soit pour la consommation, soit pour la réexportation. Quant aux autres produits quelconques, ils ne peuvent profiter du bénéfice de la loi que sous la condition, pour l'acquéreur, de les renvoyer à l'étranger : cette restriction est une sage précaution contre la concurrence que les ventes publiques en gros pourraient faire au commerce de détail ; toutefois, le Gouvernement, ainsi que l'énonce l'article susmentionné, s'est réservé d'ajouter au tableau, par un décret rendu en Conseil d'État, au fur et à mesure des besoins qui se produiront, en tenant compte des intérêts des localités et des vœux des Chambres de commerce. La nécessité d'assurer la réexportation à l'étranger des produits qui ne peuvent être vendus que pour cette destination constitue une mesure d'intérêt général; à ce point de vue, le service des douanes doit être appelé à en assurer et surveiller l'exécution.

A cet effet, toutes les fois que le commerce usera, à l'égard de marchandises étrangères, de la faculté des ventes publiques en gros, soit librement, soit dans les cas prévus par l'article 7 de la loi du 28 mai 1858, sur les négociations concernant les magasins généraux, la douane devra être informée au préalable par la remise du catalogue dont il est question aux articles 22, 23 et 24 du décret d'exécution. Elle annotera sur les registres ceux des produits non prohibés à l'entrée par le tarif, qui, par application des conditions de la vente publique, ne devront être vendus que sous réserve de renvoi à l'étranger; et comme, par le fait même de cette *mise en vente sous la condition exclusive de réexportation*, les propriétaires de la marchandise auront ainsi renoncé à la faculté d'acquitter les droits pour la consommation, la douane refusera de recevoir toute déclaration ultérieure pour cette destination. Si l'on demandait à expédier les produits vendus sous cette réserve sur un autre entrepôt, ou à les réexporter par la voie du transit, les acquits-à-caution qui seraient alors délivrés devraient mentionner que ces produits ne peuvent être acquittés, par ces mots écrits en grosses lettres : *Prohibé à la consommation, loi du* 28 *mai* 1858, afin que l'obligation qui les frappe ne puisse nulle part être éludée. On continuera néanmoins, comme il ne s'agit pas ici d'une prohibition résultant des lois de douane, à délivrer des acquits-à-caution de la formule usitée pour les marchandises admissibles à la consommation.

J'ajoute qu'à l'égard des marchandises, quelles qu'elles

soient, vendues publiquement en gros, les anciens propriétaires, et ceux qui auront fait opérer la vente dans les conditions ci-dessus rappelées, ne seront libérés vis-à-vis de la
douane que lorsque les acquéreurs auront signé sur les sommiers, s'il s'agit de produits placés en entrepôt réel, ou lorsqu'ils auront souscrit de nouveaux engagements et fourni de
nouvelles cautions, s'il s'agit de marchandises entreposées
sous soumissions.

Les articles 2, 3, 4 et 5 de la loi ne comportent aucune
explication qui intéresse le service.

L'article 6 de la loi dispose : « qu'il est procédé aux ventes
« dans des locaux spécialement autorisés à cet effet après avis
« de la Chambre et du Tribunal de commerce.» Et, aux termes
de la disposition de l'article 1er du décret réglementaire, les autorisations pour l'établissement des salles de vente sont accordées dans les mêmes formes et sous les mêmes conditions
que les autorisations pour la constitution des magasins généraux. L'avis du Ministre des finances est ainsi réservé lorsque
l'établissement doit être placé dans des locaux soumis au régime de l'entrepôt réel ou recevoir des marchandises jouissant du bénéfice de l'entrepôt fictif. Par suite, les directeurs
seront appelés à donner leur opinion sur la convenance ou la
possibilité d'établir ces salles dans les locaux d'entrepôt.

De même que pour les négociations concernant les marchandises déposées dans les magasins généraux, les exploitants
des salles de ventes publiques sont admis, par l'article 4 du
décret, à suppléer le commerce pour les formalités de douanes
et d'octroi qui peuvent se rattacher aux ventes ou en être la
conséquence ; mais alors, comme on l'a dit, ils devront justifier de pouvoirs réguliers de la part des intéressés.

Suivant l'article 7 du décret, la police des salles de ventes
publiques doit s'exercer comme celle des magasins généraux,

et sous la réserve aussi des droits du service des douanes, lorsque ces salles sont établies dans des locaux d'entrepôt réel ou lorsqu'elles contiennent des marchandises en entrepôt fictif.

D'après l'article 20 du décret : « Il est procédé aux ventes « publiques à la Bourse ou dans les salles autorisées conformé- « ment audit décret. Toutefois le courtier est autorisé à « vendre sur place, dans le cas où la marchandise ne peut « être déplacée sans préjudice pour le vendeur, et où en même « temps, la vente ne peut être convenablement faite que sur le « vu de la marchandise. »

D'un autre côté, aux termes de l'article 21 du même dé- cret : « Le lieu, les jours, les heures et les conditions de la « vente, la nature et la quantité de la marchandise, doivent « être, trois jours au moins à l'avance, publiés au moyen « d'une annonce dans l'un des journaux désignés pour les an- « nonces judiciaires de la localité, et, en outre, au moyen « d'affiches apposées à la Bourse, ainsi qu'à la porte du local « où il doit être procédé à la vente et du magasin où les mar- « chandises sont déposées.

« Deux jours au moins avant la vente, le public doit être « admis à examiner et vérifier les marchandises, et toutes fa- « cilités doivent lui être données à cet égard. »

Pour l'application des articles 7, 20 et 21 susmentionnés du décret, il est nécessaire qu'il soit bien compris qu'à l'égard des *marchandises d'entrepôt réel* l'exposition et la vente de- vront avoir lieu sans déplacement et dans les locaux mêmes de l'entrepôt *où lesdites marchandises resteront sous la main de la douane jusqu'à la réexportation ou l'acquittement des droits.* Toutefois la vente pourra en être effectuée dans d'au- tres locaux que ceux de l'entrepôt, si cette vente peut être opérée sur échantillon, en laissant les marchandises à l'entrepôt, où d'ailleurs elles pourront être préalablement examinées. En toute hypothèse, l'examen, l'exposition la vente et le prélèvement des échantillons ne pourront avoir lieu que pendant les heures légales d'ouverture des bureaux et sous la surveillance du service. De même aussi les *marchandises d'entrepôt fictif* ne pourront être déplacées pour la vente sans une déclaration préalable de changement de magasin faite à la douane. Enfin si, comme le prévoit l'article 20 dans sa partie finale, il s'agissait de marchandises étrangères qui dussent être vendues aussitôt après leur arrivée de l'étranger, sans être conduites en entrepôt, l'exposition et la vente de ces marchandises ne pourraient avoir lieu également que sous la surveillance de la douane, dans des locaux affectés à son service ou gardés par elle habituellement.

L'article 25 du décret stipule « que les lots ne peuvent être, « d'après l'évaluation approximative et selon le cours moyen « des marchandises, au-dessous de cinq cents francs ; que ce « minimum peut néanmoins être élevé ou abaissé, dans chaque localité, pour certaines classes de marchandises par « arrêté du Ministre de l'agriculture, du commerce et des travaux publics, rendu après avis de la Chambre de commerce « ou de la Chambre consultative des arts et manufactures. »

Les autres dispositions de la loi et du décret sont claires et précises, et ne nécessitent aucune observation utile pour le service.

En résumé, les instructions contenues dans la présente paraissent assez complètes pour prévenir toute incertitude de la part du service. Je recommande aux chefs de tous grades, chacun pour ce qui le concerne, d'en assurer l'exacte application.

Les directeurs des douanes sont invités à porter immédiatement les dispositions de la présente à la connaissance du commerce et du service.

XII

12 Avril 1859. — *Circulaire* adressée aux Préfets par M. Rouher, Ministre
de l'agriculture, du commerce et des travaux publics.

Monsieur le Préfet,

Deux lois du 28 mai 1858, l'une sur les négociations concernant les marchandises déposées dans les magasins généraux, et l'autre sur les ventes publiques volontaires de marchandises en gros ont pour but de développer en France des institutions commerciales d'un très-grand intérêt.

L'utilité de cette nouvelle législation est démontrée jusqu'à l'évidence dans l'exposé des motifs présenté au nom du Conseil d'État, et dans le double rapport de la Commission du Corps législatif.

Ces documents remarquables constatent les immenses résultats obtenus en Angleterre par l'usage des warrants, délivrés sur les produits déposés dans des magasins connus sous le nom de *Docks*, et par l'habitude des ventes publiques. Le procédé ingénieux et simple des warrants permet au propriétaire de la marchandise de l'engager ou de la vendre, de la faire circuler de main en main, à titre d'aliénation ou de nantissement, avec une extrême facilité et sans frais de déplacement ; elle n'est plus, dès lors, entre les mains du producteur ou du négociant une valeur inerte, parce que, momentanément du moins, elle ne peut être vendue qu'au prix d'un sacrifice excessif, mais une valeur toujours active et un moyen de crédit d'une grande efficacité. Quant aux ventes publiques, elles sont non-seulement le complément indispensable du système de crédit constitué par les warrants, mais encore, sous un autre rapport, un précieux avantage pour les propriétaires de marchandises, qui peuvent ainsi les écouler dans des conditions de concurrence profitables à tous les intérêts.

Si les deux institutions des warrants et des ventes publiques n'ont obtenu jusqu'à ce jour en France que peu de succès, ce résultat a été attribué principalement aux entraves de la législation qui les régissait ; les pouvoirs publics ont fait de sérieux efforts pour lever ces obstacles et pour doter le commerce français de facilités nouvelles et puissantes.

Les deux lois du 28 mai 1858 se seront bornées à établir les bases et les principales conditions du régime qu'elles avaient en vue, et elles ont chargé le Gouvernement de prescrire, par voie de règlement d'administration publique, toutes les mesures nécessaires à leur exécution. Il s'est acquitté de cette mission avec le soin que commandaient les difficultés spéciales de la matière et l'importance du sujet. Le décret impérial du 12 mars 1859, inséré au Moniteur du 28 du même mois, complète le nouveau régime inauguré pour les magasins généraux, les négociations sur les marchandises déposées dans ces magasins et les ventes publiques volontaires de marchandises en gros.

Voici quelle est l'économie générale de ce règlement : un premier titre comprend les dispositions communes aux ventes publiques et aux magasins généraux ; deux autres fixent les règles spéciales à chacune de ces matières.

TITRE Ier. — DISPOSITIONS COMMUNES AUX MAGASINS GÉNÉRAUX ET AUX SALLES DE VENTES PUBLIQUES.

Art. 1 et 2. Les lois de 1858 ayant maintenu, en vue de l'intérêt public, la nécessité d'une autorisation pour les magasins généraux et pour les salles de ventes, le décret règle d'abord tout ce qui concerne la demande, l'instruction à laquelle elle doit être soumise et la forme de l'autorisation.

Vous remarquerez, Monsieur le Préfet, que les demandes, pour l'une comme pour l'autre classe d'établissement, devront, à l'avenir, être adressées à mon ministère, qui se concertera, lorsqu'il y aura lieu, avec le département des finances.

Il est à peine utile d'ajouter que l'autorisation n'a pas pour but, et ne saurait avoir pour effet de créer un monopole. C'est ce qui a été parfaitement entendu devant le Corps législatif.

Les établissements existants, pourvu qu'ils aient été créés régulièrement, ne sont pas astreints à se pourvoir d'une nouvelle autorisation; mais on doit les considérer comme soumis pour leur fonctionnement aux règles établies par les lois de 1858 et par le décret impérial du 12 mars 1859, qui en fait des établissements privés surveillés par l'Administration. Je vous prie, d'ailleurs, de m'adresser, le plus tôt possible, un rapport spécial sur la situation actuelle de ces établissements. Je désire également être tenu au courant du mouvement qui se produira sous l'influence de la nouvelle législation. Je vous prie donc de réclamer, pour me le transmettre, avec vos observations, s'il y a lieu, un état mensuel indiquant la nature, la quantité et la valeur des marchandises déposées ou vendues, et, pour les marchandises déposées, les quantités, natures et valeurs de celles qui ont été l'objet de prêts sur warrants.

Art. 3 à 10. Ces dispositions sont relatives à la gestion des établissements et aux précautions générales prises pour sauvegarder les intérêts du public.

Il était utile de rappeler la responsabilité qui, d'après les principes généraux du droit, incombe à l'exploitant pour la garde et la conservation des marchandises ; mais il fallait, en même temps, stipuler, à son égard, les obligations et les prohibitions particulières jugées indispensables pour assurer à tous les intérêts une juste égalité de traitement et pour prévenir des abus faciles à prévoir dont la possibilité seule alarmait le commerce.

Il lui est défendu par l'article 4 de se livrer, *directement ou indirectement, pour son propre compte ou pour le compte d'autrui*, à aucun commerce ou à aucune spéculation ayant pour objet les marchandises. Les expressions du règlement montrent l'importance que l'on attache à ce principe ; mais l'on a dû nécessairement admettre de droit, pour l'exploitant, des facultés sans danger pour le commerce et qui sont les accessoires naturels de l'entreprise. Les exploitants pourront, en conséquence, se charger des opérations et formalités de douane et d'octroi, déclarations de débarquement et d'embarquement, soumissions et déclarations d'entrée et de sortie d'entrepôt, transferts et mutations ; — des règlements de fret et autres entre les capitaines et les consignataires, sous réserve des droits des courtiers ; — des opérations de factage, camionnage et gabarrage extérieur ; — de l'entremise pour l'assurance des marchandises contre l'incendie.

Le règlement ajoute qu'ils peuvent, en outre, être autorisés à se charger de toutes les opérations ayant pour objet de faciliter les rapports du commerce et de la navigation avec l'établissement. Cette disposition permettra d'étendre, en tant que l'intérêt public n'y sera pas contraire, les facultés accordées aux exploitants ; mais ni dans ses termes, ni dans son esprit, elle ne résout la question de savoir s'ils pourront être autorisés à prêter sur warrants, question qui a été entièrement réservée.

Le décret pourvoit également à ce que, à moins d'une autorisation de l'Administration, les exploitants ne fassent *directement ou indirectement*, avec les entrepreneurs de transports,

sous quelque dénomination ou forme que ce puisse être, des arrangements qui ne seraient pas consentis avec toutes les entreprises ayant le même objet.

La surveillance indiquée à l'article 7 n'exclut pas la faculté d'en créer une spéciale pour les établissements d'une importance exceptionnelle.

Je dois me concerter avec le département des finances pour ce qui concerne les locaux placés sous le régime de l'entrepôt réel ou qui contiendraient des marchandises en entrepôt fictif, et vous recevrez ultérieurement les instructions particulières qui pourraient être nécessaires à ce sujet.

Les exploitants doivent avoir un tarif et un règlement particulier qui fixeront principalement la rétribution due pour le magasinage, la manutention, la location de la salle, la vente et généralement pour les divers services qui peuvent être rendus au public. Ces actes ne sont pas soumis à l'approbation de l'autorité. On a craint de donner lieu à une intervention trop directe de l'Administration dans la gestion d'un nombre plus ou moins considérable d'entreprises privées, et, pour certains cas, de rencontrer de trop grandes difficultés d'appréciation. On a espéré que la possibilité de la concurrence et l'intérêt bien entendu des exploitants préviendraient des conditions trop onéreuses au public. Mais le décret exige l'admission des marchandises sans préférence ni faveur pour personne, la publicité des tarifs et règlements ainsi que l'égalité dans la perception des taxes, et il s'oppose aux changements qui auraient pour objet de relever les tarifs avant l'expiration d'un délai suffisant pour empêcher les combinaisons abusives ou les surprises qui auraient pu être tentées à cet égard.

L'article 11 arme, du reste, le Gouvernement d'un droit de révocation de l'autorisation dont il userait à regret, mais sans hésiter, si, malgré les précautions qui précèdent, on avait à se plaindre de contraventions ou d'abus commis par les exploitants et de nature à porter un grave préjudice à l'intérêt du commerce.

L'article 12, qui termine ce titre, impose aux exploitants une obligation fort simple qui se justifie par les besoins de la surveillance : c'est, en cas de cession, d'en faire la déclaration d'avance à mon ministère et de faire connaître le nom du cessionnaire.

TITRE II. — DISPOSITIONS PARTICULIÈRES AUX MAGASINS GÉNÉRAUX ET AUX RÉCÉPISSÉS ET WARRANTS.

ART. 13. D'après les articles 1 et 2 de la première loi du 28 mai 1858, les récépissés délivrés aux déposants doivent énoncer leurs noms, profession et domicile, la nature de la marchandise déposée, ainsi que les indications propres à en établir l'identité et à en déterminer la valeur ; de plus, à chaque récépissé est annexé, sous la dénomination de warrant, un bulletin de gage contenant les mêmes mentions que le récépissé. Le règlement n'ajoute ici qu'une condition dont l'utilité se démontre d'elle-même, c'est que ces titres soient extraits d'un registre à souche. L'administration du magasin général peut leur donner, quant au reste, la forme qui lui paraîtra la plus convenable.

ART. 14. La nécessité d'une expertise, pour toute marchandise déposée dans les magasins généraux, était un des plus sérieux obstacles au développement des opérations. Cette nécessité n'existe plus ; mais l'expertise peut, dans certains cas, être désirée par les parties elles-mêmes ; on a donc jugé utile de la faciliter en décidant que les courtiers requis devront y procéder, moyennant un simple droit de vacation dont la quotité doit être réglée par mon département, après avis du Tribunal de commerce. Je vous prie de m'adresser, le plus tôt possible, des propositions pour les places de votre département où il existe des magasins généraux.

ART. 15, 16, 17 et 18. Ces dispositions complètent, en ce qui concerne les exploitants de magasins généraux, l'ensemble des obligations qui doivent découler de leur mandat, ou qu'il a paru essentiel de leur imposer dans l'intérêt du commerce et du public. Ainsi le fractionnement de la marchandise en plusieurs lots est souvent indispensable pour qu'elle puisse être engagée ou vendue dans des conditions convenables. D'autre part, il peut être utile aux intéressés, notamment dans les cas prévus par les articles 6 et 8, § 2, de la première loi du 28 mai 1858 (1), que le cessionnaire du récépissé ou du warrant ait donné connaissance de l'endossement fait à son profit et de son domicile ; or l'administration du magasin général était naturellement indiquée pour recevoir et fournir ce renseignement. On comprend aussi combien il importera souvent, pour rendre les négociations faciles ou même seulement possibles, que l'administration des magasins, sur la demande du porteur du récépissé ou du warrant, liquide les dettes et frais dont le privilége prime celui de la créance garantie par le warrant. Enfin, lorsque ce titre vient à être protesté, la même administration doit donner au courtier toutes les facilités nécessaires pour procéder à la

---

(1) ART. 6. Le porteur du récépissé séparé du warrant peut, même avant l'échéance, payer la créance garantie par le warrant.

Si le porteur du warrant n'est pas connu, ou si, étant connu, il n'est pas d'accord avec le débiteur sur les conditions auxquelles aurait lieu l'anticipation de payement, la somme due, y compris les intérêts jusqu'à l'échéance, est consignée à l'administration du magasin général, qui en demeure responsable, et cette consignation libère la marchandise.

ART. 8, § 2. Si le porteur du récépissé ne se présente pas lors de la vente de la marchandise, la somme excédant celle qui est due au porteur du warrant est consignée à l'administration du magasin général, comme il est dit à l'article 6.

vente ; seulement, pour sauvegarder tous les intérêts, elle ne peut délivrer la marchandise à l'acheteur que sur le vu du procès-verbal et moyennant : 1° la justification du payement des droits et frais privilégiés, ainsi que du montant de la somme prêtée sur le warrant ; 2° la consignation de l'excédant, s'il en existe, revenant au porteur du récépissé, dans le cas prévu par le dernier paragraphe de l'article 8 de la première loi du 28 mai 1858.

Cette consignation et celle qui résulte de l'article 6 de la même loi ont paru, du reste, à cause de la nature de l'opération et de la surveillance qu'elle peut exiger, devoir être constatées sur un registre spécial qui est prescrit par l'article 19 du règlement.

TITRE III. — DISPOSITIONS PARTICULIÈRES AUX VENTES PUBLIQUES DE MARCHANDISES EN GROS.

Art. 20. Vous remarquerez, Monsieur le Préfet, que les salles autorisées ne sont pas les seuls lieux où l'on ait le droit de procéder aux ventes publiques de marchandises, dans les conditions de la deuxième loi du 28 mai 1858 ; elles peuvent, en effet, continuer à être faites dans les Bourses de commerce, et il était évidemment nécessaire de prévoir le cas où la marchandise ne saurait être déplacée sans préjudice pour le vendeur, et où, en même temps, la vente ne peut être convenablement opérée que sur le vu de la marchandise. Le règlement permet alors au courtier d'y procéder sur place.

Art. 21, 22 et 23. Les ventes publiques volontaires, sans cesser d'être commerciales, devaient être, dans l'intérêt du vendeur et des tiers, précédées de formalités qui assurassent la publicité et la loyauté de l'opération. Les dispositions du règlement offrent, à cet égard, toutes les garanties nécessaires. Le lieu, les jours, les heures et les conditions de la

vente, la nature, la quantité de la marchandise, seront, trois jours à l'avance, publiés dans l'un des journaux désignés pour les annonces judiciaires, et, en outre, au moyen d'affiches apposées à la Bourse, ainsi qu'à la porte du local où il doit être procédé à la vente et du magasin où les marchandises sont déposées. Deux jours au moins avant la vente, le public doit être admis avec toutes facilités à les examiner et vérifier. Enfin un catalogue, signé par le courtier, imprimé et délivré à tout requérant, donnera en détail tous les renseignements désirables, non-seulement sur la marchandise, le lieu, les jours, les heures où elle pourra être visitée et où elle sera vendue, mais encore sur les époques de livraison, les conditions de payement, les tares, les avaries et toutes les autres indications et conditions qui seront la base et la règle du contrat entre les vendeurs et les acheteurs.

Parmi ces conditions pourra se trouver celle de l'adjudication *même sur une seule enchère;* mais si rien n'est expliqué à cet égard, il a été entendu que le vendeur conserverait la faculté de retirer sa marchandise, tant qu'elle n'aura pas été adjugée.

ART. 24, 25 et 26. Lors de la vente, le courtier inscrira immédiatement sur le catalogue, en regard de chaque lot, le nom et le domicile de l'acheteur ainsi que le prix d'adjudication ; mais quel devait être le minimum de ces lots pour que l'opération conservât le caractère de vente en gros ? C'était un des points les plus importants que la loi laissât à décider au règlement d'administration publique. Ce règlement l'a résolu d'une manière aussi pratique et aussi satisfaisante que possible, en disposant :

1° Que les lots ne peuvent être, d'après l'évaluation et selon le cours moyen des marchandises, au-dessous de 500 francs ;

2° Que ce minimum peut être élevé ou abaissé, dans chaque localité, pour certaines classes de marchandises, par arrêté du Ministre, rendu après avis de la Chambre de commerce ou de la Chambre consultative des arts et manufactures.

Le mode de constatation de la vente et de la revente sur folle enchère, s'il y a lieu, est, du reste, aussi simple que possible et s'explique de lui-même.

Enfin vous savez que, d'après l'article 3 de la loi du 28 mai 1859, vous avez à m'adresser sans délai vos propositions, avec l'avis de la Chambre et du Tribunal de commerce, pour la fixation d'un courtage modéré dans chaque localité.

Veuillez, Monsieur le Préfet, appliquer immédiatement les présentes instructions et l'annexe ci-après aux demandes en autorisation de magasins généraux ou de salles de ventes, qui ont pu être formées soit avant, soit depuis la promulgation du règlement d'administration publique.

Je vous prie de m'accuser réception de la présente circulaire.

PRODUCTIONS A JOINDRE AUX DEMANDES EN AUTORISATION.

Avis de la Chambre de commerce ou de la Chambre consultative des arts et manufactures, s'il s'agit d'un magasin général ; et de la Chambre et du Tribunal de commerce, s'il s'agit d'une salle de ventes,

Avis du Préfet dans tous les cas.

Ces avis doivent porter sur les questions suivantes :

1° Quelles sont la solvabilité et la moralité des postulants ?

S'il s'agit d'une société, en produire les statuts ;

S'il s'agit d'une société anonyme, se conformer aux lois et instructions sur la matière ;

S'il s'agit d'une société en commandite, s'assurer que les parties se sont conformées aux lois qui régissent cette nature de société, et spécialement à celle du 23 juillet 1856 ;

Si c'est un Conseil municipal ou une Chambre de commerce qui se mettent en instance, transmettre les délibérations de ces corps avec leurs budgets et l'indication des ressources au moyen desquelles ils entendent faire face aux dépenses de création et de gestion de l'établissement projeté.

2° Un cautionnement est-il nécessaire ? En cas de réponse affirmative, quel doit être le montant de ce cautionnement, et quelles bases ont servi pour la fixation de ce chiffre ?

3° Existe-t-il un local que le projet veuille utiliser ? En quoi consiste-t-il ? Est-il convenable à sa destination ? Y a-t-il des dépenses d'appropriation et quelle en est l'importance ? Produire un plan.

4° S'agit-il d'un local soumis au régime de l'entrepôt réel ? A-t-on l'intention de profiter du régime de l'entrepôt fictif ?

XIII

31 Mars 1860. — *Rapport* à l'Empereur par M. le comte de Chasseloup-
Laubat, Ministre de l'Algérie et des colonies.

Sire,

Les deux lois du 28 mai 1858 sur la négociation des marchandises déposées dans les magasins généraux et sur les
ventes volontaires aux enchères des marchandises en gros
ont eu pour but de développer en France des institutions qui
contribuent depuis longtemps à la prospérité des principaux
centres de commerce des autres États de l'Europe.

Ces lois, en créant pour la marchandise un signe représentatif dont la transmission est rapide et sans frais, donnent
au crédit de nouvelles garanties, aux échanges de plus grandes facilités, et, en autorisant la vente volontaire aux enchères,
elles offrent des moyens certains de réaliser les valeurs, dont
l'écoulement s'opère alors dans des conditions de concurrence
profitables à tous les intérêts.

Dans la métropole, cette législation a répondu aux espérances qui l'ont fait adopter. Je suis convaincu qu'elle est
appelée à produire en Algérie des résultats d'autant plus
avantageux que, dans cette colonie, la rareté relative des capitaux rend plus utile tout ce qui tend à favoriser la circulation des valeurs et le mouvement des transactions.

Par ces motifs, je viens demander à Votre Majesté de vouloir bien rendre exécutoires en Algérie les deux lois du 28 mai
1858 et le décret du 12 mars 1859 qui en a réglementé
l'exécution.

XIV

31 Mars 1860. — *Décret* portant que les lois du 28 mai 1858 et le décret du 12 mai 1859 seront exécutoires en Algérie.

Vu la loi du 28 mai 1858 sur les négociations concernant les marchandises déposées dans les magasins généraux ;

Vu la loi du même jour sur les ventes publiques de marchandises en gros ;

Vu le décret portant règlement d'administration publique, du 12 mars 1859, ayant pour objet l'exécution des deux lois précitées ;

Sur le rapport de notre ministre secrétaire d'État au département de l'Algérie et des colonies ;

Avons décrété et décrétons ce qui suit :

Art. 1er. La loi du 28 mai 1858 sur les négociations concernant les marchandises déposées dans les magasins généraux, et la loi à la même date, sur les ventes publiques des marchandises en gros, ainsi que le règlement d'administration publique du 12 mars 1859, sont rendues exécutoires en Algérie.

Art. 2. Notre ministre secrétaire d'État au département de l'Algérie et des colonies est chargé de l'exécution du présent décret, qui sera inséré au *Bulletin des lois* et au *Bulletin officiel des actes du ministère de l'Algérie et des colonies.*

FIN.

TABLE

DES CODES, LOIS, ORDONNANCES, ÉDITS, DÉCRETS, ARRÊTÉS & CIRCULAIRES

CITÉS DANS LE COURS DE L'OUVRAGE.

CODES.	ARTICLES.	Nᵒˢ DE L'OUVRAGE.
Code Napoléon...............	1187	160.
—	1271	164.
—	1282	159.
—	1287	167.
—	1289	170.
—	1300	171.
—	1301	171.
—	1302	102.
—	1303	104.
—	1328	148, 149.
—	1382	15, 180.
—	1383	15, 180.
—	1928	102.
—	1929	102.
—	1932	104.
—	1935	104.
—	1937	105.
—	1938	105.
—	1939	106.
—	2060	267.
—	2071	133.
—	2074	130, 131, 148.
—	2078	182, 183.
—	2084	131.
—	2275	215.
—	2278	203.
Code de Commerce..........	11	163, 268.
—	93	133.
—	95	131.
—	110	144.
—	137	137, 141, 142, 144, 146, 147
—	138	137.

	ARTICLES.	Nᵒˢ DE L'OUVRAGE.
Loi du 8 floréal an XI.........	25	9, 23.
—	26	8.
—	40 et 43	59.
—	83	22.
Loi du 7 décembre 1815......	«	34.
—	2	37.
Loi du 28 avril 1816.........	22	59, 60.
—	27 à 30	59.
—	62	221.
Loi du 22 avril 1818.........	29	62.
—	71 et suiv.	22, 232.
Loi du 15 mai 1818..........	74	232, 235, 273.
Loi du 27 juillet 1822.......	12	34.
—	16	12.
—	19	41.
Loi du 16 juin 1824.........	10	265, 274.
Loi du 17 mai 1826.........	14	23, 24, 34, 57, 150.
Loi du 9 février 1822........	«	5, 50.
—	17	51.
—	18	52.
—	20	150.
—	28	58.
—	29	59.
Loi du 27 février 1832.........	«	5.
—	2	48.
—	3	25.
—	4	49.
—	8	22.
—	9	44.
—	10	45, 46.
Loi du 26 juin 1835..........	«	48.
Loi du 2 juillet 1836.........	14 à 17	59.
Loi du 10 août 1839........	11	45.
Loi du 25 juin 1841.........	6	233, 238.
—	10	250.
Loi du 5 juin 1850..........	1	222.
Loi du 28 mai 1858, sur les ma-gasins généraux..........	1	77, 78, 81, 87, 111, 114, 116, 117.
—	2	111, 114, 116, 117.
—	3	126.
—	4	128, 132.
—	5	138, 142 à 144, 146, 149, 151 à 153, 224.
—	6	153, 160 à 163.

	ARTICLES.	Nᵒˢ DE L'OUVRAGE.
Ordonnance du 9 janvier 1818.	4 à 11	34.
—	6	39.
Ordonnance du 1er juillet 1818.	«	232.
Ordonnance du 9 avril 1819...	«	233, 245, 246, 255.
Ordonnance du 20 juillet 1835.	«	57.
Ordonnance du 18 mai 1843...	«	59.
Ordonnance du 3 sept. 1844..	«	34.
Décret du 21 mars 1848... ...	«	63, 75.
—	3	63, 67.
Décret du 24 mars 1848......	9	71.
Décret du 26 — 27 mars 1848.	«	64.
Décret du 23 août 1848.......	«	64.
—	2	71.
Décret du 14 janvier 1850....	«	57.
Décret du 17 septembre 1852..	«	65.
Décret du 17 juin 1854........	«	65, 85, 86.
Décret du 23 octobre 1856.....	«	65, 85, 86.
Décret du 12 mars 1859.......	«	76, 77, 254.
—	1	78, 81, 87.
—	2	81, 82.
—	3	100, 104.
—	4	89, 90, 92.
—	5	94.
—	6	93, 94.
—	7	97 à 100.
—	8	95, 96.
—	9 et 10	95.
—	11	108.
—	12	107.
—	13	120.
—	14	118.
—	15	124.
—	16	153.
—	17	191.
—	18	186, 194.
—	19	163.
—	20	255.
—	21	257, 258.
—	22	257, 258, 260.
—	23	257, 258.
—	24	270.
—	25	237, 253.
—	26	268.
—	27	267.
Décret du 29 octobre 1859....	«	87, 88, 90.

	ARTICLES.	Nᵒˢ DE L'OUVRAGE.
Décret du 29 octobre 1859.....	2	91.
Décret du 13 novembre 1859..	2	99.
ARRÊTÉS.		
Arrêté du 29 prairial an IX...	«	97.
Arrêté du 28 germinal an IX..	«	14, 247.
Arrêté du 26 mars 1848.......	«	64, 116.
—	2	195.
—	4 et 5	64, 69, 116.
—	7	64, 67, 68, 149.
—	8 et 9	64, 218.
—	10	161.
—	11	70, 71, 182.
CIRCULAIRES.		
Circulaire du 9 août 1791.....	«	17.
Circulaire du 3 vendém. an II..	«	38.
Circulaire du 24 thermidor an X.	«	39.
Circulaire du 8 septembre 1815.	«	35.
Circulaire du 15 octobre 1818.	«	25.
Circulaire du 21 janvier 1819..	«	18.
Circulaire du 14 mars 1821....	«	42.
Circulaire du 23 août 1821....	«	11.
Circulaire du 25 février 1822..	«	14.
Circulaire du 23 janvier 1824..	«	42.
Circulaire du 6 mars 1824.....	«	20.
Circulaire du 19 juillet 1825...	«	27.
Circulaire du 23 mai 1826.....	«	14.
Circulaire du 6 septembre 1827.	«	24.
Circulaire du 19 janvier 1829..	«	20.
Circulaire du 1er mars 1832....	«	17, 28.
Circulaire du 22 décembre 1832.	«	22.
Circulaire du 16 avril 1834....	«	54.
Circulaire du 4 janvier 1835...	«	35.
Circulaire du 24 juillet 1836...	«	34.
Circulaire du 6 juin 1838......	«	48.
Circulaire du 28 septembre 1839.	«	53.
Circulaire du 31 mars 1859....	«	17, 83, 98, 99, 113, 117, 150, 154, 186, 191, 223, 256, 260.
Circulaire du 12 avril 1859...	«	78, 79, 92, 98, 118, 120, 259.
Circulaire du 5 décembre 1859.	«	241.

FIN DE LA TABLE.

TABLE DES MATIÈRES

FIN DE LA TABLE DES MATIÈRES.

Corbeil, typ. et stér. de Crété.

MODÈLES DES REGISTRES A SOUCHE, DES RÉCÉPISSÉS ET DES WARRANTS.

MAGASINS GÉNÉRAUX AGRÉÉS PAR L'ÉTAT

MAGASIN GÉNÉRAL DE LA VILLETTE

N°
DU PRÉSENT

N°
D'ENTRÉE

MAGASIN N°

Il a été déposé sous le n°   par M
demeurant à   rue
ci-après, venues de   par   les marchandises
passibles des droits de Douane, Octroi et Magasinage.

NOMBRE, ESPÈCE ET MARQUES.	NATURE ET POIDS BRUT DES MARCHANDISES.

TRANSCRIPTION DES ENDOSSEMENTS

N°˚ D'ORDRE	DATES	NOMS DES CONCESSIONNAIRES	SOMMES AVANCÉES	ÉCHÉANCES

MAGASINS GÉNÉRAUX AGRÉÉS PAR L'ÉTAT.

MAGASIN GÉNÉRAL DE LA VILLETTE

RÉCÉPISSÉ A ORDRE.

N°
DU PRÉSENT

N°
D'ENTRÉE

MAGASIN N°

Il a été déposé sous le n°   par M
demeurant à   rue   n°   les marchandises ci-après, venues de
par   passibles des droits de Douane, Octroi et Magasinage.

NOMBRE, ESPÈCES ET MARQUES.	NATURE ET POIDS BRUT DES MARCHANDISES.

L'Administrateur délégué,   Le   18   Le Directeur.

MAGASIN GÉNÉRAL DE LA VILLETTE

MAGASINS GÉNÉRAUX AGRÉÉS PAR L'ÉTAT

MAGASIN GÉNÉRAL DE LA VILLETTE

N°
DU PRÉSENT

N°
D'ENTRÉE

MAGASIN N°

WARRANT A ORDRE.

Il a été déposé sous le n°   par M
demeurant à   rue   n°   les marchandises ci-après, venues de
par   passibles des droits de Douane, Octroi et Magasinage.

NOMBRE, ESPÈCES ET MARQUES.	NATURE ET POIDS BRUT DES MARCHANDISES.

L'Administrateur délégué,   Le   18   Le Directeur,

MAGASIN GÉNÉRAL DE LA VILLETTE

www.ingramcontent.com/pod-product-compliance
Ingram Content Group UK Ltd.
Pitfield, Milton Keynes, MK11 3LW, UK
UKHW022056120726
13694UKWH00001B/179